Jan Hegenberg

KLIMA-BULLSHIT-BINGO

Jan Hegenberg

KLIMA BULLSHIT BINGO

Klimaschutz zerstört die Wirtschaft!
... und andere Stammtischparolen widerlegt

KOMPLETTMEDIA

Klimaneutral
Druckprodukt
ClimatePartner.com/13336-1905-1001

MIX
Papier | Fördert gute Waldnutzung
FSC® C014496
www.fsc.org

Originalausgabe
3. Auflage 2025
KOMPLETT-MEDIA Verlag
Konradinstr. 5
81543 München
info@komplett-media.com
www.komplett-media.de
ISBN: 978-3-8312-0635-3
Auch als E-Book erhältlich
Lektorat: Redaktionsbüro Diana Napolitano, Augsburg
Korrektorat: Elisa Garrett, Bayreuth
Umschlaggestaltung: FAVORITBUERO, München
Satz: Daniel Förster, Belgern
Druck & Bindung: GGP Media GmbH, Pößneck

Gedruckt in Deutschland

Für Birdy, Niko, Ella und Leni

INHALT

Vorwort 9

Was ist überhaupt ein gutes Argument? 15

BULLSHIT 1
Aber heute hat es geschneit! 35

BULLSHIT 2
Persönlicher Klimaschutz bringt doch gar nichts! 41

BULLSHIT 3
Aber in E-Autos ist Lithium! 47

BULLSHIT 4
Wenn die E-Autos alle gleichzeitig aufladen, geht hier überall das Licht aus! 55

BULLSHIT 5
Pflanzt doch einfach mehr Bäume! 60

BULLSHIT 6
Klimaschutz bringt gar nichts, wenn die Überbevölkerung nicht gestoppt wird! 65

BULLSHIT 7
Ich brauche kein E-Auto, ich tanke einfach prima Wundersprit! 70

BULLSHIT 8
Ich brauche kein E-Auto, ich tanke einfach Frittenfett! ... 78

BULLSHIT 9
Die Energiewende ist gescheitert, lasst uns weiter Erdöl verbrennen! ... 85

BULLSHIT 10
Deutschland ist mit seiner Energiewende der Geisterfahrer der Welt! ... 99

BULLSHIT 11
Jetzt sind wir von Stromimporten abhängig! ... 106

BULLSHIT 12
Ich trenne doch schon Müll! ... 113

BULLSHIT 13
Veggieburger sind reine Chemie, ich esse Fleisch für die Umwelt! ... 121

BULLSHIT 14
Klimaschutz zerstört die Wirtschaft! ... 130

BULLSHIT 15
Irgendjemand wird schon was Schlaues erfinden! ... 139

BULLSHIT 16
Ich lass mir doch mein Auto nicht verbieten! ... 149

BULLSHIT 17
E-Autos sind auch wieder nur Autos, die bringen keine echte Veränderung! ... 159

BULLSHIT 18
Aber China! ... 170

BULLSHIT 19
Windräder sind hässlich! 180

BULLSHIT 20
Das bringt doch nichts mehr, wir werden sowieso alle sterben! 188

BULLSHIT 21
Dafür haben wir zu wenig Strom! 197

BULLSHIT 22
Aber nachts scheint keine Sonne – lol! 204

BULLSHIT 23
Ohne CO_2 gibt es doch keine Pflanzen! 209

BULLSHIT 24
Vulkane, Kriege und der Erdorbit erwärmen auch unser Klima! 213

BULLSHIT 25
Wenn ich das Fleisch nicht kaufe, wird es stattdessen exportiert! 218

Und jetzt? 222

Danksagung 227

Quellen 230

VORWORT

Klima-Bullshit-Bingo!

Das Spiel mit dem nervigsten Spielverlauf, aber dafür höchsten Wetteinsatz der Welt

So, da ist es nun. Mein zweites Buch. Verrückt. Hätte mir jemand letztes Jahr gesagt, dass ich im Herbst 2023 an meinem zweiten Buch schreibe, wäre ich in ungläubiges Gelächter oder nervöses Kichern verfallen. Emotional ist so ein Abgabetermin nämlich immer etwas aufwühlend: Ihr legt ein Cover und einen Termin fest und dann prangt da erst mal euer Name auf der Amazon-Seite (gilt natürlich auch für all die Buchhandlungen ohne Pakt mit dem Teufel), zusammen mit dem großspurigen Versprechen, bis dahin ein Buch geschrieben zu haben. Geschriebene Worte zu diesem Zeitpunkt: null. Das kann mitunter etwas an den Nerven zerren.

Ich versuche, es positiv zu sehen: Immerhin haben wir schon einen Titel, der Anfang ist gemacht. Und dieses Mal einen richtig guten! Damit will ich nicht sagen, der Titel des letzten Buchs sei schlecht gewählt gewesen, aber weder der Verlag noch ich hatten bedacht, wie die Worte »Weltuntergang« in weißer Schrift und »fällt aus« in roter Schrift auf Plakaten für Lesungen wirken. Eine

Menge Menschen gingen davon aus, das Buch hieße einfach nur »Weltuntergang« und die Lesung in der Buchhandlung falle leider aus (kein Scherz). Wir haben daher aus Rücksicht auf das Nervenkostüm des Personals im Buchhandel Abstand davon genommen, das nächste Buch (also dieses) »Buchhandlung wird geschlossen« oder »Räumungsverkauf!« zu nennen, um dramatische Umsatzeinbußen zu vermeiden.

Stattdessen heißt es also »Klima-Bullshit-Bingo«, und auch hier gilt es zuallererst, Missverständnisse zu vermeiden: Solltet ihr den Begriff »Bullshit-Bingo« noch nie gehört haben, es handelt sich NICHT um einen Bingo-Wettbewerb, in dem Rinder-Ausscheidungen irgendeine Rolle spielen, »Bullshit« versteht sich hier schlicht als Synonym zu »Blödsinn«, »Mumpitz«. Oder besonders nahe an der Vorlage: Jemand erzählt großen Mist.

Nun kann solcher Bockmist insbesondere im Internet wirklich lästig sein, denn das Entlarven desselben ist oft schwieriger und aufwendiger, als ihn in die Welt zu setzen. Der italienische Informatiker Alberto Brandolini brachte das 2013 anlässlich einer Fernsehdiskussion mit Silvio Berlusconi mit »Das Widerlegen von Schwachsinn erfordert eine Größenordnung mehr Energie als dessen Produktion« so prägnant auf den Punkt, dass der Zusammenhang seitdem als Brandolinis Gesetz[1] bekannt ist.

Hierzu ist es übrigens recht egal, welcher politischen Strömung, Ideologie oder sonstigen Weltanschauung der Mist entspringt. Wir alle haben solchen Bullshit schon mal verfasst oder weiterverbreitet und irgendwer mit viel mehr Ahnung vom Thema musste deswegen schlimm mit den Augen rollen. Diese Person hat dann kurz überlegt, ob sie die Zeit investieren soll, dieses Vorhaben aber bei der dritten Nachfrage, ob sie jetzt endlich mal ins Bett kommt, aufgegeben.

Manche dieser Personen sitzen am nächsten Tag im Büro und sind nicht zufrieden damit, dass der Bullshit weiter unwidersprochen im Internet steht, und so erschaffen sie ein »Bullshit-Bingo«.

Das ist eine unvollständige Sammlung der häufigsten Blödsinnsargumente zu ihrem Fachgebiet in Bingokartenformat, meist etwas überspitzt formuliert und mit einer Botschaft ans Unterbewusstsein im Gepäck:

Lieber Bullshit-Verfasser: Die Fachwelt beschäftigt sich mit dem Thema schon so viel länger als du, dass sie dein Argument nicht nur schon lange kennt. Sie hat es außerdem längst widerlegt und kennt auch die nun folgenden Einwände so gut, dass wir sie auf einem Spielbrett markieren und jubeln, wenn wir als Erste genug Bockmist eingefärbt haben, dass er eine durchgehende Linie ergibt.

Das wird natürlich oft als zynisch empfunden und es wird bezweifelt, ob sich dieser ganze Aufwand überhaupt lohnt. Ein Bingo-Spielfeld hat immerhin 25 Felder, und die Zeit, in der man sich mit 25 absurden Behauptungen auseinandersetzt, könnte man ja auch anders sinnvoll verwenden, mit Kuchenbacken zum Beispiel.

Ein Teil meines Bewusstseins plädiert daher wiederholt dafür, den ganzen Stress doch einfach bleiben zu lassen und stattdessen Touristen-Guide in der Lüneburger Heide zu werden. Ich wäre viel im Freien, hätte nur Kontakt zu Menschen ohne viel Zeitdruck und mein größtes Stresspotenzial würde darin bestehen, dass die Heidschnucken womöglich im Nebel liegen. Leben am Limit. Aber Hand aufs Herz: Käme ich abends zurück in meine Wohnung und läse meine Facebook-Benachrichtigungen, stiege der Stresspegel ja doch wieder auf das Niveau bei meiner mündlichen Abiturprüfung.

Laut Christian in der Wiesbadener Städtegruppe ist das mit dem Klimaschutz nämlich vollkommen übertrieben, weil ... *ganz ruhig ein- und ausatmen* »... andere Länder auch CO_2 emittieren«. Aha. Soll ich ihm direkt antworten oder mir erst mal was zu Essen warm machen? Ach komm, ich erkläre ihm einfach schnell, wie das mit den CO_2-Emissionen ist, und verlinke ihm diese tolle

Grafik, die ich letzte Woche erst auf LinkedIn gesehen habe, mit dem eindrucksvollen globalen Zubau von Wind- und Solarkraft.

Sollte euch »LinkedIn« nichts sagen: Das ist so ein bisschen das, was Facebook früher war: ein soziales Netzwerk, auf dem viele Menschen vollständige Sätze schreiben und eine Unterhaltung mit verschiedenen Meinungen nicht zwangsläufig juristische Schritte nach sich zieht. Eigentlich ist es ein Business-Netzwerk, um sich mit Menschen für den Job zu vernetzen, aber ich bin da eigentlich nur, um was zu lernen oder mich zu streiten. Hey, jeder braucht irgendein Hobby!

Bevor ich die gesuchte Grafik mit dem Windkraftausbau auf LinkedIn aber überhaupt gefunden habe, springt mir dort ein ganz anderer Beitrag ins Auge, laut dem wir uns diesen ganzen Windkraftquatsch doch schenken könnten, wenn wir einfach ganz viele Bäume pflanzten. Nein, das kann ich so nicht stehen lassen. Wo war denn noch mal diese wundervoll visualisierte Vergleichsrechnung, wie viel CO_2 ein Baum pro Jahr einlagert? Ach ja, in diesem Instagram-Video, das ich dafür extra abgespeichert habe.

Nur kurz rüber zu Instagram und da müsste das Video eigentlich ... »DIE GRÖẞTE UMWELTKATASTROPHE ALLER ZEITEN WIRD KOMMEN, WENN IN EIN PAAR JAHREN DIE GANZEN E-AUTO-AKKUS AUF DEN MÜLL KOMMEN«, springt mir als schrill pulsierende Überschrift entgegen. Also nicht einfach so als Text, denn wir sind ja auf Instagram. Dutzende Sterne und Spiralen fliegen aus dem Schriftzug, ein Filter verwandelt alle Ds und Ps in schunkelnde Enten und das Ganze ist mit einem Techno-Cover von »Dancing Queen« unterlegt.

Der erste Kommentar dazu stammt von einem früheren Klassenkameraden und lautet »SO EINE SAUEREI!«. Der Beitrag wurde über 50.000-mal mit »gefällt mir« markiert und die Kommentare laufen über vor Bekundungen, so lange mit einem Diesel-Pkw fahren zu wollen, wie es überhaupt geht.

Puh. Was tun? Sich mit dem ganzen Mist auseinandersetzen und dann schlimm unterzuckert auf der Couch sitzen oder erst mal kochen in dem Wissen, dass meine Landsleute gerade zentnerweise mit Fake News bombardiert werden und ihn weiterverbreiten? Beides keine gute Option. Also probiere ich es jetzt doch mal mit diesem Buch und meinem Klima-Bullshit-Bingo.

Das alles soll natürlich nicht bedeuten, dass ich etwas gegen Diskussionen zur Klimakrise hätte. Im Gegenteil, darüber sollte noch viel mehr diskutiert werden – oder sagen wir vielleicht lieber: viel besser! Die Bullshittisierung des Themas täuscht leider darüber hinweg, aber tatsächlich gibt es ja wirklich noch tausend gute Fragen, die wir wirklich noch im persönlichen Dialog klären müssen:

Wo kommt der klimaneutrale Zement der Zukunft her? Wie viel Energie und woher soll Europa sie importieren? Wie viel Geld sollen wir in Aufforstung stecken und wie viel und wann in das Absaugen von CO_2 aus der Atmosphäre (CCS)? Zu diesen und einer Menge weiterer Fragen könnt ihr ein paar echt schlaue Leute in einen Konferenzraum sperren und dann mit einem Tee in der Hand diabolisch dem eskalierenden Streit zusehen. Wenn ihr auf so was steht.

Denn selbst die Fachleute sind sich noch nicht in allem einig und müssen darüber noch ein paarmal in den Argumente-Wettbewerb gehen. Und nicht nur die, auch wir sollten uns dazu eine Meinung bilden, damit wir im nächsten Bundestagswahlkampf eine Ahnung haben, welche Partei uns gerade eine echte Lösung und welche einen Haufen populistischen Unsinn präsentiert.

Eine sinnvolle Diskussion dazu wird aber nur möglich, wenn wir unsere mit Hektolitern »Bullshit« verstopften Diskussionskanäle von dieser enormen Ansammlung destruktiven Unrats befreien. Wenn mein Klima-Bullshit-Bingo nur einen kleinen Teil dazu beitragen kann, hat sich das schon gelohnt.

Sollte euch der Kraftausdruck abschrecken, könnt ihr im Geiste auch gern »Falschbehauptungsmikado« oder »Falsch-Zeugnis-

Wider-Deinen-Nächsten-Halma« daraus machen. Hauptsache ist, dass wir in Bezug auf die vielen ohnehin bereits feststehenden Fakten endlich wieder auf einen Nenner kommen.

Damit ihr in Diskussionen nicht das halbe Buch abschreiben müsst, findet ihr am Ende jedes Kapitels einen QR-Code, der euch zu der Online-Version des Textes bei FAKT IST führt. Diese knackige Zusammenfassung zu all den jeweiligen Bullshit-Themen könnt ihr dann direkt rauskopieren oder einfach den kompletten Link benutzen, um ihn in Facebook-Diskussionen, WhatsApp-Gruppen oder in den Firmenchat zu kopieren.

Make Facts great again,
here we go!

WAS IST ÜBERHAUPT EIN GUTES ARGUMENT?

1. Streitet euch gern, aber richtig

Bevor ihr jetzt denkt: »Aha, jetzt will der Hegenberg mir also schon vorschreiben, wie ich zu streiten habe. Gesinnungsdiktatur!« Nein. Es ist euch selbstverständlich unbenommen, maximal unkonstruktiv und bar jeden Erkenntnisgewinns für alle Beteiligten das Internet leerzustreiten. Ich bin der Letzte, der hier irgendwem Vorschriften machen sollte, denn sinnlose Diskussionen sind so was wie mein Hobby.

Ich diskutiere mit Anhängern der Flache-Erde-Theorie und Kreationistinnen, die den Planeten Erde für 6.000 Jahre alt halten. Ich streite über den Geschmack von Tofu auf der Facebook-Seite von »Alle dohf außer Mutti« und wenn jemand meine Artikel mit »Der Hegenberg redet mal wieder nur Gülle« kommentiert, frage ich nach der Farbe der Gülle.

Dass dabei irgendetwas kognitiv Sinnvolles passiert, ist mindestens unwahrscheinlich, deswegen mache ich das auch nur manchmal und nach Feierabend. Die meiste Zeit verwende ich sinnvoller (zumindest hoffe ich das) und streite darin über wirklich relevante Themen, und das auch nur, wenn das irgendeine

Wirkung verspricht. Daher hier ein paar Erfahrungen und Best Practices, wie Diskussionen am meisten bringen:

> **Achtet darauf, ob ihr euch überhaupt in einer Diskussion befindet oder nur in einem Wettbewerb, wer lauter schreien kann.**

Brüllaffen mögen Zweiteres bevorzugen, aber wenn euch eure Stimmbänder und ein minimaler Erkenntnisgewinn am Herzen liegen, dann lasst das lieber. In einer echten Diskussion lässt man sich ausreden und geht auf die Antworten der anderen Person ein. Klingt jetzt naheliegend, aber insbesondere im Internet ist das keine Selbstverständlichkeit.

Dort lesen wir vielmehr eine Menge Kommentare, die in der folgenden Grafik unterhalb der Zeile »Gegenargument« einzuordnen sind. Sie ist dem Essay »How to disagree«[2] des Programmierers Paul Graham nachempfunden und teilt Argumentationen in eine Hierarchie ein (von oben sehr gut bis unten sehr schlecht). Die Erwiderungen ab der vierten Zeile sind meist stark vorgetragene Meinungen, aber ich würde sie nicht Argumente im ei-

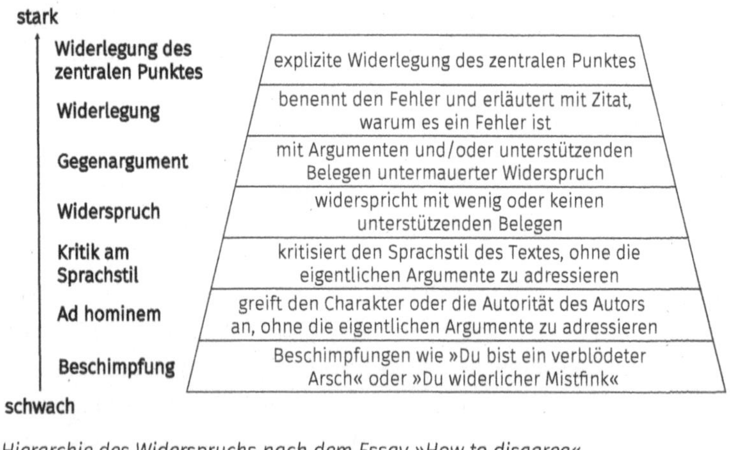

Hierarchie des Widerspruchs nach dem Essay »How to disagree«

gentlichen Sinn nennen – schon allein der Gefahr wegen, dass die wirklichen Argumente deswegen beleidigt sein könnten.

Ein Beispiel für die Zeile »Widerspruch« wäre:

Person 1: »Klimaschutz in Deutschland heißt ja nicht, dass Deutschland allein die Welt zu retten versucht. Die anderen Länder setzen ja auch Klimaschutzmaßnahmen um und halten sich wie wir auch an die Zusagen des Klimaabkommens von Paris.«

Widerspruch von Person 2: »Ja ja, sag ich doch, am deutschen Wesen soll die Welt genesen, und alle lachen uns aus!«

Sollte es euch bei dieser Unterhaltung kalt den Rücken runterlaufen, ist das ein gutes Zeichen: Euer Logikzentrum funktioniert gut und schaudert angesichts dieser Weigerung, einen vorgetragenen Gedanken überhaupt mal durch die Großhirnrinde schwappen zu lassen. Kein noch so stichhaltiger Punkt bringt diese Person aus der Fassung, denn eure Argumente werden nirgends kognitiv verarbeitet.

Ich nenne das mittlerweile nur noch die »Textbaustein-Taktik«, weil da in meiner Vorstellung jemand mit einer Reihe vorgefertigter Antworten vor einer Tastatur sitzt und diese einfach nur wahllos abfeuert, sobald die richtigen Trigger-Vokabeln fallen. Bekommen sie tatsächlich mal eine Antwort, formulieren sie den Textbaustein minimal um und kommentieren ihn dann sinngemäß direkt noch mal.

Richtig, da könnt ihr euch auch gleich mit dem Altglascontainer unterhalten – wobei ich mir habe sagen lassen, dass selbst so mancher Container über mehr Reflexionsvermögen verfügt als diese menschlichen Diskurs-Blockaden.

Das Gleiche gilt, wenn ganz klare Fakten abgestritten werden:

Person 1: »Trotz der Erneuerbaren hatten wir letztes Jahr so viel Kohlestrom wie noch nie!«

Person 2: »Das stimmt nicht, wir haben 2023 so wenig Kohlestrom erzeugt wie zuletzt im Jahr 1959, hier die offizielle Statistik dazu.«

Person 1: »Ach, glaube keiner Statistik, die du nicht selbst gefälscht hast! Außerdem liegt das nur an der Deindustrialisierung, durch die Windkraftanlagen verdirbt die Ernte und die Solarzellen verursachen Heuschrecken-Plagen.«

Hier sollten gleich zwei Alarmsirenen losgehen:

Mit jemandem, der nicht mal die offizielle Energie-Statistik als Quelle akzeptiert, wird es sehr schwer, sich auf irgendwas zu einigen. Man kann ja unterschiedlicher Meinung darüber sein, ob Stuttgart eine schöne Stadt ist oder ob Filme von Til Schweiger große Filmkunst sind. Aber wenn jemand darauf besteht, dass die Donau durch Myanmar fließt, oder nicht akzeptiert, dass Jo Biden 2020 die US-Präsidentschaftswahlen gewonnen hat, würde ich das Weite suchen. Ohne minimale gemeinsame Basis ist ein rationaler Austausch nicht mehr möglich – deswegen sind Verschwörungsideologien, durch die Menschen sich komplett von der Realität entkoppeln, auch so gefährlich.

Der zweite Alarm sollte wegen des abrupten Themawechsels auf gleich mehrere andere Aspekte anschlagen, was im Internet auch gern »Taubenschach« genannt wird. Der Name rührt daher, dass ein Schachspiel mit einer Taube meist recht unbefriedigend endet: Egal, wie gut ihr Schach spielt, die Taube springt von Feld zu Feld, wirft alle Figuren um, kackt aufs Brett und stolziert trotzdem herum, als hätte sie gewonnen.

Genau das passiert im Argument weiter oben: Dass die ursprüngliche Behauptung über die Kohleverstromung komplett widerlegt wurde, wird gar nicht weiter beachtet. Stattdessen wird Person 2 mit weiteren absurden, unbelegten Behauptungen bombardiert, die zu widerlegen viel länger dauert, als sie aufzustellen (hier kommt wieder Brandolinis Gesetz zum Einsatz).

Dieses Spiel solltet ihr nicht eine Sekunde mitspielen, denn es wird immer so weitergehen. Die Person wird nie zugeben, in einem Punkt falschgelegen zu haben, sondern immer neuen Blödsinn in den Raum stellen. Diese Taktik nennt sich auch »Gish Gallop«, benannt von der Humanbiologin Eugenie Scott, die 1994 mit dem Kreationisten Duane Gish über Evolution debattierte, währenddessen dieser sich genau dieser Taktik bediente.

In diesem Fall macht ihr Folgendes: Ihr sucht euch das schwächste Argument raus, zerlegt es von vorn bis hinten und geht erst auf weitere Aspekte ein, wenn es geklärt ist. Wir hatten 2023 eben NICHT so viel Kohlestrom wie noch nie. Im Gegenteil, 2023 markierte ein historisches Tief der deutschen Kohlestromerzeugung, entsprechend tolle Grafiken gibt es dazu, die wenig Interpretationsspielraum lassen.

Nun werden weitere Ablenkungen kommen, aber auf die geht ihr nicht ein, sondern fragt pedantisch nach, was jetzt mit dem Kohlestrom ist. Formuliert auch, dass die Person ganz offensichtlich ablenken möchte und ihre Behauptungen nicht belegen kann. Die Person muss dann entweder zugeben, in diesem Punkt die Unwahrheit behauptet zu haben, oder lenkt – wie von euch prophezeit – weiter ab. Was ziemlich schwach wirkt.

Ihr könnt die Taktik dann auch ganz klar benennen und sagen, dass ihr an so einer Zeitverschwendung nicht interessiert seid, denn diese Diskussion wird ins Leere führen. An diesem Punkt geht es ja gar nicht mehr ums eigentliche Thema Kohlestrom, weswegen die Zeit mit Kuchenbacken oder einer Folge Schwarzwaldklinik besser investiert ist.

Da wir alle nur endlich Zeit und Energie haben, sollten wir uns gut überlegen, welche Diskussion wir führen und welche nicht. Und meistens ist Taubenschach keine Diskussion, sondern ein Typ, der euch mit einem Megafon anschreit und die Ohren zugebunden hat.

Wer einen guten Tag und ohnehin gerade nichts zu tun hat, kann aber auch hier sein Glück versuchen: Sollte so was auf offener Bühne stattfinden, wo das Gespräch von vielen unvoreingenommenen Menschen verfolgt wird, könnt ihr diesen vielen Menschen mithilfe des Taubenschachlers gut zeigen, wie absurd seine Positionen sind, indem ihr eins nach dem anderen mit der stoischen Ruhe einer Zen-Meisterin auseinandernehmt.

Es bedarf halt Zeit. Viel Zeit. Viel Zeit, Geduld und eines gewissen Gleichmutes, angesichts der Absurdität nicht die Nerven zu verlieren. Euer Ziel darf nur nie sein, beim Taubenschachler auch nur einen Funken Einsicht zu erwarten, denn der wird nicht kommen. Eure Währung sind die vielen anderen Menschen, die sich von abgeklärten, ruhig vorgetragenen Argumenten eher überzeugen lassen als vom erratischen Hin und Her eures Gegenübers.

In einem privaten Chatverlauf oder unter vier Augen im ICE-Abteil ist das in meinen Augen aber komplette Zeitverschwendung. Wenn eine Seite gar nicht bereit ist, die eigenen Überzeugungen mit der Realität abzugleichen, beträgt die potenzielle Wirkung null.

2. Erkennt und vermeidet logische Fehlschlüsse

Wenn ihr die Ratschläge des letzten Kapitels berücksichtigt habt, befindet ihr euch also früher oder später in einer echten Diskussion. Herzlichen Glückwunsch! Aber auch dann lauern ein paar Fallstricke, die ihr am besten vermeidet, damit dabei was Sinnvolles rauskommt.

Es ist nämlich so: Unsere Gehirne sind evolutionär gesehen kaum von denen unserer Vorfahren von vor 10.000 Jahren zu unterscheiden und daher evolutionär immer noch für ein Leben ausgelegt, das wenig mit unserem heutigen zu tun hat. In ihrem Alltag spielte Online-Recherche keine Rolle, sie wurden nicht mit Terabyte voller Spam und Falschmeldungen bombardiert und mussten keine komplizierten Entscheidungen über medizinische Behandlungen treffen.

Deswegen unterliegen wir immer noch allerlei kognitiven Verzerrungen, die das Treffen einer rationalen Entscheidung erschweren.

So bevorzugen wir zum Beispiel häufig den Status quo gegenüber einer Veränderung. Die Dinge sollten idealerweise in etwa so bleiben, wie sie schon sind. Auf Facebook liest sich das oft so: »Des ham mer immer scho so g'macht!«

Das betrifft aber nicht nur konservative Menschen, auch mein Gehirn hat mir unmissverständlich klargemacht, dass ich mich selbst in Hörsälen mit 250 Plätzen immer auf den exakt gleichen Platz setzen sollte, weil ich sonst vermutlich in Flammen aufgehe oder so was. Vermutlich war es im Jahr 5.000 BC eine gar nicht so schlechte Überlebensstrategie, nicht ständig neue Pilzsorten auszuprobieren.

3. Der häufigste Fehlschluss: das Strohmann-Argument

Das ist natürlich eine rein subjektive Beobachtung, aber mich nervt das so häufig, dass ich der Worterkennung auf dem Handy extra das siebensilbige Wort-Ungetüm »Strohmann-Argumentation« beigebracht und dadurch vermutlich ganze Monate an Lebenszeit gespart habe.

Die Taktik ist so simpel wie effektiv: Anstatt auf das einzugehen, was ihr gesagt habt (was ja mitunter knifflig werden kann), tut euer Gegenüber einfach so, als hättet ihr was ganz anderes gesagt. Idealerweise noch emotional mit Empörung aufgeladen, das lenkt noch mehr vom eigentlichen Punkt ab.

Beispiel: »Der Fleischkonsum in Deutschland ist in den letzten 14 Jahren um 20 Prozent gesunken.«

Strohmann-Antwort: »Aha, du freust dich also darüber, dass arme Menschen sich kein Fleisch mehr leisten können!«

Hier wurden gleich zwei Dinge auf einmal erreicht: Vom eigentlichen Punkt wurde abgelenkt und es steht auch noch ein schöner Vorwurf im Raum. Viele Menschen würden sich jetzt erst mal rechtfertigen und erklären, dass sie armen Menschen natürlich nichts Böses wollen. Muss man aber eigentlich nicht, man kann direkt sagen: »Das habe ich überhaupt nicht gesagt, lenk bitte nicht ab.«

Das gibt es nicht nur in Facebook-Diskussionen, auch in politischen Debatten oder sogenannten »Talk Shows«, die ich mittlerweile lieber »Opinion Shows« nenne, weil es da meiner Ansicht nach viel zu selten um den Austausch von echten Argumenten geht, könnt ihr das sehr oft beobachten. Ist doch wirklich lästig, wenn da ein kompetenter Gast sitzt, der mit aktuellen Zahlen und fundierten Kenntnissen über den Forschungsstand ein plausibles Argument formuliert. Wer gegen die Zahlen und die Forschung wenig sagen kann, muss entweder zugeben, falschgelegen zu haben (lol, da könnt ihr lange warten) oder eben irgendwie ablenken.

Eine Mobilitätsforscherin fordert, mehr Geld in das deutsche Schienennetz zu investieren, weil das sowohl ökonomische als auch ökologische Vorteile bringt? Sagt einfach: »Ich finde es skandalös, dass Sie alle Menschen zum Bahnfahren zwingen wollen!«

Wer gute Argumente für eine Steuer auf Flugbenzin vorbringt, dem werft ihr einfach vor, dass man mit dem Lastenrad nicht nach Mallorca kommt, und wer ausreichend Budget für vernünftiges Essen in der Mensa und saubere Schultoiletten fordert, dem werft ihr einfach vor, offenbar die Renten kürzen zu wollen, um mit dem gesparten Geld undankbare Gören zu verwöhnen.

Diese Strategie mag in diesen absurden Beispielen sehr offensichtlich sein. Aber es ist erstaunlich, wie oft Leute damit durchkommen, anstatt dass ihnen ihr rhetorischer Unsinn unter die Nase gerieben wird. Fordert von ihnen, bitte mal auf die konkrete Aussage einzugehen und nicht die eigene Wahnvorstellung zu kultivieren. Denn das ist die große Schwachstelle: Sie müssen sich ja irgendwas ausdenken, was ihr angeblich gesagt habt. Man kann darauf also folgende Antworten geben:

- »Haben Sie sich das gerade ausgedacht?«
- »Das ist ein Strohmann-Argument. Ich habe nie behauptet, dass [was auch immer euch unterstellt wurde].«
- »Wieso legst du mir Worte in den Mund? Sind meine echten Argumente zu stark?«

4. Argumentum ad hominem

Das ist eigentlich eine Verschwendung wohlklingender lateinischer Worte für ein Verhalten, das man in den meisten Fällen auch einfach »ignorante Pöbelei« nennen könnte. Wenn ich Leuten vorgeworfen habe, ein »Argumentum ad hominem« benutzt zu haben, fühlten manche sich eher geschmeichelt, weil das in ihren Ohren so klang, als hätten sie was etwas richtig gut gemacht.

»Mama, Mama, dieser Jan Grasi-Dingsbum meint, ich mache ganz viel ad hominem!« – »Das ist prima, Günther. Und jetzt machst du bitte mal das Handy aus und gehst ins Bett, du musst morgen früh zur Konferenz der Vertriebsleiter!«

»Argumentum ad hominem« bedeutet auf Deutsch nämlich nur »Argument gegen den Menschen« und ist vermutlich so alt wie Sprache selbst. Anstatt sich umständlich mit Argumenten und Fakten auseinanderzusetzen, sind persönliche Angriffe die Devise:

Brunhilde sagt, dass der Mond die Erde umkreist. Brunhilde ist ein blöder Freak, sie trägt seltsame Klamotten, hört Thrash Metal und will nicht heiraten. Deshalb umkreist der Mond auch nicht die Erde. Wer auf ein ad hominem reinfällt, folgert aus Brunhildes fehlender Konformität, dass Luna (also der Mond an unserem Nachthimmel) nicht die Erde umkreist, sondern vermutlich den Jupiter.

Wenn Sheldon aus der Serie »Big Bang Theory« erklärt, sein Kumpel Howard habe Unrecht mit seiner Interpretation einer

Batman-Verfilmung, weil er der Einzige im Freundeskreis ohne Doktortitel sei, ist das ein ad hominem.

Wenn Präsidentschaftskandidaten ihre Konkurrenten als Crooked Hillary (»betrügerische Hillary«) oder Sleepy Joe (»schläfriger Joe«) bezeichnen, greifen sie die Person an und versuchen, sie unglaubwürdig zu machen, anstatt auf die tatsächlichen Aussagen der Person einzugehen (oft reagieren die beleidigenden Personen besonders wehleidig, wenn sie dann irgendwo selbst als ungebildete Terrororange bezeichnet werden – was natürlich ebenfalls nur ad hominem ist).

Wenn Atomkraftbefürworter als »verstrahlt« bezeichnet werden, Wirtschaftsminister als »Kinderbuchautor« oder Autofahrerinnen als »Dosentrottel«, sind das alles nur Angriffe auf die Personen und damit auf rationaler Ebene kein Argument mit irgendeiner Überzeugungskraft.

Grundsätzlich gibt es in meinen Augen drei Arten, mit einem Argumentum ad hominem sinnvoll umzugehen:

1. Den Umstand der Beleidigung als ad hominem erwähnen und ganz explizit erklären, dass das ein schwaches Argument sei und man davon ausgehe, dass die Person einfach keine besseren Argumente habe (jemand mit guten Argumenten hat das ja gar nicht nötig).
2. Auf die Beleidigung nicht wirklich eingehen und rein sachlich weiterargumentieren: »Jetzt bekomm bitte mal deinen Ton in den Griff und erklär uns lieber mal, wie du acht Milliarden Menschen mit westlichem Ernährungsstil sattbekommen willst.«
3. Wenn die Angriffe zu sehr unter die Gürtellinie gehen/Straftatbestände darstellen, das Gespräch abbrechen beziehungsweise auf Social Media die Person blocken.

5. Argumentum ad verecundiam

Dieses »Autoritätsargument« ist ein echter Klassiker in Diskussionen um den Klimawandel. Der lateinische Ausdruck bedeutet so viel wie »Beweis durch Ehrfurcht« und bezieht sich auf den Umstand, dass sich hier zu ehrfürchtig auf die Aussage einer Person bezogen wird, weil diese durch Expertise oder Einfluss eine gewisse Autorität erlangt hat.

Sehr beliebt ist hier zum Beispiel die Beweisführung, dass die Klimakrise wahlweise nicht von Menschen verursacht, sondern ein natürliches Phänomen oder gar non-existent sei, weil ein Nobelpreisträger das so gesagt habe. Bestimmt ein billiger Fake, oder? So ein Nobelpreisträger muss doch ein fabelhaft weiser Mensch sein, der mit all seinen Aussagen richtig liegt?!

Ähm, nein. Besonders dann, wenn die Aussage weit außerhalb seines Fachgebiets liegt, ist Vorsicht geboten. Schon vor etwa 15 Jahren erlangte der gebürtige Norweger und Träger des Physik-Nobelpreises Ivar Giaever Aufmerksamkeit durch seine Position, es gäbe gar keine Erderwärmung. Er unterschrieb 2009 entsprechende offene Briefe und äußerte sich auf der Nobelpreisträgertagung in Lindau am Bodensee wiederholt dazu.[3]

Problem 1: Seinen Nobelpreis erhielt der begabte Physiker für seine Forschung an Halb- und Supraleitern, nicht für Forschungen an den irdischen Klimasystemen. Es gibt also Hunderte, wenn nicht Tausende Menschen in der Forschung, die zwar keinen Nobelpreis verliehen bekommen haben, ihm aber in diesem Forschungsfeld dennoch meilenweit voraus sind (Giaever wiederum behauptete, diese Kenntnisse mit einem Tag Googeln widerlegen zu können). Ihre Kompetenz ist bezogen auf diese konkrete Frage also in jedem Fall höher zu bewerten.

Problem 2: Wenn Ivar Giaever tatsächlich einen Fehler in den bislang etablierten Theorien gefunden hätte, dann wäre das in der wissenschaftlichen Community eine Sensation und würde entsprechend in die Fachdiskussion einfließen. Leider hat Giaever aber nicht eine einzige wissenschaftliche Publikation zum Thema veröffentlicht, die nun Anstoß einer solchen Diskussion sein könnte.

Wenn statt der wissenschaftlichen Veröffentlichung lieber die direkte Abkürzung über die Medien oder andere öffentlichkeitswirksame Plattformen genommen wird, sodass die kritische Einordnung der Fachleute auf diesem Gebiet wegfällt, ist das in der Regel ein ganz gutes Alarmsignal, dass hier etwas falsch laufen könnte.

Wenn in diesen Aussagen dann nicht mal ein stichhaltiges Argument genannt wird, ist das ein noch größeres Alarmsignal. Für den steigenden CO_2-Gehalt in der Atmosphäre, die globale Erwärmung und ihre Folgen gibt es ja bereits ziemlich viele konkrete Messwerte, für die eine all diese Positionen ablehnende Person dann eine bessere Erklärung präsentieren müsste. Wenn er in einer Rede stattdessen nur erklärt, die Klimawissenschaft könne keine verlässlichen Prognosen machen, ist das genau genommen gar kein Debattenbeitrag, sondern nur seine Meinung. Wäre ja schön, wenn sich die Prognosen der Klimawissenschaft als Irrtum entpuppten, aber bislang wurden selbst 50 Jahre alte Klimamodelle gruselig genau bestätigt.[4]

Auch der Physik-Nobelpreisträger von 2022 aus den USA fällt in dieser Richtung auf. John F. Clauser hat bahnbrechende Entdeckungen auf dem Gebiet der verschränkten Photonen gemacht, nennt sich mittlerweile selbst einen Klimaleugner und tritt bei katholischen Organisationen auf, die wiederum fordern, all die bloßzustellen, die die »gott- und familienfeindliche Klima-Agenda« vorantreiben.[5]

Aber der ist doch schlau, der wird so was doch nicht sagen, wenn es kompletter Unsinn ist! Ja, doch. Leider ist Intelligenz etwas anderes als Unfehlbarkeit und so reden auch überdurchschnittlich intelligente Menschen gern mal ausnehmend törichten Blödsinn, wenn ihr Primatengehirn nur clever genug ausgetrickst wurde. Mein IQ liegt laut Test auch über Durchschnitt und ich habe mich wirklich schon einige Male im Leben außerordentlich behämmert geäußert.

Nicht nur ich: Vor allem manche Menschen mit Nobelpreis scheinen mit der plötzlichen Berühmtheit nicht gut klarzukommen und beschreiten nach der Verleihung absonderliche Wege, manchmal sogar in themenverwandten Gebieten.

So hat Luc Montagnier im Jahr 1983 zusammen mit Françoise Barré-Sinoussi das HI-Virus entdeckt. Eine sensationelle Leistung, die laut der Internetseite »Science Heroes«[6] geschätzt 22 Millionen Menschen das Leben gerettet hat (zusammen mit den Leuten, welche die daraus resultierenden Medikamente erforscht haben natürlich). Ab etwa 2009, ein Jahr nachdem Luc Montagnier den Nobelpreis erhalten hatte, behauptete er, man könne AIDS ganz ohne Medikamente, einfach durch gesunde Ernährung und Hygiene heilen.[7] Eine absurde Position, besonders weil es mittlerweile sehr effektive Medikamente gibt, die die Krankheit so weit zurückdrängen, dass viele HIV-Positive ein normales Leben ohne Ansteckungsgefahr und mit guter Lebensqualität führen können. Und das war nur eine von vielen abwegigen, nie bewiesenen Theorien.[8]

Linus Pauling war einer der ganz wenigen Menschen, der in seinem Leben zwei Nobelpreise gewinnen konnte, und neben der Über-Wissenschaftlerin Marie Curie der Einzige, der das sogar in verschiedenen Kategorien geschafft hat. Ein außerordentlich kluger Mann also, was ihn nicht davon abgehalten hat, ab seinem 65. Lebensjahr zu behaupten, man könne fast alle Krankheiten durch die Gabe sehr hoher Dosen Vitamin C heilen, auch Krebs (28 Jahre später starb er trotz seiner hohen Vitamin-C-Eigenmedikation an Krebs).[9]

Doch zurück zum Klima: Neben berühmten Nobelpreisträgern, die den Klimawandel für einen einzigen Schwindel halten, gibt es ja auch noch welche, die explizit für ihre Forschung am Klimasystem der Erde einen Nobelpreis erhalten haben. Der Physik-Nobelpreis 2021 ging an den Deutschen Klaus Hasselmann und den

US-Amerikaner Syukuro Manabe für »das physikalische Modellieren des Klimas der Erde, die quantitative Analyse von Variationen und die zuverlässige Vorhersage der Erderwärmung«.[10]

Tja, was nun? Die Preisträger von 2021 sagen so, der von 2022 so. Was stimmt also? Haben alle recht und es gibt nur ein bisschen Erderwärmung? Und wenn einer sagt, die Erde sei rund und der andere sagt, sie sei flach, hat sie dann in Wirklichkeit die Form einer Kartoffel? Nein, es gibt halt Fragen mit recht eindeutig richtigen und falschen Antworten.

Es kommt dabei nicht so sehr darauf an, was einzelne, mit Preisen überhäufte Leute sagen, sondern vielmehr, was aufgrund der Beweisführung Konsens in dem Forschungsgebiet ist. Da es mir nicht gelungen ist, das besser auf den Punkt zu bringen als Physiker und Wissenschaftskommunikator Florian Aigner, zitiere ich ihn hier:

»Die Verlässlichkeit wissenschaftlicher Aussagen entsteht nicht durch die Autorität einer Einzelperson. Selbst die klügsten Menschen können irren. Viel verlässlicher ist der Konsens zwischen Fachleuten: Was sich nach vielen Experimenten in vielen Diskussionen zwischen vielen verschiedenen Leuten auf der ganzen Welt allgemein durchsetzt, ist mit großer Wahrscheinlichkeit richtig. Die Wissenschaft ist keine Liste an Gesetzen, die irgendwann von nobelpreisgekrönten Würdenträgern erlassen wurden. Sie ist ein Netz aus unzähligen Querverbindungen, Argumenten und Indizien. Ein gutes Netz ist tragfähig, weil es aus vielen Fäden besteht – nicht weil irgendein Knoten von einem besonders berühmten und vertrauenswürdigen Knotenknüpfer stammt.«[11]

Das alles bedeutet jetzt im Umkehrschluss aber NICHT, dass es sich automatisch um einen logischen Fehlschluss handelt, wenn ich für mein Argument in einer Diskussion eine Expertin zitiere. Manche Themen sind so jung, dass es noch gar keine offiziellen Forschungsergebnisse dazu gibt, da bleibt uns gar nicht viel anderes übrig.

Wichtig ist dann aber halt, dass das auch wirklich eine Expertin ist, nicht einfach eine Frau, die schon mal einen weißen Kittel getragen hat, und ich sie auch wirklich korrekt zitiere. Und ebenfalls wichtig: Wenn in der Fachwelt auch oder sogar überwiegend andere Meinungen herrschen, wäre es unlauter, die einfach zu ignorieren und so tun, als sei »meine« Expertin die einzige und ihre Meinung überall anerkannt.

Genau daran scheitern beispielsweise Zeitungen, die Hans-Werner Sinn zur Energiewende interviewen und seinen abwegigen Behauptungen keine Einordnung gegenüberstellen, sodass der Eindruck entsteht, das sei Konsens in der Ökonomie. So behauptete Sinn, immerhin ehemaliger Präsident des renommierten Ifo-Instituts, im Boulevard-Magazin Bild, es gebe bei E-Autos einen europäischen Alleingang und das Verbrenner-Aus sei klimaschädlich.[12]

Und genau dieser Unsinn begegnet mir dann eins zu eins in Diskussionen. Nach einer Lesung in Baden-Württemberg kritisierte ein aufgebrachter Zuhörer meine Ausführungen damit, dass die Experten wie Professor Sinn das ja alles vollkommen anders sähen und wir gerade unsere Auto-Industrie zerstören würden. In diesem Fall also ein Autoritätsargument aus dem Lehrbuch:

»Die« Experten sehen das nämlich beileibe nicht alle so wie Hans-Werner Sinn. Um seine Ausführungen zu widerlegen, muss man nicht mal studierter Ökonom sein, die Lektüre einer aktuellen Statistik des globalen Automobilmarkts reicht vollkommen: Der europäische Marktanteil von E-Autos stieg zwischen 2022 und 2023 um etwa 3 Prozent. In den USA stieg er im gleichen Zeitraum um knapp 2 Prozent und in China ebenfalls um 3 Prozent.[13] Wo Sinn hier einen europäischen Alleingang sehen will, konnte er nicht beantworten.

Der Widerspruch aus den Fachkreisen blieb auch nicht aus, sowohl Fachleute für Energiesysteme[14] als auch Ökonominnen widersprachen den Aussagen entschieden. Monika Schnitzer (Vorsitzende des Sachverständigenrates Wirtschaft) ließ sich mit »Mit dieser Behauptung liegt er falsch« zitieren. Der aktuelle Präsident des Ifo sowie der Energieökonom Lion Hirth widersprachen seinen Behauptungen zu Wind- und Solarkraft: »[Sinns] Skepsis stammt aus theoretischen Überlegungen, die zwar interessant sind, aber einem Realitätscheck nicht standhalten.«

Es ist also irreführend, die Einzelmeinung dieses einen Ökonomen als Position »der Experten« darzustellen. Auch hier gibt es zwei Arten, wie man reagieren kann:

- Konfrontiert mit einem Autoritätsargument sollten wir zuerst fragen, warum die Meinung der zitierten Autorität überhaupt so entscheidend sein sollte. Ist die Person mit der Materie bewandert oder äußert sich da eine Historikerin zu Fragen der Korallenpopulation in Australien? In dem Fall sind die Erkenntnisse der Meeresbiologie viel entscheidender als die Meinung einer Laiin auf dem Gebiet. In der Welt der Wissenschaft sollte eine echte Expertin an dem Thema geforscht und Arbeiten dazu in wissenschaftlichen Fachzeitschriften veröffentlicht haben.

- Was ist der (wissenschaftliche) Konsens in der Frage? Unterscheidet er sich von der Meinung des »Experten«, dann muss der »Experte« gute Argumente mitbringen, um diesen Konsens zu entkräften. Genau das ist in den allermeisten Fällen eben nicht so, denn jemand mit echt guten Argumenten würde in den Austausch mit dem Kollegium gehen, um akademischen Ruhm zu erlangen. Ich frage dann gern zurück: Wenn Professor Drüsendorf wirklich herausgefunden hat, dass CO_2 nicht die Ursache für die Erderwärmung ist, wieso veröffentlicht er das nicht in »Science« und holt sich einen Nobelpreis für diese bahnbrechenden Erkenntnisse ab?

6. Argumentum ad populum

»Wusstest du, dass Hauskatzen in der Nähe von Windkraftanlagen öfter Durchfall haben als andere?«

»Nein, wer behauptet denn so einen Schmu?«

»NA ALLE SAGEN DAS!«

In diesem Scheinargument, der Beweisrede für das Volk, wird sich nicht mal mehr darauf berufen, was eine vermeintliche Expertin sagt, sondern was »alle« sagen. Dass das eine recht dünne Grundlage für Wahrheitsfindung ist, wusste schon der Erfinder des Witzes »Esst Scheiße, 10 Millionen Fliegen können nicht irren«.

Auch überwältigende Mehrheiten haben in der Geschichte der Menschheit in Bezug auf zentrale Fragen denkbar falschgelegen und tun das immer noch. Die Mehrheit hielt schon mal Frauenwahlrecht für Teufelszeug, sie dachte, die Erde sei das Zentrum des Universums und dass Rauchen im Auto den Kindern auf dem Rücksitz nicht schade.

Abgesehen davon kenne ich keine einzige Frage, die 100 Prozent aller Menschen gleich beantworten würden. Selbst den Tausenden Satelliten im Orbit zum Trotz herrscht nicht mal in der Frage Konsens, ob unser Planet kugelförmig ist. In den Filterblasen des Jahres 2024 gewinnen viele Menschen halt den falschen Eindruck, »alle« hätten die gleiche Meinung wie sie selbst, weil sie nur die Beiträge von Menschen mit ähnlichen Einstellungen angezeigt bekommen.

Immerhin macht das die Reaktion auf diesen Fehlschluss einfach:

»NA ALLE SAGEN DAS!«

»Nein, mein Onkel Hubert/meine Dermatologin/Norbert aus meinem Kegelclub sieht das anders.«

»NA ICH MEINTE HALT FAST ALLE SAGEN DAS!«

»Hast du eine Quelle dafür?«

Wenn es sich dann tatsächlich um eine Mehrheit handelt, muss man entweder erklären, warum auch Mehrheiten irren können, und sucht sich am besten Gegenbeispiele dafür.

»Ist Schokolade zum Frühstück gesund, weil die meisten Kinder das sagen?«

»War die 4-Säfte-Lehre eine gute Behandlungsmethode, weil früher die meisten Ärzte an sie glaubten?«

»Macht Dieter Bohlen gute Musik, weil viele Leute seine CDs gekauft haben?«

Ihr könnt es aber auch umdrehen und fragen, ob aus der Mehrheitsmeinung immer Richtigkeit folgt, und darauf hinweisen, dass die Mehrheit in Deutschland für ein Tempolimit ist[15] und den menschengemachten Klimawandel für ein großes Problem hält.[16]

Das ist jetzt nur eine kleine Auswahl von Fehlschlüssen, es gibt natürlich noch Dutzende andere. Man muss auch nicht immer gleich auf alle eingehen und die einzelnen Begriffe parat haben. Ich würde mir nur wünschen, jemand hätte meinem 20 Jahre jüngeren Ich früher ein paar dieser Begriffe nähergebracht, damit hätte ich viel Lebenszeit gespart. Einen einfachen Einstieg mit guten Beispielen findet ihr auf der Quarks-Seite.[17]

Recht haben allein reicht nicht

Das ist kein Fehlschluss im eigentlich Sinn, aber ein Fehler, den ich selbst oft gemacht habe: Ich dachte, dass ein gutes Argument automatisch dazu führt, dass andere Menschen sich diesem anschließen. Menschen denken von sich ja gern als rationale Wesen, die anders als Tiere über ein enormes Gehirn verfügen und sich deswegen nicht von niederen Instinkten leiten lassen.

Wie weiter oben aber schon erwähnt sind wir in unseren Entscheidungen tatsächlich recht oft von unserem störrischen Primatengehirn eingeschränkt, das sich in vielen Fällen lieber vor Erkenntnissen abschirmt, als eine neue Sichtweise zuzulassen.

Deswegen ist Rechthaben grundsätzlich leider kein Garant dafür, dass andere überzeugt werden. Menschen denken immer noch oft in Gruppenzugehörigkeit und lassen sich auch vom besten Argument nicht wirklich beeindrucken bzw. es wird deutlich schwieriger, wenn die Wertevorstellungen im Bekanntenkreis ganz anders sind.

Neuseeland hat bereits 1893 das Frauenwahlrecht eingeführt[18] und obwohl sich die Argumente für und gegen dieses Konzept seitdem ja nicht groß geändert haben, hat es danach noch bis 1984 gedauert, bis auch die Menschen in Liechtenstein davon überzeugt waren, dass wählende Frauen nicht die Ernte verderben.[19] Mit den Argumenten in der Sache wird das wenig zu tun haben, die waren recht gleich.

Wir alle tragen solche Werte und Vorstellungen in uns, für die wir uns nie aktiv entschieden haben, sondern die wir einfach über Familie und Freunde geerbt haben, ohne jemals ihre Sinnhaftigkeit zu hinterfragen. Wie schön wäre es, wenn wir, konfrontiert mit der unbequemen Wahrheit, dass es für einige davon gar keinen guten Grund gibt, sofort eine sinnvolle Konsequenz daraus ziehen würden?

Dann wären wir gesellschaftlich vermutlich schon viel weiter. Unser Gehirn hat aber eine ganze Reihe von Schutzmechanismen entwickelt, um bei der alten Meinung zu bleiben, auch wenn ihr eine Hundertschaft kluger Gedanken widersprechen. Es kann daher zielführend sein, nicht nur gute Argumente zu haben, sondern den anderen Personen auch zu signalisieren, dass wir nicht ihre Erzfeinde sind und überschneidende Ansichten haben.

Manchmal findet man eher eine gemeinsame Position, wenn man sich auch mal offen zeigt, dem anderen in einem Punkt recht zu geben, als wenn man die andere Person mit in der Sache sehr richtigen, aber emotional kaum wirksamen Fakten bombardiert.

Logisch, manche Leute lesen so viel Bildzeitung, dass man den Minimalkonsens schon sehr angestrengt suchen muss und er sich am Ende nur auf »Vanilleeis schmeckt besser als Klärschlamm« erstreckt. Aber die meisten Menschen teilen viele grundsätzliche Werte und sind nicht komplett im Verschwörungssumpf stecken geblieben.

Die meisten Menschen wollen Frieden, Wohlstand, genug zu essen, ein Dach über dem Kopf, eine Zukunftsperspektive, ein soziales Umfeld und Anerkennung. Gerade in Bezug auf ein stabiles Weltklima bedeutet das, dass wir eigentlich einen riesigen Konsens der meisten Menschen haben, in welche Richtung es gehen sollte. Es herrscht eigentlich »nur« große Uneinigkeit bezüglich der Auswirkungen von 2 Grad Erwärmung und den Maßnahmen.

Wer weiß, vielleicht haben die anderen hier und da sogar einen Punkt und ihre Perspektive bereichert eure Sichtweisen. Lasst insofern immer den Gedanken zu, dass ihr selbst falschliegen könntet. Niemand hat immer recht und wir alle machen Denkfehler.

> **Diskussionen, in denen ihr »verliert«, sind eigentlich die wertvollsten, denn dadurch lernt ihr eine Menge und korrigiert euer Weltbild.**

So, genug mit der Theorie, jetzt kommen wir endlich zur praktischen Anwendung in den eigentlichen Bullshit-Aussagen. Achtung, Nasenklammer aufsetzen, es wird miefig!

BULLSHIT 1

ABER HEUTE HAT ES GESCHNEIT!

Jedes Jahr, wenn die Tage kürzer und das Lebkuchenangebot größer werden, kommen die Menschen in Deutschland zu mehreren Bräuchen zusammen. Es werden Bäume beschmückt, Adventskränze angezündet und seit ein paar Jahren gesellt sich der noch etwas neumodische Brauch hinzu, sich zu beschweren, warum es auf einmal trotz Klimawandel kalt wird bzw. Bahnverbindungen aufgrund von Schneefall unzuverlässig werden.

Die sozialen Medien sind dann voller Fotos von Thermometern oder verschneiten Landschaften, beschriftet mit »Was für eine globale Erwärmung soll das sein?« oder »Klimawandel? WO DENN?«, garniert mit ein paar wütend dreinblickenden Emojis. Das Jahr 2023 war zudem auch noch reichlich verregnet, was nicht recht zur Vorstellung vieler Menschen einer global erhitzten Erde passte.

Das ist verständlich. Wer mit den dystopischen Bildern der Mad-Max-Filmreihe aufwächst, deren Handlung sich in kargen Wüsten abspielt, um dann beim Schwimmbadbesuch im Juli 2023 von sintflutartigen Regenfällen überrascht zu werden, mag sich durch diesen nur scheinbaren Widerspruch etwas veralbert vorkommen.

Ja, nur scheinbar, denn eine höhere Erdtemperatur verwandelt das Rheinland nicht automatisch in eine Wüste, sondern macht ganz allgemein extreme Wetterereignisse wahrscheinlicher. Das heißt nicht automatisch, dass wir uns in einem Roland-Emmerich-Katastrophenfilm wiederfinden, sondern dass uns Wetterbedingungen, die früher nur selten auftraten, nun häufiger beglücken.

Bedeutet in der Folge also nicht einfach nur mehr heiße Tage, wie der Begriff »globale Erwärmung« ja schon irgendwie suggeriert, sondern auch mehr Tage mit Starkregen und manchmal sogar Überflutungen, stärkere Winde und vollkommen unintuitiv: mehr Kältewellen. Wer hier das Buch sinken lässt, um laut »Hä?!« auszurufen: Nur zu, das habe ich auch gemacht (nur ohne Buch).

> **Wie soll es denn mehr Kältewellen geben, wenn es im Schnitt wärmer wird? Tja, weil im Schnitt eben nur im Schnitt ist.**

Es wäre vermutlich exakter, statt Klimawandel lieber »Klima-Destabilisierung« zu sagen, aber acht Silben für so ein wichtiges Wort? Das sagt doch am Ende wieder niemand.

Gerade in deutschsprachiger Kommunikation würde das aber viel mehr auf die tatsächliche Gefahr eingehen, denn würde die Welt einfach nur ganz gleichmäßig ein paar wenige Grad wärmer, dann klingt das gerade aus deutscher Sicht nicht sonderlich bedrohlich. Wer schon mal im Winter zwei Kinder für die Kita angezogen hat – und das bedeutet, sie in sechs bis sieben Schichten Baumwolle einzuhüllen –, um dann vor Verlassen der Wohnung zu merken, dass sich aus einer Windel ein übler Gestank in den Flur ausbreitet, findet die Vorstellung von milderen Wintern nicht spontan furchtbar. Genau das ist aber leider ein Trugschluss.

> **Denn eine wärmere Erde ist primär chaotischer und landwirtschaftsfeindlicher als die uns bekannte.**

Wenn eine durchgeknallte Wettergöttin all die warmen und kalten Luftmassen nimmt und einfach etwas verrückter verteilt, dann haben wir am Ende eine recht ähnliche Durchschnittstemperatur, aber eben auch häufiger Hitzewellen in Kanada und Kältewellen in Texas.

Das Wetter in Deutschland war 2023 verglichen mit den Jahren 1961 bis 1990 um 2,4 Grad wärmer, hatte 20 Prozent mehr Regen und 15 Prozent mehr Sonnenschein.[20] Diese nüchterne Feststellung des Deutschen Wetterdienstes wurde auf Twitter mit Ungläubigkeit und Wut aufgenommen.

»Mehr Regen und gleichzeitig mehr Sonnenschein? Das geht doch gar nicht!«, so der Tenor in den Reaktionen. Der bloße Umstand, dass wir früher einfach mehr bewölkte, ABER gleichzeitig trockene Tage hatten, was zu genau dieser Statistik führt, war zu abstrakt für die aufgebrachte Menge.

> **Die Prognose der Klimaforschung ist also nicht, dass es jedes Jahr überall gleichmäßig heißer und trockener wird. Die Prognose ist, dass es IM SCHNITT wärmer wird und es öfter zu extremen Ereignissen kommt.**

Diese Vorhersage trifft bislang leider gruselig genau zu (ja, ich wünsche mir auch oft, dass sich das alles als riesiger Irrtum entpuppt). Ein besonders anschauliches Beispiel ist Spanien im Frühjahr 2024: Während im Osten Spaniens die schlimmste Dürre seit Beginn der Wetteraufzeichnungen herrscht, in deren Folge der bekannte Schaumweinhersteller Freixenet 80 Prozent der Belegschaft in Kurzarbeit schicken musste,[21] hat es im Norden so viel geregnet, dass die Wasserkraftspeicher auf dem Höchststand seit 8 Jahren liegen.[22]

Auch die erst sommerlichen Temperaturen im April und dann der darauffolgende Hagel und Kälteeinbruch haben Obstbäumen und Weinreben in Deutschland zugesetzt: Die frühe Blüte in Kombination mit heftigem Frost hat zu schätzungsweise einer halben Milliarde Euro Verluste durch Ernteausfälle geführt.[23]

Die Idee, dass ein paar wenige, aber dafür sehr schneereiche Tage im November 2023 all diese Prognosen Lügen strafen, ist insofern unfreiwillig komisch, dass das ja genau die Vorhersage war. Das Wetter spielt dann einfach öfter verrückt. Das kann für uns Menschen nervig oder gefährlich werden, aber ein weit größeres Problem stellt das für empfindliche Ökosysteme dar, die an Klimazonen angepasst sind.

Nicht sonderlich hilfreich ist hierbei auch die Berichterstattung zu Wetterextremen, denn während sich die meisten Radiostationen einig zu sein scheinen, dass Hagel, Starkregen und Schneestürme das Ausrichten einer Gartenparty verkomplizieren könnten, wirken die Bilder zu Hitzewellen so, als käme da einfach nur nettes Badewetter auf uns zu.[24, 25]

Da liegen Menschen in Schwimmbecken rum und Kinder rennen mit Vanilleeis unter Springbrunnen durch, hach wie beschaulich. Dass wir nicht alle den lieben langen Tag unter Springbrunnen rumliegen können und Temperaturen über 40 Grad für viele Menschen eine medizinische Herausforderung darstellen, geht bei solcher Bebilderung schnell unter.

Das Gegenteil hierzu sind Berichte, laut denen jede Wetterkapriole direkte Folge der Klimaerwärmung ist, und das ist so natürlich auch nicht haltbar. Genau genommen können wir zu keinem einzigen Wetterereignis sagen, ob es nicht auch ohne Klimawandel stattgefunden hätte, genau wie wir keine einzige erkrankte Lunge zu 100 Prozent auf heftigsten Tabakkonsum zurückführen können.

Was wir wissen, ist: Tabakkonsum erhöht die Wahrscheinlichkeit für Erkrankungen und eine Anreicherung von Treibhausgasen in der Atmosphäre erhöht die Wahrscheinlichkeit für Wetterextreme. Bei einem Lungenkrebspatienten mit hohem Zigarettenkonsum ist die Wahrscheinlichkeit hoch, dass die Erkrankung ohne die Zigaretten nicht aufgetreten wäre.

Genauso erhöht sich die Wahrscheinlichkeit für Flutkatastrophen wie beim Jahrhunderthochwasser 2021 im Ahrtal oder beim Jahrhunderthochwasser 2024 in Süddeutschland. Ein Kubikmeter heiße Luft kann mehr Wasser aufnehmen als ein Kubikmeter kalte Luft und so liegt die Wahrscheinlichkeit für eine Katastrophe wie im Ahrtal heute 1,2- bis 9-mal höher als auf einem um 1,2 Grad kühleren Planeten.[26] Wer einen gesunden Überlebenstrieb besitzt, sollte beides eher ablehnen.

Je mehr CO_2 in der Atmosphäre herumwabert, desto mehr sehr heiße, sehr nasse und sehr trockene Tage bekommen unsere Jahre im Schnitt, und desto schwieriger ist es deswegen, 10 Milliarden hungrige Menschen sattzubekommen.

Der morgendliche Blick auf die Wetter-App zeigt uns leider keine globalen Trends. Das aber nur, weil sie nicht mit ein paar Gletscher-Webcams inkl. Archivbildern der letzten 25 Jahre vernetzt sind. Guckt man sich deren Entwicklung an, wird schnell klar, dass das Jahr 2023 mit verschneiten Dächern im November und einem Sommer, der eher zum Kauf einer Schnorchel-Ausrüstung als von Sonnencreme animiert hat, leider nicht bedeutet, dass die Erwärmung gestoppt ist. Ich wünschte, es wäre so.

FAKT IST:

Klimawandel bedeutet nicht, dass es überall gleichzeitig um denselben Faktor heißer wird oder ständig überall die Sonne scheint, sondern dass es im Schnitt heißer und dass extremes Wetter wahrscheinlicher wird.

»Extrem« heißt nicht »heiß«, sondern eine stärkere Schwankung um den Durchschnitt. Das kann sich in Hitzewellen niederschlagen, aber auch in Stürmen, Starkregen, Dürren oder eben auch abrupten Kälteeinbrüchen.

Wir werden also auch in Zukunft verregnete, kalte oder verschneite Tage haben. Eine Schneeflocke im April oder Regen mitten in Dubai bedeutet NICHT, dass die Klimamodelle versagt haben. Im Gegenteil, sie warnen ja vor genau solchen Extremen.

Scanne den Code, kopiere den Text zu FAKT IST und schicke ihn Onkel Rüdiger per WhatsApp, wenn er mal wieder Mumpitz erzählt.

BULLSHIT 2

PERSÖNLICHER KLIMASCHUTZ BRINGT DOCH GAR NICHTS!

Jetzt ratet, wer das gesagt hat – also außer den naheliegenden Kandidaten wie irgendwelchen Geschäftsführern großer Erdölfirmen und Agenturen, die viel Geld mit dem Entwerfen von Vielflieger-Rabbatkarten verdient haben. Genau, ich war das!

Also, das war so: Das Klima-Thema kam auf, nachdem ich schon ein paar Jahre kein Fleisch mehr gegessen hatte und ich war Teil einer immer größer werdenden Online-Gemeinschaft, in der ich mich des Umstands versicherte, dass mir in Bezug auf Klimaschutz schon allein aufgrund meiner Ernährung eine 1 mit Sternchen im Fleißheft gebührt.

Als ich jedoch den CO_2-Fußabdruck-Rechner des Umweltbundesamts[27] mit meinen Daten gefüttert hatte, war das Ergebnis mehr als ernüchternd: Ich lag bei 4 bis 5 Tonnen CO_2 im Jahr. Der deutsche Schnitt lag zu der Zeit bei etwa 11,2 Tonnen CO_2,[28] ich war also schon mal überdurchschnittlich klimafreundlich. Der traurige Kontext ist jedoch: Das Restbudget pro Mensch und Jahr, um das 1,5-Grad-Ziel einzuhalten, betrug zu diesem

Zeitpunkt lediglich 1,5 bis 2 Tonnen CO_2 pro Jahr (und jetzt liegt es noch niedriger).[29] WAS?

Ich spielte also mit den Parametern herum, um zumindest theoretisch einen 1,5-Grad-kompatiblen Lebensstil zu errechnen. Das war als Einwohner Deutschlands aber nur möglich, indem ich fortan nichts mehr aß oder mich nicht mehr fortbewegte. Hm, klang ja beides nicht gerade optimal, erst recht nicht, um andere davon zu überzeugen.

Ich stellte mir vor, wie ich von Tür zu Tür ziehe und die Leute an der Gegensprechanlage auf dieser Basis von Klimaschutz zu überzeugen: »Guten Tag, wollen Sie vielleicht mit mir über das Klima reden? Was würden sie zum Beispiel davon halten, sich selbst maximal einzuschränken, während irgendwelche seelenlosen Konzerne für die Rendite ihrer Aktionäre millionenfach mehr emittieren, als Sie jemals einsparen können? Was? Nein, auf dem notwendigen 1,5-Grad-Pfad befinden Sie sich dann trotzdem nicht, aber *klick* … hallo? Hallo!«

Wen diese Vorstellung noch nicht genügend abschreckte, konnte 2021 in mehreren Zeitungen vom Guardian bis zur New York Times lesen, dass das Konzept des CO_2-Fußabdrucks ohnehin nur eine perfide Idee der Ölindustrie gewesen sei. Einzig geschaffen, um uns alle davon abzulenken, wie sie systematisch eine Weltordnung zementiert, gegen die wir mit unseren individuellen Konsumentscheidungen ohnehin nie ankommen würden.

Sollte man mit diesen Umständen im Hinterkopf nicht komplett auf die persönliche Klimabilanz pfeifen und stattdessen alle Kraft und Zeit in den demokratischen Umbau des Systems stecken? Also stattdessen lieber Menschen überzeugen, protestieren, an Gemeinderatssitzungen teilnehmen, in Parteien eintreten, für Klimapolitik streiten? Ich antworte mit einem klaren Jein:

Ja, weil persönlicher Verzicht keinen Sinn ergibt, wenn wir das zugrunde liegende System nicht von fossilen Brennstoffen loslösen. Wenn wir uns alle persönlich einschränken, aber das System grundsätzlich so fossil bleibt wie eh und je, dann erkaufen wir uns mit all dem Aufwand doch nur eine längere Galgenfrist: Früher oder später rennen wir damit doch trotzdem in dramatische Kipppunkte rein.

Nein, weil das System ja eben nicht so bleibt. Wir bauen es bereits um. Jetzt gerade, während ihr dieses Buch lest, sind da draußen Tausende Menschen damit beschäftigt.

> **Und je mehr wir uns jetzt einschränken, desto mehr Zeit verschaffen wir ihnen. Das ist einfach globales Teamwork.**

Wir sind Aragorn und die Armee von Gondor, die Frodo und Sam genug Zeit erkaufen, um diesen blöden Ring in den Vulkan zu werfen. Wir lenken das Imperium lange genug ab, bis einer der Bomber (ja okay, am Ende war es Luke) einen Protonentorpedo in den Reaktorschacht des Todessterns feuern kann. Nur dass wir halt keine brutalen Schlachten führen müssen, sondern nur die veganen Nuggets bei Burger King bestellen. Im Vergleich irgendwie pillepalle.

Hätten unsere Handlungen keine Auswirkung, dann würde ich auch sagen: Lasst uns alle Energie und Kraft in systematische Veränderung stecken, selbst wenn wir dazu alle einzeln per Helikopter zur Klimakonferenz fliegen müssen. Oder lasst uns angesichts der Aussichtslosigkeit mit Schnaps und anderen Drogen eindecken und diese an hübschen Stränden konsumieren, bis die Zeit unserer Spezies vorbei ist.

Aber good news everybody: Meine Klimabilanz ist mittlerweile auf 4 Tonnen CO_2 gesunken, und diese Reduktion ist eigentlich nur dem Systemumbau geschuldet. Und Hand aufs Herz, 4 Tonnen CO_2 sind viel besser als 6 Tonnen CO_2, oder? Na ja, selbst 85 Millionen Deutsche mit jeweils 4 Tonnen CO_2

emittieren zusammen immer noch 340 Millionen Tonnen CO_2. Das liegt nicht mal in der Nähe des 1,5-Grad-Ziels. Kann es aber auch nicht, das ist ja nur eine Momentaufnahme. Das Problem lösen wir weiter systematisch, indem wir von fossilen Brennstoffen loskommen.

> **Je klimafreundlicher wir uns jetzt persönlich verhalten, desto mehr Zeit erkaufen wir uns damit für den Umbau des Systems bzw. desto niedriger ist die Zieltemperatur.**

Selbst wenn wir die 1,5 Grad nicht mehr schaffen, wäre eine um 1,6 Grad erwärmte Welt ja immer noch die viel, viel lebenswertere als eine mit 1,9 Grad Erwärmung oder mit 2,3 Grad.

Ich kann gut verstehen, dass Menschen keine Lust haben, sich den Rest ihres Lebens mit ihrem CO_2-Fußabdruck zu beschäftigen.

Willkommen im Club: ich auch nicht. Aber das müssen wir auch nicht, es spielt überhaupt nur in dieser Übergangszeit des Systemumbaus eine Rolle. Sobald das System von fossilen Brennstoffen befreit ist, liegen unsere CO_2-Fußadrücke für heute lebende Menschen unerreichbar niedrig.

Und das passiert jetzt schon: Eine Deutsche emittiert heute nur noch halb so viel CO_2 wie ihre Eltern im gleichen Alter (Mitte der 1980er-Jahre), und das bei einem viel höheren Lebensstandard. Also auch ganz ohne sich dabei besonders anzustrengen.

Das ist nicht nur in Deutschland der Fall: Eine Britin, eine Französin oder eine Dänin emittiert heute etwa die Hälfte ihrer Eltern und ungefähr genauso viel wie ihre Großeltern-Generation in den 1950er-Jahren.[30]

Der CO_2-Fußabdruck ist übrigens NICHT die Idee eines Erdölkonzerns, er wurde im Jahr 2005 lediglich von BP für eine Greenwashing-Kampagne genutzt. Der kanadische Ökologe William

Rees benutzte den Begriff eines ökologischen Fußabdrucks bzw. eines »ecological footprint« aber bereits 1992.[31]

Dass ein Ölkonzern die Schuld für das Problem gern auf die einzelnen Individuen ablenken will, liegt nahe. Das sollte uns aber nicht davon abhalten, dieses Tool für unsere Zwecke zu nutzen, zum Beispiel indem wir besonders klimaschädliche Verhaltensweisen unseres Lebensstils erkennen und dadurch mündig entscheiden können, ob sie den Klimaschaden wirklich wert sind.

So emittieren Flugmangos (es handelt sich um mit dem Flugzeug transportiertes Obst und nicht etwa um einen besonders fruchtig aussehenden Tropenvogel) etwa 10-mal so viel CO_2 wie die gleiche Menge per Schiff transportierte Bananen.[32] Für Kuhmilchkäse landen sogar 28-mal so viele Emissionen in der Atmosphäre als für Bananen, insofern ist die Banane trotz ihres weit entfernten Anbaugebiets vergleichsweise klimaschonend.

FAKT IST:

Individuell klimafreundliches Verhalten allein kann die Klimakrise nicht lösen, dafür brauchen wir zusätzlich einen Systemumbau, damit wir ohne fossile Brennstoffe auskommen. Je mehr Emissionen wir aber jetzt schon einsparen, desto mehr Zeit bleibt uns für diesen Umbau.

Persönlicher Klimaschutz und Systemumbau sind also zwei Lösungsteile für ein und dasselbe Problem. Je schneller wir es lösen, desto weniger wichtig wird unser persönliches Verhalten, sodass wir nicht nur eine klimaneutrale Welt erschaffen, sondern auch eine, in der sich das Problem endlich wieder

aus unserem Alltag heraushält. Unsere CO_2-Fußabdrücke liegen dann in ordentlichen Bereichen, selbst wenn wir uns gar keine Mühe geben.

Scanne den Code, kopiere den Text zu FAKT IST und schicke ihn deinen Kollegen aus dem Vertrieb per WhatsApp, wenn sie mal wieder Mumpitz erzählen.

BULLSHIT 3

ABER IN E-AUTOS IST LITHIUM!

Ja, zumindest in den Modellen, die aktuell bereits auf unseren Straßen herumfahren. Und wie jedes andere Metall auch, wächst Lithium leider nicht an Bäumen, sondern muss irgendwie aus der Erdkruste entnommen werden. Schade. Eine wohlriechende Kletterpflanze, aus deren Blüten sich Lithium und idealerweise auch noch Neodym und Kupfer herausbröseln lässt, würde das alles stark vereinfachen.

Warum sich aber viele Menschen so stark auf dieses eine Metall eingeschossen haben, dass sie Fahrern von E-Autos bereits vorwurfsvolle Aufkleber zum Rohstoffbedarf an der Windschutzscheibe hinterlassen (kein Witz), während sie die Herkunft all der anderen Metalle und sonstigen Rohstoffe mit einem Achselzucken quittieren, ist mir ein Rätsel. Ich kann nur vermuten, dass zu Lithium einfach deutlich mehr Sendezeit aufgewendet wurde, in der diese unwirklich aussehenden Verdunstungsbecken in Chile und Kolumbien zu sehen waren.

Die Idee, unsere Probleme würden vielleicht verschwinden, wenn wir nur ohne Lithium auskämen, mag sich schön anfühlen, aber ich muss da jetzt leider den Spielverderber geben: Lithium nutzt die Menschheit seit dem 19. Jahrhundert.

Außerdem kennt das Periodensystem der Elemente noch 95 weitere Metalle, deren Abbau ebenfalls in Natur und Menschenrechte eingreift. Von 27 dieser Metalle fördern wir jedes Jahr Tausende Tonnen.[33]

Den mit Abstand größten Anteil macht mit 1,6 Milliarden Tonnen und 93 Prozent (!) des gesamten Metallbedarfs das Eisen aus. Dann folgen viele Millionen Tonnen Aluminium, Chrom, Mangan, Kupfer, 12 weitere Metalle und erst ganz weit hinten, auf Platz 18, folgt mit 130.000 Tonnen das sagenumwobene Lithium. Das ebenfalls recht unbeliebte Kobalt findet sich mit 190.000 Tonnen auf Platz 16. Beide Metalle machen zusammen also nur 0,02 Prozent der globalen Metallförderung aus.

Damit will ich natürlich nicht sagen, dass uns die Auswirkungen der Lithium-Förderung deswegen egal sein sollten oder könnten. Hallo, Herr Ober? Ich hätte gern ein so effektives Lieferkettengesetz, dass chilenisches Lithium gar nicht erst in meinem E-Auto, E-Bus oder Handy-Akku landet, sofern es vertretbare Umweltstandards nicht einhält, sondern stattdessen welches aus ganz normalen australischen Minen.

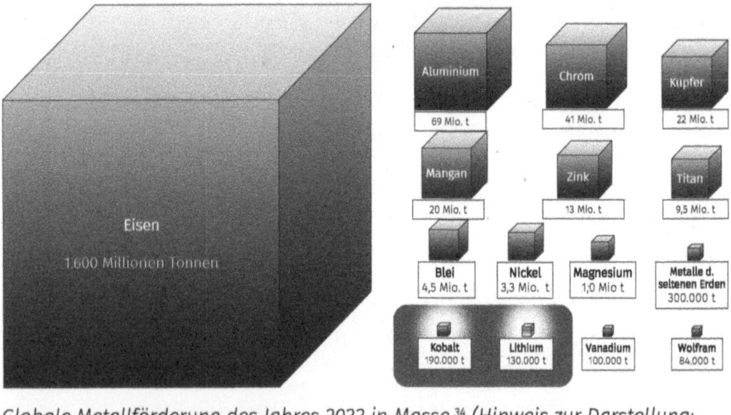

Globale Metallförderung des Jahres 2022 in Masse.[34] *(Hinweis zur Darstellung: Doppelt so viel Metall ergibt keinen Würfel in doppelter Kantenlänge.)*

Oder nein, Moment! Ich hätte noch lieber ein Lieferkettengesetz, dass diese Regelung für ALLE Metalle durchsetzt. Es ist nämlich leider so, dass sich der Abbau der anderen Metalle noch viel stärker auf Natur und Mensch auswirkt, einmal wegen der viel höheren Menge und dann kommen viele davon leider nicht wie im Fall der ZDF-Dokumentationen aus der trockensten Wüste des Planeten in Chile, sondern aus dicht bewaldeten Gebieten mit rekordverdächtiger Artenvielfalt.

Das zweitmeist geförderte Metall der Welt ist nach Eisen Aluminium, weil es sich wunderbar verarbeiten lässt, aber gleichzeitig so schön leicht ist. Wir verwenden es für echt so gut wie alles, von Konservendosen über Motorblöcke bis hin zu Raketenteilen, und sie sind auch der Hauptbestandteil von Lithium-Ionen-Batterien.

Das Land mit den größten bekannten Bauxit-Vorkommen (ein Aluminiumerz) ist Guinea,[35] eine ehemalige französische Kolonie, die im Index der menschlichen Entwicklung der Vereinten Nationen auf Platz 181 von 193 liegt.[36] In puncto Arbeitsrechte, Umweltschutz und Korruption sieht es dort also deutlich schlechter aus als in Chile, das es auf einen guten Platz 29 im Korruptionsindex schafft.[37]

Dementsprechend schutzlos sind Bevölkerung und Natur dort den Interessen internationaler Konzerne ausgeliefert, die an das guineische Bauxit ranwollen. Die Folge sind sinkende Wasserpegel und -qualität, Erkrankungen durch Staubbildung, Vertreibungen ohne Entschädigung und natürlich die Umwandlung von artenreichen Waldflächen in Tagebauten.[38] Das verursacht den gleich in mehreren Metriken um Größenordnungen größeren Schaden verglichen mit Lithium.

Die Welt benötigt im Jahr 500-mal mehr davon und die Vorkommen liegen im Gegensatz zum Lithium nicht in extrem trockenen Wüstengebieten, sondern in artenreichen Steppen und Wäldern. Aber auch nicht alle, das meiste Bauxit und witzigerweise auch das meiste Lithium pro Jahr kommt aus Australien, wo es um die Menschenrechte deutlich besser bestellt ist.

Und auch das ist ja wieder nur ein Beispiel von vielen Metallen, für die wir Bergbau betreiben. Wir werden das Problem nicht lösen, indem wir jetzt für jedes einzelne jeweils eine ARD-Dokumentation produzieren, denn dadurch denken Menschen dann wieder, das seien die einzigen problematischen Rohstoffe. Dann liegt der Gedanke nahe, wir müssten einfach nur aufhören, die zu nutzen, und alles wäre wieder prima. Wäre es aber nicht, denn die mit Abstand viel größere Ursache für Waldrodungen in Guinea sind Landwirtschaft und Holzgewinnung.

Und das sind nur die Metalle. Ginge es den Kritikern wirklich um den Rohstoffbedarf, dann müsste ihnen der Verbrauch fossiler Rohstoffe noch viel wichtiger sein. Bei allem Ärger um verseuchte Flüsse in Guinea hat Aluminium gegenüber Kohle oder Öl nämlich einen schlagenden Vorteil: Wir GE-brauchen es.

> **Erdöl hingegen VER-brauchen wir. Es wird in Motoren verbrannt und dann brauchen wir wieder neues. Das ist so ineffizient, dass wir davon in Gewicht 5-mal mehr fördern als von allen Metallen zusammen.**

Wenn ihr den Berliner Fernsehturm als Maßstab nehmt, dann sieht im Vergleich dazu der Weltbedarf an fossilen Brennstoffen folgendermaßen aus:

Der große graue Block ist der Eisenbedarf und die kleinen weißen Knubbel, das sind der jährliche Lithium- und Kobaltbedarf. Auch ohne Geodreieck ist leicht zu erkennen, dass Erdöl den um Größenordnungen (!) höheren Rohstoffbedarf darstellt. Klar, nicht all das Öl wird in Autos verfahren, aber das Lithium landet auch nicht nur in Traktionsbatterien von E-Autos.

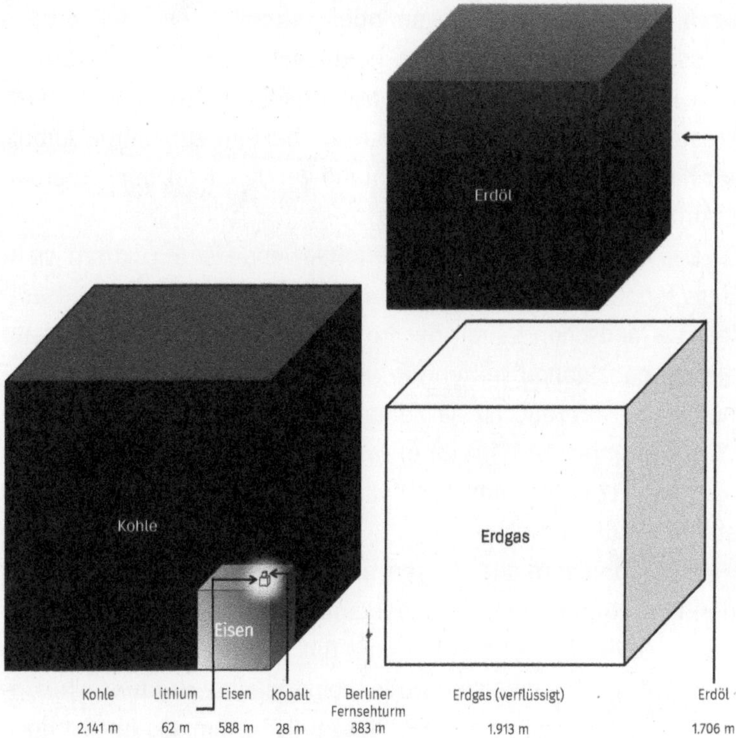

Globale Förderung fossiler Rohstoffe und von Lithium und Kobalt in Volumen[39]

Und als wenn das noch nicht absurd genug wäre, steht die ganze Batterie-Geschichte auch noch ganz am Anfang ihrer Entwicklung, die voraussichtlich schon bald E-Autos ohne diese Metalle ermöglichen wird. Während sich auf Facebook noch über Kobalt und Lithium gestritten wird, werden bei Tesla bereits Pkw ganz ohne Kobalt hergestellt, und der größte E-Auto-Hersteller der Welt, das chinesische Unternehmen BYD, plant für dieses Jahr bereits den Einsatz von Natriumbatterien.

Auch das schwedische Unternehmen Northvolt, das in Schleswig-Holstein eine Gigafactory plant, hat bereits eine Batteriezelle auf dieser Basis entwickelt. Laut eigener Auskunft ist sie günstiger, sicherer und eben auch nachhaltiger, weil hier weder Lithium noch Kobalt, Nickel, Mangan oder Graphit verwendet werden müssen. Stattdessen kommen hauptsächlich Eisen und Natrium zum Einsatz. Letzteres ist das sechsthäufigste Element der Erdkruste und unser schnödes Kochsalz besteht zur Hälfte daraus, wir hätten also allein in Deutschland genug davon, um Milliarden E-Autos herzustellen.

Das ist wirklich grotesk: Die Energiewende ist ein extrem wichtiges Puzzlestück, um unser Klima zu stabilisieren, dennoch wollen die Menschen es mit der Rohstoffherkunft explizit dafür auf einmal ganz genau wissen und raunen scheinbar düstere Wahrheiten ins Internet. Ist da Zement in den Fundamenten für die Windkraftanlagen? Wird da etwa Silberleitpaste für die Solarzellen genutzt? Wo stammt das Kobalt für die Batterien her und wie sollen wir die recyceln?!

Kann man gern alles fragen, aber wo bislang die Rohstoffe für den ganzen anderen Tinnef herkamen, interessierte die meisten dieser Leute, die jetzt auf einmal ein Herkunftszertifikat für jeden Krümel Lithium sehen wollen, eine feuchte Notdurft. Elektronikartikel, Einwegklamotten, Einweggrills, komm, gib her, ist doch schön billig alles! Aber Maschinen herstellen, um damit das Klima zu stabilisieren, das geht gar nicht.

Allein die gigantische fossile Infrastruktur hat einen gewaltigen Rohstoffbedarf. Große Raffinerien erstrecken sich wie riesige Ungetüme aus Stahl und Beton über Quadratkilometer ehemaliger Natur. Dystopisch anmutende, 100 Meter hohe Schaufelradbagger graben sich durch immer gigantischere Braunkohlegruben. Vor der norwegischen Küste steht die größte Gasförderplattform der Welt mit dem gruselig passenden Namen »Troll A« und versorgt uns mit Erdgas. Sie ist 500 Meter hoch, überragt damit gerade noch die Petronas Towers in Kuala Lumpur und besteht aus knapp 700.000 Tonnen Rohstoffen. Ihr könnt eine Menge Windkraftanlagen aus 700.000 Tonnen Stahl und Beton herstellen.

Ob es sich hier einfach um destruktive politische Einflussnahme handelt oder Menschen tatsächlich andere Maßstäbe anlegen als an den Klimaschutz, weil der ja gut, grün und biologisch abbaubar daherzukommen hat, ist nicht ganz klar. In jedem Fall ist es rational nicht erklärbar:

Die gesamte globale Energiewende wird in den kommenden 30 Jahren laut Schätzungen für alle Maschinen, Kabel, Sicherungskästen, Batterien usw. 7 Milliarden Tonnen Metalle benötigen. Eine Menge Metall, unbestreitbar. Der Witz ist nur, dass allein unser Kohleverbrauch bei 8 Milliarden Tonnen liegt. Pro (!) Jahr (!).

Wir haben in Bezug auf Rohstoffe für Energie also letztendlich 3 Möglichkeiten:

1. In Erdlöchern hausen und keine Energie mehr verbrauchen.
2. Metalle fördern und in einer Kreislaufwirtschaft immer wieder nutzen.
3. Jedes Jahr eine noch viel größere Menge fossiler Brennstoffe aus der Erde graben und verbrennen.

FAKT IST:

Der Umweltschaden durch den weltweiten Lithiumabbau macht einen winzigen Bruchteil des Schadens aus, den die Förderung von Erdöl verursacht. Lithium kann per Recycling Teil einer Kreislaufwirtschaft sein, in der die Menschheit perspektivisch mit den Mengen auskommt, die zu Beginn einmal gefördert werden. Fossiles Erdöl nicht.

Sich ausgerechnet dieses Leichtmetall auszusuchen, um angebliche Sorgen über Umweltschäden oder Menschenrechte auszudrücken, wirkt unglaubwürdig und heuchlerisch: Der mit Abstand größte Anteil der Traktionsbatterie ist Aluminium (sie enthält 16-mal so viel Aluminium wie Lithium).

Ebenfalls aus Aluminium werden folgende Dinge hergestellt: Motorblöcke, Zylinderkolben, Zylinderköpfe, Getriebegehäuse, Hinterachsen, Querlenker, Räder, Türen, Motorhauben, Stoßfänger, Kotflügel und vieles mehr. Die Autoindustrie ist in Deutschland der mit Abstand größte Verbraucher von Aluminium, allein die Herstellung eines Audi Q8 benötigt 600 Kilogramm.[40]

Wer glaubt, 10 Kilogramm Lithium pro E-Auto seien das größere Problem, argumentiert fragwürdig.

Scanne den Code, kopiere den Text zu FAKT IST und schicke ihn Tante Daphne per WhatsApp, wenn sie mal wieder Mumpitz erzählt.

BULLSHIT 4

WENN DIE E-AUTOS ALLE GLEICHZEITIG AUFLADEN, GEHT HIER ÜBERALL DAS LICHT AUS!

Ich kann wirklich nur davon abraten, sich vor derartig theoretischen Fällen zu ängstigen, denn sonst müsst ihr euch ja den lieben langen Tag vor allen möglichen extremen Unwahrscheinlichkeiten sorgen. Explodieren uns alle Umspannwerke, wenn alle Deutschen gleichzeitig ihre Haare föhnen wollen? Muss ich verhungern, wenn alle Menschen in meiner Stadt gleichzeitig die Vorräte aller Pizzerien wegbestellen? Ist mein Herr-der-Ringe-Abend gefährdet, wenn alle Menschen zur gleichen Zeit Karnevalssitzungen streamen (und welche katastrophalen Auswirkungen hätte das auf die Gestaltung des Fernsehprogramms)? Bei der Aussicht läge ich auch zitternd vor Angst auf dem Küchenboden.

Aber all diese Beispiele haben etwas gemeinsam: Das wird nie passieren. Die meisten Menschen verstehen ja gar nicht, was da bei den Karnevalssitzungen überhaupt geredet wird, beziehungsweise wenn sie es verstehen, schalten sie erst recht um. Viele

Menschen trocknen sich gar nicht ihre Haare und andere waschen sie überhaupt nur sehr selten.

Und dennoch ist es NOCH unwahrscheinlicher, dass auch nur die Hälfte aller E-Autos gleichzeitig aufgeladen werden soll. Dieses Szenario war mit unseren Benzinautos nämlich in der gesamten Nachkriegsgeschichte niemals auch nur ansatzweise der Fall: In Deutschland sind etwa 47 Millionen Benzin- und Diesel-Pkw angemeldet,[41] die wir an nur etwa 14.500 Tankstellen wieder auftanken können.

Sollten die wirklich alle gleichzeitig aufgetankt werden, stünden selbst bei perfekter Verteilung jeweils 3.200 Autos vor jeder einzelnen Tankstelle. Selbst wenn nur ein Zehntel des gesamten Bestands betankt werden soll, fänden sich immer noch fluffige 320 Pkw an jeder einzelnen Tankstelle ein, was ein mittelgroßes Chaos mit entsprechender Berichterstattung auslösen dürfte. Tatsächlich tankt also immer nur ein sehr kleiner Prozentsatz aller Fahrzeuge gleichzeitig.

Das ist auch zu erwarten, weil zu jeder Zeit überhaupt nur relativ wenige Autos gleichzeitig unterwegs sind. Selbst zum ätzendsten Berufsverkehr sind gerade mal 10 Prozent all unserer Autos gleichzeitig auf den Straßen.[42] 10 Prozent! Ich weiß, ein irrer Gedanke, wenn ihr dem Autoverkehr morgens dabei zuseht, wie er sich durch gefühlt jede Hauptstraße quält und Autobahnen überbevölkert: 9-mal so viele Autos stehen zur selben Zeit zusätzlich noch irgendwo rum.

Gut, nun tanken E-Autos aber nicht, sie laden, und das meist länger als ihre Benzin-Geschwister. Der obige Vergleich mit den Haartrocknern ist daher gar nicht so albern, wie er zunächst klingt, denn beim landesweiten Stromverbrauch ist es immer entscheidend, dass wir Menschen nicht alles gleichzeitig machen. Würden alle gleichzeitig ihren Föhn einschalten, dann würde zwar nicht wie in der 1980er-Jahre-Serie »Alf« der Planet explodieren, aber die Netzbetreiber hätten keinen schönen Tag.

So ein Föhn kann locker 2.500 Watt ziehen. Wenn nur ein Viertel aller Deutschen gleichzeitig einen solchen einschaltet, müssten die deutschen Kraftwerke auf einmal doppelt so viel Strom erzeugen wie sonst – das wird kompliziert, es käme zumindest regional zu Stromausfällen. Es passiert aber auch nie, nicht mal im Ansatz. 85 Millionen Individuen haben dazu einfach viel zu unterschiedliche Tagesverläufe. Beim Aufladen des E-Autos ist es das Gleiche:

> **Menschen setzen sich zu sehr unterschiedlichen Uhrzeiten in ihr Auto, wodurch die einzelnen Ladevorgänge automatisch über den ganzen Tag verteilt werden.**

Das realistischste Schreckensszenario wäre noch ein landesweiter Urlaubsbeginn, an dem sich alle am gleichen Tag auf den Weg in den Urlaub machen und alle Schnellladesäulen gleichzeitig in Benutzung sind. Aber selbst wenn das mit allen aktuell 21.000 Schnellladesäulen der Fall wäre und an jeder ein Auto mit sehr ordentlichen 100 Kilowatt lädt, wären das 2,1 Gigawatt Gesamtleistung. Deutschland verbraucht selbst nachts etwa 20-mal so viel.

Die allermeisten Autofahrten sind aber keine Fahrt in den Urlaub und auch nicht auf der Autobahn. Sie brauchen daher auch keinen Schnellladepunkt. Da es zudem billiger und batterieschonender ist, das E-Auto langsamer aufzuladen, wird das auch in Zukunft der häufigste Fall sein. Je gleichmäßiger der Stromverbrauch verteilt wird, desto besser ist das wiederum für den Betrieb des Stromnetzes.

Ein deutsches Auto steht ja ohnehin zu 95 Prozent der Zeit.[43] Es wird sich daher für die meisten Menschen lohnen, sie flexibel dann zu laden, wenn der Strom gerade günstig ist, und das ist er besonders dann, wenn viel Solar- und Windstrom im Netz ist. Wenn Leute heute schon extra über die Grenze nach Österreich fahren, nur um ein paar Cent pro Liter Benzin zu sparen, wird das Aufladen nach Wetterlage noch viel beliebter sein.

Da niemand Lust hat, andauernd den Wetterbericht auf günstigen Strom hin zu überprüfen, geht das heute schon automatisiert. Das Gefährt wird abends um 18 Uhr angeschlossen mit dem Ziel, dass es am nächsten Morgen um 8 aufgeladen ist. Ob es den nötigen Strom zwischen 21 und 3 Uhr morgens aus dem Netz zieht oder zwischen 1 Uhr und 7 Uhr, kann uns komplett egal sein, das übernimmt die intelligente Ladestation. Und so könnten in Zukunft idealerweise Millionen schlauer kleiner Steuergeräte den Ladestrom optimal planen. Ein deutsches Auto fährt im Durchschnitt übrigens nur 40 Kilometer am Tag.[44] Selbst an einer Haushaltssteckdose sind die in 3,5 Stunden nachgeladen. An einer Wallbox in 45 Minuten.

Und wenn die Gesetzgebung in ein paar Jahren bidirektionales Laden erlaubt, also dass ein E-Auto während der Standzeit Strom ins Netz zurückspeist, dann funktionieren viele gleichzeitig an Ladestationen angeschlossene E-Autos wie eine gigantisch große Pufferbatterie. Wodurch nicht nur ein Stromausfall durch zu viele ladende E-Autos verhindert wird, sondern wir auch für den fiktiven Fall der 20 Millionen Haartrockner besser gewappnet wären.

FAKT IST:

Dieser Bullshit setzt Maßstäbe an E-Autos, die auch Benzinautos nie erfüllen könnten. Die meisten Autos stehen den ganzen Tag nur rum und wir tanken/laden immer nur einen kleinen Prozentsatz gleichzeitig.

Diese Flexibilität kann in Zukunft sogar ein großer Vorteil sein, wenn wir unseren Strom zum Großteil aus Solar- und Windstrom beziehen: Schlaue Steuerungsgeräte können den Ladevorgang der E-Autos

bei EE-Überschüssen starten und bei Flaute und Nebel sogar Strom zurück ins Netz speisen, sodass unsere Millionen Autos wie eine riesige Pufferbatterie funktionieren.

Sollten durch einen riesigen Zufall zwei Millionen Menschen gleichzeitig laden wollen, würde das Gleiche passieren, wie wenn zwei Millionen Menschen gleichzeitig tanken wollen: Sie müssten ein bisschen Geduld mitbringen.

Scanne den Code, kopiere den Text zu FAKT IST und schicke ihn deinen Kumpels vom Stammtisch per WhatsApp, wenn sie mal wieder Mumpitz erzählen.

BULLSHIT 5

PFLANZT DOCH EINFACH MEHR BÄUME!

Wäre es nicht schön, wenn das einfach so ginge? Anstatt noch mehr Maschinen in der Landschaft zu installieren, nutzen wir einfach Bäume. Diese sympathischen, Hunderte Millionen Jahre alten Spezien, die ganz ohne unser Zutun CO_2 aus der Luft filtern, um aus dem darin enthaltenen Kohlenstoff wunderschön anzusehende Stämme, Zweige und Blätter zu bilden.

Wir Menschen haben immerhin Maschinen erfunden, die das gleiche Kunststück mit dem Absaugen des CO_2 hinbekommen, um dieses dann in Basaltgestein einzulagern.[45] Die Maschine verbraucht dabei Strom, während es dem bescheidenen Baum reicht, einfach nur in der Sonne zu stehen. Zudem sieht eine Linde im Frühling auch noch um Größenordnungen hübscher aus als ein CO_2-Abscheider und verströmt dann einen im Vergleich zur Maschine grandiosen Duft.

Dass der Homo sapiens aus kurzfristigen Überlegungen heraus Wälder rodet, die sowohl unser Wohlbefinden steigern, als auch den Klimawandel bremsen können, lässt die Wahl unseres Namens auf »sapiens« (vernünftig, klug, weise) schon fragwürdig erscheinen.

Umso naheliegender ist der Gedanke, das nervige CO_2 und mit ihm den ganzen Klimawandel einfach vom Planeten zu forsten. Ha, nimm das, du hässliches Molekül, wir pflanzen einfach so viele Wälder, bis du nirgends mehr sicher bist! Wie viel CO_2 ein Hektar gesunder Mischwald speichert, ist unterschiedlich, diverse Quellen im Internet, die sich für große Baumfreunde halten, sprechen von 11 bis 13 Tonnen pro Hektar. Gehen wir von den optimistischen 13 Tonnen CO_2 pro Hektar im Jahr aus, wie viel Wald brauchen wir dafür? Na ja, Deutschland verursachte 2023 etwa 670 Millionen Tonnen CO_2, also müssen wir Deutschen einfach nur 51 Millionen Hektar Wald anpflanzen. Unpraktisch daran: Deutschland ist »nur« etwa 35 Millionen Hektar groß. Ferner nehmen Wälder CO_2 nicht nur auf, sie geben auch welches ab. Wenn man das mit einrechnet, nehmen sie netto eher 1,5 Tonnen CO_2 pro Hektar auf, also vielleicht ein Zehntel.[46]

> **Wir müssten also die gesamte EU mit Wald bepflanzen, um nur die deutschen Emissionen mit Waldflächen zu kompensieren.**

Aber selbst wenn wir alle EU-Länder von diesem Vorhaben überzeugten (was ziemlich irre wäre): Bis so ein Baum eine ausreichende Größe erreicht hat, um sich in seinem Lebenslauf als veritabler CO_2-Staubsauger bezeichnen zu dürfen, vergehen erst mal ein paar Jahre. Eine ungünstige Eigenschaft, um mit der Klimakrise ein Problem zu lösen, bei dem es sehr stark auf Schnelligkeit ankommt.

Dann stellt sich noch die Frage, ob der Baum ausreichend lang vor sich hin wachsen kann oder ob jemand auf die wunderbare Idee kommt, den neu gepflanzten Wald in ein Amazon-Logistikzentrum zu verwandeln. Sollte der Baum im Zuge dessen verbrannt werden, entlässt er all den eingesaugten Kohlenstoff wieder in die Atmosphäre und der ganze Aufwand war umsonst.

Aber selbst wenn er artig vor sich hinwachsen darf, befindet sich der Kohlenstoff in seinem Stamm im natürlichen Kohlenstoffkreislauf. Ein Teil davon kann sich für lange Zeit im Boden einlagern, aber auch ein Baum ist keine ewige Kohlenstoffsenke. Das bedeutet: Solange wir diesen Kreislauf weiter mit fossilem CO_2 anreichern, bremsen mehr Bäume die Erderwärmung zwar etwas, aber stoppen können sie sie nicht.

Deswegen brauchen wir neben den Bäumen auch Maschinen, die fossile Brennstoffe ersetzen, also Windkraftanlagen, Wasserkraftwerke, Solarpanels, Elektromotoren usw. Aktuell pusten wir allein für unsere Stromversorgung noch so viel CO_2 in die Luft, dass diese Maschinen sehr viel mehr CO_2 einsparen können als Bäume.

Der Anblick von großen Harvestern, die Bäume für neue Windkraft fällen, ruft auch bei mir keine Freudensprünge hervor, aber rational betrachtet ergibt das an guten Windstandorten halt doch Sinn: Eine neue 6-Megawatt-Anlage spart während einer einzelnen Umdrehung so viel CO_2 durch verhinderten Fossilstrom ein wie eine ausgewachsene, 20 Meter hohe Buche in einem ganzen Jahr bindet.

Tatsächlich stehen aber ohnehin nur die wenigsten Anlagen in Wäldern, etwa 92 Prozent davon sind außerhalb von Wäldern installiert.[47] Für Anlagen in Wäldern sind Laub- und Mischwälder sowie Schutzflächen mit besonders hoher ökologischer Wertigkeit für Mensch und Tier von der Windenergienutzung ausgeschlossen.

> **Der Windkraftausbau hat auf die Waldbestände also sehr geringe Auswirkungen. Alle in den letzten 20 Jahren in deutschen Wäldern installierten Windkraftanlagen zusammen versiegeln dort dauerhaft etwa 1.000 Hektar, also 0,008 Prozent des deutschen Waldes.**

Diese Fläche wurde für die Braunkohleförderung alle 15 Monate weggebaggert, ohne dass groß dagegen aufbegehrt wurde.[48] Damit will ich auch nicht sagen, dass unsere Wälder nicht geschützt werden sollten. Im Gegenteil, der Verlust von Wäldern verursacht gleich mehrere Probleme auf einmal und ist insbesondere für die Artenvielfalt kritisch. Lasst uns bitte gern die Wälder schützen, aber selbst wenn wir alle Windkraftanlagen abreißen und die Fläche aufforsten würden, hilft das dieser Sache so wenig, als wolle man eine Hungersnot stoppen, indem man drei Tüten Chips über dem Not leidenden Gebiet abwirft.

Die Flächen, auf denen wir Maschinen und Gebäude aufgestellt haben, machen einen winzigen Teil aus. Städte und urbane Zentren belegen nur 1 Prozent der bewohnbaren Landfläche. Der große Treiber, der Naturflächen immer weiter zurückdrängt, ist mit 50 Prozent Landverbrauch unsere Landwirtschaft.[49]

Landwirtschaft können wir aber nicht einfach abschaffen. Im Gegenteil, wenn wir irgendwann beim Maximum von 10 Milliarden Menschen angekommen sind, brauchen wir noch mal 25 Prozent mehr Nahrung als für unsere heutigen 8 Milliarden Menschen. Aber wir können Landwirtschaft effizienter machen. Viel effizienter.

> **77 Prozent all dieser Fläche wird nur für Tierhaltung und Futterproduktion genutzt, und trotz dieses krassen Überhangs produzieren diese Flächen nur 18 Prozent der Kalorien, die wir Menschen verzehren.[50]**

Je reicher das Land, desto verrückter ist dieses Verhältnis. Von allem Getreide, das weltweit geerntet wird, wird nur 50 Prozent von Menschen verzehrt, der Rest endet als Tierfutter oder Biosprit. In Deutschland waren es zuletzt sogar nur 23 Prozent, die wir Menschen essen.[51] Lasst dem Gedanken etwas Zeit: Von der gesamtdeutschen Getreideernte wird nur ein Viertel zu Brot, Brötchen etc. weiterverarbeitet. Weitere 63 Prozent werden an Tiere verfüttert und die restlichen 13 Prozent werden zu Kraftstoffen oder anderen industriellen Produkten verarbeitet.

Wir könnten also einen großen Teil dieser Flächen renaturieren, indem wir einfach keine 52 Kilogramm Fleisch mehr pro

Mensch und Jahr essen (der Anbau von Pflanzen direkt für den menschlichen Verzehr benötigt viel weniger Fläche).

FAKT IST:

Bäume pflanzen ist eine gute Ergänzung zur Abkehr von fossilen Brennstoffen, aber kein Ersatz. Die Pflanzen unseres Planeten befinden sich in einem Kohlenstoffkreislauf, sodass der Effekt von mehr Bäumen zwar akut helfen, aber nicht den Klimawandel stoppen kann, solange wir weiter fossiles CO_2 in der Atmosphäre anreichern. Wer wirklich den Wald schützen will, muss sich etwas mehr anstrengen, als nur auf Windkraftanlagen zu schimpfen.

Bei der Kompensation durch Aufforstung muss außerdem darauf geachtet werden, dass gepflanzte Bäume auf Jahrhunderte hin als Kohlenstoffsenke fungieren können und das CO_2 lange binden. Werden die Bäume nach 10 oder 20 Jahren wieder gefällt, ist der Klimanutzen fragwürdig und ein Nullsummenspiel.

In Zukunft brauchen wir beides: mehr Windkraft und mehr Wälder (und Moore, Wiesen und sonstige geschützte Naturräume).

Scanne den Code, kopiere den Text zu FAKT IST und schicke ihn den anonymen Facebook-Accounts, wenn sie mal wieder Mumpitz erzählen.

BULLSHIT 6

KLIMASCHUTZ BRINGT GAR NICHTS, WENN DIE ÜBERBEVÖLKERUNG NICHT GESTOPPT WIRD!

Wie die meisten dieser Behauptungen ist das schnell ausformuliert, aber der Witz ist: Es ist genau umgekehrt. Würden wir das Bevölkerungswachstum morgen auf null stoppen, aber in Sachen Klimaschutz so vor uns hinschnarchen, wie das in den 1980er- und 1990er-Jahren der Fall war, dann brächte das tatsächlich nichts. Oder WhatsApp-Gruppen-kompatibel: »Das bringt gaaaar nichts , lol, Ihr doofen Gutmenschen«.

Warum? Na weil auch die bereits existierenden 8 Milliarden Menschen jedes Jahr neue Emissionen verursachen. Den Klimawandel zu stoppen, ist, als wolle man das Überlaufen einer Badewanne verhindern. In den letzten 20 Jahren wurde der Wasserhahn aber absurderweise immer weiter aufgedreht, obwohl das Problem des festsitzenden Stöpsels da bereits bekannt war.

Jetzt nur mal ANGENOMMEN, wir würden die Anzahl der Menschen auf 8 Milliarden einfrieren UND dafür sorgen, dass diese

Menschen für den Rest ihres Lebens gleich viel CO_2 emittieren (wie auch immer das funktionieren sollte). Dann entspricht das in der Badewannen-Metapher nicht etwa einem zugedrehten Wasserhahn, sondern lediglich einem, der nicht noch weiter aufgedreht wird, aber trotzdem läuft. Die Wanne läuft also weiter voll.

Dieses Volllaufen war ja aber nun mal eben NICHT das Ziel. Das Ziel ist, das Volllaufen zu verhindern. Dazu muss ich den Wasserhahn nicht nur nicht weiter aufdrehen, sondern auch wieder zudrehen. Will ich das über die Erdbevölkerung erreichen, müssten wir diese innerhalb der kommenden Jahre EXTREM stark reduzieren und da kommen wir schnell zu ganz ekligen Ideen, die niemand mit einem Funken Empathie wirklich wollen kann.

Die gute Nachricht: Die Vermehrung der Menschheit hat ein eingebautes Haltbarkeitsdatum in ein paar Jahrzehnten, denn das Wachstum der Erdbevölkerung bremst ohnehin seit etwa einem halben Jahrhundert ab. Oder für maximale Verwirrung: Das Wachstum sinkt. Diese Formulierung dürfte ohne weitere Erklärung in der WhatsApp-Gruppe eher Verwirrung hervorrufen. Ich tippe primär auf Reaktionen wie »HÄ?« oder »WAT WILLST DU?«.

Ja, klingt alles sehr kompliziert, bedeutet aber einfach nur das:

> **Am schnellsten wuchs die Menschheit im Jahr 1963, und zwar um 2,3 Prozent pro Jahr. Seitdem wächst sie immer langsamer. Im Jahr 2021 lag das jährliche Wachstum »nur« noch bei 0,8 Prozent.**[52]

Oder anders formuliert: Laut Daten der Vereinten Nationen liegt »Peak child«, also das Jahr mit den meisten gleichzeitig lebenden Kindern im Alter unter 5 Jahren, bereits 7 Jahre hinter uns.[53] Das bedeutet: Es wird vermutlich nie wieder so viele Kinder unter 5 Jahren geben wie im Jahr 2017 (vorausgesetzt, dass wir nicht schon sehr bald andere Planeten kolonisieren).

Ist das nicht ein irrer Gedanke? Ab jetzt sinkt global (!) die Anzahl der jungen Kinder, weil aus ihnen ältere Kinder und dann Erwachsene werden. Und wenn diese Kinder ihre Lebenserwartung erreichen, werden wir das Maximum der Weltbevölkerung erreichen.

> **Von 7 auf 8 Milliarden Menschen hat es nur 12 Jahre gedauert, von 8 auf 9 Milliarden wird es laut UN-Schätzungen schon 14 Jahre dauern und die letzte Milliarde benötigt dann laut der gleichen Schätzung schon 21 Jahre.**[54]

Dann kommt keine Milliarde mehr, nur noch eine halbe und die dauert 28 Jahre. Dann beginnt die Zahl, leicht zu sinken – so zumindest die Prognose.

> **Mit anderen Worten: Beim Bevölkerungszuwachs ist das meiste längst passiert. Die Menschheit wächst in den kommenden 100 Jahren noch mal um 30 Prozent und das war es dann.**

So viele Menschen könnte der Planet auch problemlos beherbergen, wenn wir uns nur etwas cleverer anstellen würden. Die Klimawirkung, wenn wir den Bevölkerungszuwachs heute mit radikalen Maßnahmen komplett stoppen würden, wäre entsprechend wirkungsarm.

Zudem entsteht das Wachstum ja nicht nur durch hohe Geburtenraten, sondern auch durch den Umstand, dass Menschen in den meisten Ländern immer älter werden. Wollte man das stoppen, müsste man medizinische Forschung verbieten, Programme zur Krankheitsprävention einstellen, oder Menschen töten – nein, danke.

Wer es sich auf diese Art nicht mit den Wählerinnen im Rentenalter verscherzen will und stattdessen weltweit eine Ein-Kind-Politik durchsetzen will: Dann würde die Menschheit halt etwas langsamer wachsen. Die Auswirkung auf die Emissionen der kommenden 20 Jahre wäre minimal.

Die Idee, auf Bevölkerungsreduktion anstatt effektiven Klimaschutz zu setzen, ähnelt dem Vorsatz, das verschmutzte Fahrrad nicht zu putzen, sondern der Behandlung mit einem Flammenwerfer zu unterziehen. Ein Teil des Schmutzes verbrennt dann schon, aber von sauber ist es weit entfernt und außerdem fließen euch die Gummigriffe in die Speichen.

Und welche Länder müssten dann Menschen einsparen? Die mit den meisten Menschen pro Quadratkilometer? In der Kategorie liegt Deutschland auf Platz 42 aller Staaten.

Wenn wir alle Kleinstaaten mit weniger als einer Million Einwohner nicht mitzählen, liegt Deutschland laut Daten der Weltbank auf Platz 28 der »überbevölkerten« Länder, 19 Plätze vor der Volksrepublik China. Nur 4 Länder in Afrika haben eine höhere Bevölkerungsdichte als Deutschland.[55]

Bei Leuten, denen es bei diesem Argument primär darum geht, die Verantwortung für die Klimakrise auf andere Länder abzuwälzen, kann man bei Konfrontation mit diesen Zahlen manchmal einem wundersamen Sinneswandel zusehen.

Das Streben nach Nachhaltigkeit wird ja oft mit einem gewissen Schuldbewusstsein assoziiert, weil wir den Planeten so stark aus dem Gleichgewicht gebracht haben. Was da oft vergessen wird, ist: Vor 300 Jahren war der Planet noch ziemlich in Ordnung, aber den meisten Menschen ging es viel schlechter.

Wenn wir den Begriff »Nachhaltigkeit« nicht nur als ökologischen Begriff verstehen, sondern auch eine gewisse soziale Nachhaltigkeit anstreben, durch die es allen Menschen auf dem Planeten einigermaßen gut geht, setzen wir ganz neue Maßstäbe. So was gab es noch nie. Wir sind die ersten Menschen mit der Möglichkeit, so eine Welt zu erschaffen.

Ich würde gern in einer Welt leben, die die planetaren Grenzen achtet und gleichzeitig allen Menschen ein würdevolles Leben ermöglicht. Ob das nun 8 Milliarden oder 10 Milliarden sind, macht am Ende keinen großen Unterschied mehr, wenn wir den ökologischen Fußabdruck jedes Menschen auf ein vertretbares Maß senken.

FAKT IST:

Die Erdbevölkerung wächst ohnehin schon viel langsamer und wird dieses Jahrhundert ein Maximum erreichen, das mit den planetaren Grenzen gut vereinbar ist. Das Wachstum lässt sich effektiv gar nicht ohne Weiteres stoppen, selbst wenn alle Regierungen des Planeten zu radikalen Maßnahmen greifen würden.

Der Zeitpunkt mit den meisten Kindern im Alter unter 5 Jahren liegt bereits 7 Jahre hinter uns, seitdem sinkt die absolute Zahl dieser Altersgruppe bereits. Die gesamte Bevölkerung steigt dennoch, weil wir Menschen auch immer älter werden.

Wer hier ansetzen will, müsste in den am dichtesten besiedelten Weltregionen aktiv für frühzeitigere Tode sorgen, also in Asien und Europa. Und selbst diese radikale Maßnahme hätte aufs Klima im relevanten Zeitraum der kommenden Jahrzehnte eine recht klägliche Auswirkung.

Scanne den Code, kopiere den Text zu FAKT IST und schicke ihn Onkel Rüdiger per WhatsApp, wenn er mal wieder Mumpitz erzählt.

BULLSHIT 7

ICH BRAUCHE KEIN E-AUTO, ICH TANKE EINFACH PRIMA WUNDERSPRIT!

Zugegeben, der Gedanke klingt aufs Erste verlockend. Im Rahmen der Energiewende werden wir ja Autos, Lkw, Busse und Schiffe umrüsten müssen, damit sie in Zukunft ohne fossile Brennstoffe funktionieren.

Aktuell fahren um die 48 Millionen Autos mit Verbrennungsmotor durch Deutschland.[56] Anstatt die jetzt mühsam alle auszutauschen, können wir nicht einfach was anderes als Öl oder Gas benutzen? Antimaterie vielleicht? Tiberium? Hochkonzentriertes Tomatenmark?

Wir bräuchten all die E-Autos doch gar nicht, wenn einfach irgendjemand Superschlaues so eine hübsch blau schimmernde hochenergetische Flüssigkeit wie im Marvel-Superheldenfilm erfinden würde. Die füllen wir dann in diese sauteuren Aluminium-Nespresso-Kapseln, lassen morgens zwei bis drei davon in den

Tankdeckel flutschen und dann fahren wir damit von Paderborn nach Nizza.

Klingt schön, ich weiß. Aber das Problem hieran ist, dass auch die Energie in dieser fiktiven Substanz immer erst mal irgendwo herkommen müsste. In diesen Filmen sieht man leider nie, aus welchen Kraftwerken die Geheimlabore von Tony Stark die vielen Terawattstunden Energie kaufen, die all seine hübschen Krach-bumm-Erfindungen verbrauchen.

Denn selbst wenn eine Armee extrem kluger Chemikerinnen euch ein Verfahren für die Herstellung dieser energiereichen Flüssigkeit erfindet, dann habt ihr da am Ende mutmaßlich eine Maschine stehen, die ohne Zugang zum Hochspannungsnetz oder anderen Energiequellen keinen Finger krumm machen wird. Mit anderen Worten: Eure Stromrechnung wird knackig.

> **Wo viel Energie drinsteckt, hat irgendwer vorher viel Energie reingetan. Der praktische Umstand am Erdöl ist nur einfach, dass der Planet Erde das in Jahrmillionen für uns erledigt hat.**

Erst sind hier mithilfe des Sonnenlichts Milliarden Tonnen Biomasse entstanden, die wurden dann unter großer Hitze stark zusammengepresst und am Ende mussten wir Menschen einfach nur ein Loch an der richtigen Stelle buddeln und das fertige Erdöl kam unter Überdruck herausgesprudelt.

In der Bibel werden Adam und Eva von der Schlange ja mit einem Apfel verführt, aber sollte jemand der Bibel mal eine Neuauflage spendieren, wäre Erdöl angesichts unserer Situation der viel bessere Apfel, um unsere Vertreibung aus dem Paradies zu verursachen (extrem hohe Energiedichte und leicht zu fördern, da ist das Verlangen groß).

Wollen wir dieses Erdöl nun künstlich nachbauen, müssen wir das – surprise! – alles selbst tun. Alternativ können wir natürlich auch einfach ein paar Millionen Jahre warten, bis der Planet wieder neues Erdöl hervorgebracht hat, aber das kollidiert vermutlich mit euren Urlaubsplänen.

Mit anderen Worten: In einem Liter Benzin steckt irre viel Energie.[57] Vielleicht täuscht der vergleichsweise profane Tankvorgang darüber weg, aber Fakt ist:

> **Wer in wenigen Minuten 60 Liter Diesel in den Kombi tankt, hat gerade so viel Energie gekauft, wie ein deutscher 2-Personen-Haushalt in zwei Wochen für Strom, Warmwasser und Heizen verbraucht.**

Wir haben also alles andere als einen Energiemangel. Wir sind es nur seit Langem gewohnt, sehr viel bereits ungemein praktisch verpackte Energie aus der Erde zu buddeln und müssen das in Zukunft anders machen.

Es ist nämlich noch etwas irrer: Der größte Teil der ausgebuddelten Energie treibt ja nicht mal das Auto an. Fahrt ihr in einer Stunde 100 Kilometer mit einem VW Golf Diesel, verbraucht er 70 Kilowattstunden. Ein Viertel davon wird in Bewegungsenergie umgewandelt, also 17 Kilowattstunden. Der Rest wird als Abwärme rausgeballert, also etwa 50 Kilowattstunden. Das ist so viel Wärmeenergie, dass ihr damit in der Stunde 4 Einfamilienhäuser mit 150 Quadratmetern und normaler Dämmung beheizen könntet.

Einerseits ist es ziemlich imposant, wie krass viel Energie in nur einem Liter Diesel steckt. Andererseits macht das den Nachbau des Gebräus umso umständlicher, denn entsprechend viel Energie brauchen wir erst mal für die Herstellung. Der Planet hat das Sonnenlicht von Millionen Sonnenumrundungen (also Jahren) genommen und es in Erdöl, Erdgas und Kohle gespeichert, aber so lange können wir nicht warten.

Uns steht zwar in menschlichen Maßstäben unendlich viel Energie zur Verfügung, aber eben nicht in beliebig kurzer Zeit. Die

Sonne versorgt uns täglich mit einer gigantischen Menge davon, die wir mithilfe von Solarzellen, Windkraftanlagen und Wasserkraftwerken direkt als Strom ernten können (Wind und Regen entstehen letztendlich auch durch die Sonneneinstrahlung).

Außerdem können wir die mithilfe von Sonnenlicht gewachsenen Pflanzen ernten (Biomasse), wir können die in Uran gespeicherte Energie freisetzen (Kernkraft), die vom Mond wirkende Gravitation (Gezeitenkraft) nutzen oder die Hitze des Erdinneren (Geothermie).

Will ich damit jetzt eine Benzin-Alternative herstellen, habe ich im Grunde zwei Möglichkeiten: Entweder ich setze auf Wasserstoff oder Wasserstoff basierende E-Fuels oder ich steige auf Bio-Kraftstoffe um.

Beides sind keine sonderlich neuen Ideen. Wie wir Wasserstoff herstellen können, haben Menschen schon zur Zeit Napoleons rausgefunden[58]: Man hänge einen Draht in ein Glas Wasser, lege da elektrischen Strom drauf und schon blubbert der Wasserstoff an die Oberfläche. Nicht gerade Rocket Science.

Diesen Wasserstoff kann ich mithilfe einer sogenannten Brennstoffzelle – in der irritierenderweise gar nichts brennt (wer hat sich den Namen bitte ausgedacht?) – wieder in Strom umwandeln, das Nebenprodukt ist reines Wasser.

Nun lässt sich Wasserstoff nur mit einigem Aufwand lagern und transportieren, sodass wir auch direkt noch einen Schritt weiter gehen können und auf Basis des Wasserstoffs irgendeine bei Zimmertemperatur stabile Flüssigkeit »bauen«, die den Brennwerten von Benzin und Diesel nahekommt.

Ihre fossilen Vorbilder bestehen sowieso alle nur aus Wasserstoff und Kohlenstoff (daher auch der übergeordnete Name »Kohlenwasserstoffe«) und sehen in ihren chemischen Summenformeln aus, als hätte ein Kind ausschließlich mit extra-pädagogischen Bauklötzen spielen dürfen, die alle nur mit »H« (Wasserstoff) und »C« (Kohlenstoff) beschriftet sind.

Den Wasserstoff haben wir ja schon, also schnappen wir uns ein paar C-Atome aus dem CO_2 unserer Atemluft und haben auch eine Menge H- und C-Bauklötze zur Verfügung. Daraus können wir jetzt alles Mögliche herstellen. Methan, Propan, Ethan (also das Gas Ethan, manche nennen ja auch ihre Söhne so).

Das Tolle daran: Wenn wir das Zeug jetzt verbrennen, entsteht wieder nur genau so viel CO_2, wie wir vorher der Atmosphäre entnommen haben. Wir können so also auch Ozeanriesen oder Jumbo Jets antreiben, ohne den CO_2-Gehalt der Atmosphäre zu ändern (bei Flugzeugen spielen aber leider noch andere Aspekte eine Rolle).

Ist sie das also? Die blau schimmernde Supersubstanz aus dem Marvel-Universum, mit der wir einfach alles antreiben? Vermutlich nicht, denn diese Flüssigkeit buddeln wir ja nicht einfach aus der Erde, sondern müssen erst sehr viel Strom erzeugen, um sie damit herzustellen. Die Wasserstoffproduktion kostet Energie, das CO_2 aus der Luft filtern kostet Energie, das Anrühren der Flüssigkeit aus Hs und Cs kostet Energie.

Am Ende benötige ich pro Energieeinheit, die in dem neuartigen Sprit stecken soll, etwa 2 bis 3 Energieeinheiten, um ihn erst mal herzustellen.[59] Durch die zudem leider recht verschwenderische Nutzung in einem Verbrennungsmotor (wir erinnern uns: 75 Prozent der Energie werden zu Abwärme) bräuchten wir also erst mal eine gewaltige Menge Strom.

Wollte ich also die etwa 38 Milliarden Liter Diesel und 22 Milliarden Liter Benzin im Labor nachbauen, die Deutschland pro Jahr verbraucht, wären dafür 560 Terawattstunden Strom nötig. Das ist mehr, als Deutschland im Jahr überhaupt insgesamt verbraucht, denn unser Gesamtverbrauch pendelte in den letzten 20 Jahren so um die 500 Terawattstunden. Autsch.

Jetzt könnten wir natürlich zusehen, ob wir den Strom direkt in anderen Ländern herstellen, in denen mehr Sonne scheint oder der Wind stetiger weht und dann damit die schönen Treibstoffe herstellen. Nein, Korrektur: Das machen wir beziehungsweise Porsche in Zusammenarbeit mit Bosch schon. Im Süden Chiles steht eine Anlage, die auf den für deutsche Ohren seltsamen Namen Haru Oni hört, was in der indigenen Sprache jedoch passenderweise so viel wie »windgepeitschtes Land« heißt. Um Weihnachten 2022 wurde sie mit einem mittelgroßen Windrad eröffnet und soll damit pro Jahr etwa 130.000 Liter E-Fuels herstellen.

Das reicht erst mal nur, um 120 deutsche Pkw zu betanken, aber bis 2027 soll dieser Wert sehr stark steigen. Im endgültigen Ausbaustadium soll das Werk 4.000-mal so viel E-Fuels erzeugen, wofür es aber auch etwa 600 große Windkraftanlagen der neuesten Generation bräuchte (allein das bedeutet eine Investition von etwa 3,6 Milliarden Euro).

Ein durchaus ambitionierter Plan also. Aber obwohl er so ambitioniert ist, würde er, wenn er bis 2027 wirklich wie geplant umgesetzt wird, nur 1 Prozent des deutschen Spritverbrauchs ersetzen. Und der deutsche Spritverbrauch macht wiederum etwa 2 Prozent des Weltverbrauchs aus. Wir bräuchten also 5.000 solch monumentaler Anlagen, um damit genug E-Fuels für alle Pkw weltweit herzustellen.

Vielleicht kann man es so zusammenfassen: Die fossilen Brennstoffe waren lange wie ein riesiges All-you-can-eat-Buffet, von dem wir uns jederzeit eine beliebig riesige Menge fertig zubereitetes Essen nehmen durften. Das war bequem. Herr Ober, wir hätten gern 600 Kilowattstunden Benzin, aber pronto! Da machte es auch nichts, wenn wir 450 davon in eher nutzlose Abwärme verwandelt haben – all you can eat halt.

Jetzt muss das Buffet aber wegen akuten Überfressens möglichst schnell geschlossen werden. Als Ersatz haben wir ab sofort Zugriff auf eine noch größere, unerschöpfliche Speisekammer mit Lebensmitteln, die wir vor dem Verzehr aber erst mal zubereiten müssen – das ist all die Energie aus Sonne, Wind, Wasser, Geothermie, Uran usw., die wir aber nun mal erst in Strom umwandeln müssen. Die knifflige Aufgabe ist nun, mit dieser Methode möglichst schnell alle sattzubekommen.

Wollen wir die Energie erst in Strom umwandeln, dann damit Wasserstoff und dann E-Fuels herstellen, um dann wiederum nur ein Viertel davon für die eigentliche Aufgabe zu verwenden, dann dauert das entsprechend länger.

Die Frage ist bei so was außerdem immer, was es am Ende kostet. Ein klimaneutraler Kraftstoff ist ja erst mal eine tolle Sache, aber wenn er allein in der Herstellung ein paar Euro/Liter kostet[60], wird das abseits von St. Moritz und dem Verein der Superyachtbesitzer wenig Leute interessieren.

Der klimaneutrale Kraftstoff hat außerdem leider ein paar-Nachteile, die auch der fossile schon hatte: Es empfiehlt sich nicht, die Verbrennungsrückstände einzuatmen und die Motoren verursachen weiterhin einen gewissen Lärm. Wir können also damit rechnen, dass die Benutzung von Verbrennungsmotoren reglementiert wird, selbst wenn sie klimaneutral betrieben werden können. So ist die Einfahrt in die Innenstadt von Stockholm ab 2025 für Verbrenner-Pkw verboten.

FAKT IST:

E-Fuels werden für ein paar Nischenanwendungen vermutlich sinnvoll sein, zum Beispiel für Landmaschinen, Schifffahrt, 40-Tonner auf der Langstrecke und so was. Aber für knapp 50 Millionen Autos in Deutschland wird das vermutlich nie reichen, weil es dafür viel zu langsam skalierbar und zu teuer ist.

E-Autos haben hier einfach den doppelten Vorteil, dass sie recht anspruchslos sind. Anstatt ihnen extra einen Kraftstoff zusammenbrauen zu müssen, ziehen sie direkt Strom aus dem Netz und verwenden diesen dann auch noch sehr effizient.

Je größer der Anteil der E-Autos ist, desto mehr E-Fuels haben wir schnell für all die Anwendungen zur Verfügung, bei denen wir mit Strom allein nicht weit kommen, also auch klimafreundliche Flüge, klimafreundliche Schiffe und klimafreundliches Plastik.

Scanne den Code, kopiere den Text zu FAKT IST und schicke ihn deinen Kollegen aus dem Vertrieb per WhatsApp, wenn sie mal wieder Mumpitz erzählen.

BULLSHIT 8

ICH BRAUCHE KEIN E-AUTO, ICH TANKE EINFACH FRITTENFETT!

Wie im letzten Kapitel dargelegt, ist der Nachbau eines blau schimmernden Benzin-Ersatzes im Labor auf Basis von grünem Wasserstoff technisch möglich, unterliegt aber ein paar unpraktischen Beschränkungen. Und blau ist er auch nicht wirklich. Eine andere Idee, Sprit ganz ohne Erdöl herzustellen, sind Bio-Kraftstoffe. Damit läuft es rein technisch etwas anders und das Potenzial ist schlechter. Die Herstellung beginnt in diesem Fall nicht mit Windstrom, sondern mit Biomasse (also Pflanzen, Grünschnitt, Essensreste, Klärschlamm usw.). Eigentlich schon eine Art Klassiker ist der sogenannte Biodiesel. Hierzu werden möglichst ertragreiche Ölsaaten-Pflanzen angebaut, um nach der Ernte zu Biodiesel weiterverarbeitet zu werden.

Unreguliert führt das schnell dazu, dass auf riesigen Ackerflächen die hierfür effizientesten Pflanzen Verwendung finden, sodass in Europa lange Zeit unter dem Begriff Biodiesel weiterverarbeitetes Palmöl aus dem Ausland im Tank der Autos herumschwappte – was mit dem Erreichen von Klimazielen ähnlich viel zu tun hatte wie eine Fahrt zur Arbeit im Leopard II.

Die Regeln wurden vor ein paar Jahren glücklicherweise geändert,[61] aber auch mit anderen Pflanzen ist das grundlegende Problem nicht behoben: Fotosynthese, also der Prozess, mit dessen Hilfe Pflanzen leben und wachsen, wandelt in Deutschland nur 0,7 Prozent des Sonnenlichts um.[62] Dementsprechend riesige Flächen würden wir benötigen, um mit Biomasse unseren Energiehunger zu stillen.

Nur mal zum Vergleich: Aktuell verbraucht die Menschheit jedes Jahr die groteske Anzahl von 5,8 Billionen Litern Erdöl. In einem Liter Erdöl steckt ein Quäntchen mehr Energie als in einem Liter Rapsöl – der Fairness halber sei erwähnt, dass in Rapsöl angebratene Kartoffeln deutlich besser schmecken als in Erdöl gebratene.

Aber wie viel Fläche brauchen wir für 5,8 Billionen Liter Biodiesel aus Raps? Fragt ihr das Internet, wie viel Liter wir pro Hektar Land herstellen können, schwankt die Antwort zwischen 1.200 und 1.600 Litern. Aber selbst beim optimistischen Wert von 1.600 kommen wir bei einer benötigten Fläche von 36 Millionen Quadratkilometern raus. Das entspricht der gesamten Landmasse von Nordamerika und Europa und damit einer Fläche mehr als doppelt so groß wie die derzeitig genutzte Ackerfläche weltweit.[63]

Selbst die Umwidmung der gesamten Agrarfläche der Menschheit würde gerade mal die Hälfte unseres Ölbedarfs ersetzen. Nur dass wir dann alle ziemlich hungrig wären und das neben Gas und Kohle nur einer von drei fossilen Energieträgern ist, den wir loswerden müssen. Wir benötigten daher auch ein Vielfaches der Gesamtfläche Deutschlands, um unseren nationalen Primärenergiebedarf durch biologische Fotosynthese zu decken.[64]

Das klingt eher ernüchternd. Aber hey, es gibt ja noch ertragreichere Pflanzen als Raps. Der Ertrags-Superstar unter dem Grünzeug ist bekanntlich die Ölpalme (daher auch Name und

Beliebtheit), mit der können wir pro Hektar sogar 6.000 Liter Biodiesel herstellen und es sind nur noch 10 Millionen Quadratkilometer, also »nur noch« ganz Europa.[65]

Da wir heute bereits 16 Millionen Quadratkilometer für Ackerbau benötigen und sich das angesichts einer wachsenden Weltbevölkerung ohne eine drastische Umstellung auf mehr pflanzliche Kost kaum reduzieren ließe, müssten wir dafür dauerhaft etwa ein Viertel der globalen Waldbestände in besonders artenreichen Regionen roden (anderswo gedeiht die Ölpalme nicht sonderlich). Und damit hätten wir nur das Erdöl ersetzt, das aktuell neben Erdgas und Kohle etwa 40 Prozent der fossilen Brennstoffe ausmacht.

> **Biomasse kann also immer nur eine Teillösung sein. Sobald wir zu viel davon nutzen wollen, entsteht eine unselige Flächenkonkurrenz, aufgrund der früher oder später immer Naturgebiete weichen müssen.**

Aktuell werden in Deutschland bereits 4 Milliarden Liter Biodiesel hergestellt. Laut der Fachagentur Nachwachsende Rohstoffe e. V. benötigen wir dafür eine Anbaufläche von 25.000 Quadratkilometern.[66]

Wir pflanzen also bereits auf einer Fläche so groß wie komplett Mecklenburg-Vorpommern Energiepflanzen-Monokulturen an, um damit Biokraftstoffe für die Fahrleistung von 3,6 Millionen deutscher Autos herzustellen – von 49 Millionen deutschen Autos. Selbst die gesamtdeutsche landwirtschaftliche Fläche würde auf diese Weise nur für das Tanken von 25 Millionen Autos reichen, und dann haben mir nirgends mehr Ackerfläche für Kartoffeln, Zwiebeln und Weizen.

Dieses Problem soll nun der brandneue Wunderdiesel umgehen, der auf den Namen HVO 100 hört. Klingt wie der uneheliche Bruder von C-3PO, steht aber einfach nur für »hydrated vegetable oil«, hydriertes Pflanzenöl eben. Weil das kaum jemand aussprechen möchte, sagen alle »HVO 100«, obwohl das eher nach Raumschiff Enterprise klingt als nach Benzin. »Lieutenant Commander Data, die Borg kehren zurück, reaktivieren sie das HVO 100!«

Wieso nutzen wir für Biodiesel nicht auch so eine futuristisch klingende Abkürzung? Biodiesel ist chemisch gesehen nämlich Fettsäuremethylester, im englischen »Fatty acid methyl ester« oder einfach FAME. Was ist das bitte für eine Hammer-Abkürzung? Meine Güte, würde ich die Marketingabteilung der Biodiesel-Branche leiten, ich würde einen Werbespot produzieren lassen, in dem irgendein gut aussehender Typ mit blitzweißen Zähnen in die Kamera strahlt, einen Hundewelpen vom Beifahrersitz auf den Arm nimmt und mit arrogantem Grinsen »Ich tanke FAME! Für die Umwelt!« sagt. Aus dem Off grunzt eine mit Echo unterlegte tiefe Stimme »FAME!«. Schwenk auf den hechelnden Hund. Cut. Umsatzplus tausend Prozent. Da sage noch jemand, Chemie sei unsexy.

»Ich tanke HVO 100« wirkt da schon deutlich sperriger, obwohl es chemisch gesehen genau das Gegenteil ist: Die Herstellung von HVO-Diesel hat nämlich durch den Einsatz von Wasserstoff geringere Anforderungen an den biologischen Ausgangsstoff. Während für Biodiesel ölhaltige Pflanzen angebaut werden müssen, kann HVO hingegen aus minderwertigerem Material hergestellt werden, zum Beispiel aus benutzten Speiseölen und laut Branchenangaben auch aus Klärschlamm.

Der Markting-Claim ist also »Diesel aus Abfall« und wer würde bei der Vorstellung nicht erst mal in Jubel ausbrechen? Dazu muss es aber entsprechende Mengen Abfall geben und genau das ist die größte Kritik: Energetisch gesehen gibt es kaum echten Abfall. Wir versuchen ja bereits, möglichst viel Müll zu recyceln und der heißt dann in Entsorgungssprache auch gar nicht mehr »Müll«, sondern »Wertstoff«. Das, was nicht recycelt werden kann, ist Restmüll – und der wird bei uns »thermisch verwertet«.

Klingt das nicht toll? Müll? Kein Problem, den verwerten wir thermisch! Hätte es im 16. Jahrhundert schon genauso skrupellose Marketingagenturen gegeben wie heute, hätten sie der katholischen Kirche vermutlich den Begriff »thermische Hexenverwertung« vorgeschlagen, am Ende wird da aber einfach etwas verbrannt.

Mit der Hitze der Verbrennung können wir das Gleiche machen wie mit der Hitze aus Kohleverbrennung oder Atomspaltung: Wir treiben einen Generator an und haben dann Strom. In Deutschland wurde so im Jahr 2023 etwa 10 Prozent des Stroms aus Biomasse erzeugt.[67]

Nehme ich diesen Müll jetzt aber und stelle daraus stattdessen HVO-Kraftstoff her, dann muss ich die fehlenden 10 Prozent Strom anders erzeugen, und das bedeutet im aktuellen Stromnetz eben auch die Verbrennung von fossilen Brennstoffen. Das Umweltbundesamt schreibt dazu:

»Viele [...] Abfälle werden heute aber schon sowohl stofflich als auch energetisch anderweitig sinnvoll genutzt. Setzt man sie im Verkehr ein, kann es erforderlich sein, in der bisherigen Anwendung fossile Ausgangstoffe zu nutzen. Der Klimanutzen würde also nur in den Verkehrssektor verlagert.«[68]

Wo soll all die aktuell nicht benötigte Biomasse also herkommen, ohne in eine Tank-oder-Teller-Problematik reinzurutschen? Dazu gibt es Stand März 2024 wenig konkrete Antworten. Auf Nachfrage bekommt man aber oft Links präsentiert, laut denen Kalifornien immerhin schon 50 Prozent HVO in seinem Diesel-Mix hat. Das ist beachtlich, immerhin wäre Kalifornien als eigener Staat die sechstgrößte Volkswirtschaft der Erde[69] und verbraucht entsprechend viel Diesel. Wie machen die das? Essen die Amerikaner einfach so ungesund, dass unfassbar viel altes Frittenfett anfällt?

Nein, der Witz ist: Laut University of California hat der Bundesstaat Kalifornien einen Diesel-Bedarf von etwa 80 Millionen Barrel im Jahr. Das Kunststück, hiervon vorbildliche 50 Prozent auf biologische Kraftstoffe umzustellen, konnte nur gelingen, indem Kalifornien die HVO-Produktion aus nahezu den gesamten restlichen USA aufkauft. Nur etwa ein Achtel davon stammt aus Kalifornien selbst.[70]

Und das ist immerhin der drittgrößte Bundesstaat der USA (etwa 1,2-mal so groß wie Deutschland, dessen Landwirtschaftssektor auch innerhalb der USA der mit Abstand größte ist).[71] Wenn es irgendwo ordentlich viel biologische Reststoffe geben muss, dann doch wohl dort. Dennoch muss das allermeiste HVO extra aus Louisiana und North Dakota angeliefert werden. Es ist also nicht so, dass Kalifornien sich hier schon fast zur Hälfte selbst mit HVO versorgt, es ist vielmehr so, dass die gesamte US-HVO-Produktion zur Zeit etwa 2 Prozent des Diesel-Bedarfs der USA decken kann. Und das sind die vergleichsweise dünn besiedelten USA. Die Fläche Deutschlands wird heute bereits zur Hälfte nur für Landwirtschaft verwendet und wir haben 6-mal so viele Menschen pro Quadratkilometer. Das wird eng.

Und sind das wirklich Abfälle? Aktuell landen da wohl primär große Mengen Soja- und Rapsöl in Fabriken, in denen sie mit Wasserstoff aus nicht näher definierten Quellen zu HVO umgebaut werden. Und auch in Deutschland scheint die Herkunft des HVO problematisch: Wir importieren große Mengen HVO aus China und es gibt plausible Vorwürfe,[72] dass es sich hierbei zum Großteil um umdeklariertes Palmöl aus Indonesien handelt.

FAKT IST:

HVO 100 könnte aus tatsächlich nicht gebrauchten Abfällen und grünem Wasserstoff hergestellt ein guter Weg sein, um jetzt sofort etwas fossilen Diesel aus dem Markt zu drängen, ist aber genau deshalb kaum sinnvoll skalierbar.

Solange diese »Abfälle« für HVO 100 nur beschränkt zur Verfügung stehen, kommen jetzt erst mal Grundstoffe zum Einsatz, mit denen bislang in anderen Branchen fossile Grundstoffe verdrängt wurden. Wenn daraus jetzt aber neuerdings HVO 100 hergestellt wird, müssen die anderen Branchen wiederum auf fossile Grundstoffe setzen. Das wäre dann im wahrsten Sinne des Wortes klimaneutral, in dem Sinn, dass man sich den Aufwand auch hätte sparen können.

Solange Palmöl-Monokulturen nur für HVO 100 angelegt werden und der Wasserstoff aus Erdgasreformierung stammt, wie aktuell mutmaßlich der Fall, muss man sich wahrscheinlich sogar fragen, ob das gegenüber fossilem Sprit überhaupt noch Emissionen einspart.

Scanne den Code, kopiere den Text zu FAKT IST und schicke ihn Tante Daphne per WhatsApp, wenn sie mal wieder Mumpitz erzählt.

BULLSHIT 9

DIE ENERGIEWENDE IST GESCHEITERT, LASST UNS WEITER ERDÖL VERBRENNEN!

Zugegeben, das sagt so tatsächlich kaum jemand, weil es die Absurdität der ganzen Beschwerde ja gleich mitliefern würde. Meistens lest ihr nur die erste Hälfte, also »die Energiewende ist gescheitert« oder wahlweise auch gern »der deutsche Geisterfahrerkurs war ein Riesenfehler und jetzt bekommen wir die Quittung«, gefolgt von wütend dreinblickenden Emojis.

Leider gibt es viele verschiedene Gründe, die Menschen dieses doch sehr übereilte Urteil fällen lassen, sodass es nicht die eine, passende Antwort auf diese deutsche Lust am Scheitern gibt. Ganz grundsätzlich missverstehen viele Menschen aber schon im ersten Schritt, was Energiewende überhaupt bedeutet. Weit verbreitet ist die Fehlannahme, Energiewende sei einfach ein Synonym für Solar- und Windkraft. Und alle Probleme, die Solar- und Windkraft nicht lösen (oder sogar verursachen), sind das »Scheitern der Energiewende«.

Tatsächlich sind Solarzellen aber gar keine zwingende Bedingung dafür. Das Ziel sind ja nicht Solarzellen, sondern eine Gesellschaft, die ohne fossile Brennstoffe klarkommt. Dafür sind Solarzellen in vielen Ländern eine super Sache, aber es gibt auch andere Möglichkeiten: Der Strommix von Island und Norwegen ist auch ganz ohne Solarzellen bereits extrem klimafreundlich, weil er sich aus Wasserkraft und Geothermie speist. Selbst Kenia mit seiner starken Sonneneinstrahlung hat bislang kaum Solarzellen installiert, weil seine Geothermie-Standorte so viel sauberen Strom liefern.[73]

Energiewende ist also eine recht vielseitige Geschichte und auch kein rein deutsches Phänomen, sondern ein weltweites. Verschiedene Länder gehen hier verschiedene Wege, von denen ihr manche besser oder schlechter finden könnt. Die Idee, dass einer dieser Wege aber nun so ausnehmend verblödet ist, dass die ganze Abkehr von fossilen Brennstoffen infrage gestellt wird, ist ein bisschen so, als hätte jemand in der Betriebskantine eine schlimme Erfahrung mit Stammgericht A (labbrige Nudeln an zu Brei zerkochtem Blumenkohl) gemacht und würde fortan das Konzept von Ernährung als solches ablehnen. Keine Frage, zu Tode gekochtes Essen ist wirklich eine schlimme Unart, die viel schwerer bestraft werden sollte, aber die Lösung wäre dann ja Stammgericht B oder was von zu Hause mitnehmen und nicht die Einstellung von Nahrungsaufnahme.

Und so ist das auch mit der Energiewende. Einzelne Maßnahmen werden sich bestimmt als fulminant bekloppte Schildbürgerstreiche entpuppen, aber das ändert nichts an der grundsätzlichen, weltweiten (!) Strategie:

1. Fossilen Strom durch CO_2-armen Strom (Erneuerbare und Kernkraft) ersetzen.
2. Fossile Maschinen (Verbrennungsmotoren, Gas-Heizungen usw.) durch elektrische Maschinen (Elektromotor, Wärmepumpe) ersetzen.

3. Mit CO_2-armem Strom klimaneutrale Gase und Kraftstoffe für alle nicht elektrifizierbaren Vorgänge herstellen (Flugzeuge, Schiffe, Prozesse in der Chemischen Industrie, Stahlherstellung).

Das ist also ein größeres Projekt. Kein Land der Welt hat es bislang abgeschlossen, auch wir nicht. Im Gegenteil, wir sind mittendrin. Und wie das in der Mitte von Projekten so ist, ist alles noch etwas unfertig. Wie bei einer noch nicht abgeschlossenen Renovierung hängen da noch ein paar Kabel aus der Wand, die Geräte in der Küche sind noch nicht angeschlossen und der Internetrouter blinkt in beleidigten Rottönen.

Wer zu diesem Zeitpunkt laut aufseufzt, das Werkzeug hinschmeißt und den anderen mitteilt, das Projekt »Renovierung im Erdgeschoss« sei gescheitert, weil es ja immer noch nicht fertig sei, dürfte irritierte Blicke ernten. Junge, dann kümmer dich um die Kabel, ruf bei der Telekom an oder klemm die Spülmaschine an die Wasserleitung. Vom Rumjammern ist noch keine Renovierung schneller fertig geworden. Das sieht bei der Energiewende ähnlich aus.

Gerade bei diesem Thema gehen viele Menschen leider etwas nachlässig mit der Wahrheit um. Schockierend, ich weiß. Es wird dann gern behauptet, Deutschland hätte den schmutzigsten Strom der Welt, die ganze Windkraft würde überhaupt nichts einspeisen und alle anderen Länder würden das alles ganz anders und grundsätzlich viel besser machen.

Diese Aussagen könnt ihr aber leicht nachprüfen, weil es dafür ganz wunderbare grafische Aufbereitungen im Internet gibt, deren Ergebnisse ihr in WhatsApp-Gruppen und so gut wie alle Diskussionen in sozialen Medien einfügen könnt (außer bei dirty Instagram, da ist die ganze Kommentarfunktion einfach im Jahr 2004 hängen geblieben und ausnehmend entsetzlich):

Die Energy-Charts vom Fraunhofer-Institut ISE

Wie viel Strom hat Deutschland vorletzte Woche aus Dänemark importiert? Wie sah der Strommix der einzelnen Länder in Europa zu der Zeit aus? Was kostete 2022 eine Kilowattstunde an der Strombörse in Österreich und wie viel Batteriespeicher wurden im letzten Quartal in Deutschland zugebaut?

Die Antworten auf all diese Fragen könnt ihr euch unter energy-charts.info,[74] einer Seite des Fraunhofer-Instituts ISE, mit ein paar Klicks selbst beantworten, da dort all diese Daten zusammengeführt und grafisch aufbereitet werden. Besonders alberne Diskussionen könnt ihr mittels ein paar Klicks mit einem »Nein, das stimmt nicht, siehe hier« frühzeitig beenden und in der gewonnenen Zeit stattdessen euer Elbisch verbessern.

Our World In Data von der Oxford University

Wie hoch sind die CO_2-Emissionen von Belgien? Wie viel Erdöl verbraucht Vietnam? Wie war 2005 der Strommix von Mexiko? Wie viel Fläche der Erde benutzen wir für Landwirtschaft und welche Lebensmittel verursachen den größten Klimaschaden und wieso eigentlich?

Das alles wird bei »Our World In Data« beantwortet und ebenfalls grafisch so hübsch aufbereitet, dass Menschen bei meinen Vorträgen Handyfotos davon machen. Ich fürchte nur manchmal, dass die davon am Ende ähnlich viel haben wie Leute, die ein perfekt abgemischtes Konzert abfilmen (gucken die sich diese Wackelparade jemals noch mal an?), daher lüfte ich hier mal das Geheimnis, wo ich sie alle herhabe.

Aber warum ist die Energiewende denn nun angeblich insbesondere in Deutschland grandios gescheitert?

Angeblicher Grund 1: »An einem bestimmten Tag um eine bestimmte Uhrzeit hatten wir viel fossile Energie im Strommix.«

Ja, das stimmt. Am 11.01.2024 zum Beispiel bestand unser Strommix aus 70 Prozent Gas- und Kohlestrom,[75] hatte also eine echt dürftige CO_2-Bilanz. Noch schlimmer: Um 16:30 Uhr an diesem Tag waren es sogar 80 Prozent Strom fossilen Ursprungs.[76] Mon dieu, was war denn da los?

Recht simpel: Die Sonne war untergegangen, der Wind war ähnlich unmotiviert wie die Abteilung für Digitalisierung im Kultusministerium und die Nachfrage nach Strom stieg wie jeden Nachmittag etwas an, sodass die fossilen Kraftwerke die meiste Arbeit übernahmen.

Für eine Beurteilung der Gesamtsituation ist der Blick auf einzelne Tage oder sogar nur einzelne Stunden eines Jahres (eine Stunde entspricht einem 8760stel Jahr) aber im Verhältnis ähnlich ungenügend, als wenn ihr nach dem Konsum einer Sekunde eines Spielfilms (entspricht einem 7200stel) was über den Unterhaltungsfaktor desselben sagen sollt. Versucht das ruhig mal. Eine einzelne Sekunde »Herr der Ringe« lässt wenig erahnen von der epischen Wucht des Werks und schneidet gar nicht so viel besser ab als eine Sekunde »Transformers 5«, wie es angemessen wäre. Wählt die Sekunden noch einigermaßen geschickt und jemand ohne Ahnung von Filmen könnte zum Schluss kommen, dass »Transformers 5« der bessere Film ist. So ist das beim Strommix aber auch.

> **Wollt ihr wirklich etwas über die Klimabilanz des deutschen Strommixes wissen, solltet ihr euch mit den Werten eines ganzen Jahres beschäftigen, denn darin sind die ganzen saisonalen Wetterschwankungen mit denen des Vorjahres einigermaßen vergleichbar.**

Eine einzelne Stunde hingegen kann geschickt gewählt ein ungerechtfertigt schlechtes oder auch besonders gutes Bild erzeugen. Seht her, könnte ich sagen, am 29.12.2023 hatten wir mehr erneuerbaren Strom im deutschen Netz, als das ganze Land verbraucht hat.[77] Energiewende? Ist doch alles längst erledigt. Das wäre aber ebenfalls ziemlich verzerrt, denn dieses Kunststück gelang uns an »nur« vier Tagen des Jahres 2023 (nur in Anführungszeichen, weil die Energiewirtschaft noch vor 30 Jahren behauptete, mehr als vier Prozent erneuerbarer Strom wären nicht möglich).[78]

Im Winter haben wir relativ viel Windstrom und einen höheren Bedarf, im Sommer dafür viel Solarstrom und der Importstrom ist günstig. Ein Januartag ist daher also schlecht mit einem Julitag vergleichbar, geschweige denn die Zeit von 15 bis 16 Uhr an einem trüben Werktag mit hoher Stromnachfrage aus der Industrie im Januar mit einem sonnigen Ostersonntagmorgen.

> **Entscheidend ist daher immer die Jahresstatistik und die sah im Jahr 2023 einen Anteil von 60 Prozent Erneuerbarem Strom in der Nettoerzeugung.[79]**

Die besonders schlechten Tage, die an einzelnen trüben Flautetagen in Form von Screenshots Facebook und Twitter (ja, ich nenne das nach wie vor so, verklagt mich doch) bevölkern, sind ja bereits in diesen Wert eingeflossen.

Der relativ schlechte CO_2-Wert, mit denen uns diese Tage unsere Bilanz von 2024 verschlechtern, war früher aber nun mal die Regel.

Energiewende-Gegner freuen sich heute, wenn sie mal eine Stunde mit 700 oder sogar 800 Gramm CO_2/kWh im Strommix finden und posten das auf Social-Media oder in der WhatsApp-Gruppe. Vor 20 Jahren hätten sie das quasi täglich verbreiten können, da war nämlich unser Durchschnittswert übers ganze

Jahr ungefähr so schlecht.[80] Und darauf kommt es am Ende ja an, was uns zum nächsten Punkt führt.

> **FAKT IST:**
>
> **Momentaufnahmen sind grundsätzlich ein schwaches Argument. Entscheidend ist, dass der Verbrauch fossiler Brennstoffe über das ganze Jahr sinkt, und genau das tut er in Deutschland seit Jahren. Wenn eine Schülerin ihren Notenschnitt von 3,0 auf 1,5 verbessert hat, ist das ja auch ein Grund zur Freude. Selbst wenn sie in einer einzelnen Klausur eine 4 geschrieben hat.**

Scanne den Code, kopiere den Text zu FAKT IST und schicke ihn deinen Kumpels vom Stammtisch per WhatsApp, wenn sie mal wieder Mumpitz erzählen.

Angeblicher Grund 2: »Wir haben immer noch Kohlestrom im Mix« – »So viel Kohle wie nie« – »DER DEUTSCHE KOHLE-WINTER MACHT MICH GANZ TRAURIG«

Die letzte Version liest man noch am ehesten vom Publikum des Boulevard-Magazins »Bild« und eher selten von anderen Menschen, weil der deutsche Kohle-Winter ein recht exklusives Märchen dieses Mediums ist. Den gab es nämlich gar nicht, also zumindest nicht 2023/2024. Geprägt wurde der Begriff von einem Bild-Redakteur (Grüße gehen raus an Felix Rupprecht), der immer wieder sehr viel Pech beim Auswerten von Daten hat und deswegen häufig Artikel schreibt, über die sich das Internet anschließend tagelang kaputtlacht.

Bereits kurz vor Weihnachten 2023 titelte er »Deutschland in der Kohle-Falle trotz Öko-Ausbau – Unser Strom ist so schmutzig wie seit fünf Jahren nicht«, was dann wiederum Jens Spahn mit »Deutschland im Kohle-Winter« zusammenfasste.[81]

Dazu sollte der Trick aus Punkt 1 zur Anwendung kommen: Einfach lange genug warten, bis sich allein aufgrund der Wetterlage möglichst viele Tage mit hohem fossilen Anteil im Strommix häufen und dann mit diesem statistischen Ausreißer argumentieren. Solche entstehen aufgrund mir nicht bekannter meteorologischer Zusammenhänge und daraus resultierender Flaute besonders in den Wochen um Weihnachten recht zuverlässig.

Blöd für die Bild: Das Jahr 2023 war in dieser Hinsicht eine Ausnahme und sein Dezember wehte den Menschen gehörig die Dauerwellen auf dem Weihnachtsmarkt durcheinander. Entsprechend sah unser Dezember-Strommix viel zu gut aus, um damit unironisch einen »Kohle-Winter«, die »Kohle-Falle« oder den »Kohle-Wahnsinn« herbeizufabulieren. Selbst der von Bild auf maximale Krise maßgeschneiderte Zeitraum KW 46 bis KW 49 entpuppt sich bei näherer Betrachtung als so was von quälend belanglos, dass er als Schlafmittel in Apotheken verkauft werden sollte. Der Kohleanteil lag in diesem auf einem 5-Jahres-Tief, der gesamte Fossilanteil lag im Mittelfeld.[82]

Und das war noch das Schlechteste, was die Bild bei maximalem Cherrypicking finden konnte. Dementsprechend großartig waren die vollständigen Statistiken dieses Winters, für die ganz normale, gut vergleichbare Zeiträume gewählt wurden: Im Dezember 2023 hatten wir so wenig Kohlestrom in Netz wie seit Jahren nicht mehr.

Kleiner Reminder an die Bild und Jens Spahn: Der meteorologische Winter geht vom 01.12. bis zum 28. (bzw. 29.2.) des Folgejahres. Man wartet also idealerweise bis Ende Februar, um den Winter zu bewerten. Wenn man das tut, stellt man fest, dass die Kohleverstromung auch in diesem Zeitraum auf einem historischen Tiefststand lag (also sogar unter den Verbrauchswerten der Corona-Jahre) und satte 29 Prozent unter dem Wert des letzten Jahres.

Mit einem niedrigeren Verbrauch in Folge schwacher Wirtschaftsdaten lässt sich das übrigens nicht allein erklären: Deutschland hat im Winter 2023/2024 insgesamt wieder mehr Strom verbraucht als im Winter 2022/2023.[83]

> **Noch sensationeller ist nur noch der Jahresvergleich: Unsere Erzeugung von Kohlestrom ist im Jahr 2023 wieder auf den Wert von 1959 (!) gefallen.[84]**

Falls jemand Probleme hat, sich das Jahr 1959 ins Gedächtnis zu rufen: Platz 1 der deutschen Hitparade war Freddy Quinn mit »Die Gitarre und das Meer«, Frauen durften nur arbeiten gehen, wenn sie »Mann und Kinder nicht vernachlässigten« und bis zur Mondlandung sollte es noch zehn Jahre dauern.

Dass sich trotz dieser eindeutigen Datenlage einige Menschen zur Behauptung hinreißen lassen, wir hätten einen Kohle-Winter hinter uns, lässt sich rational nicht erklären. Die Kohleverstromung rast aktuell in den Keller, die Negativrekorde waren vor wenigen Jahren noch undenkbar.

Einzig fundiert ist die Beschwerde, dass wir überhaupt noch Kohlestrom im Mix haben. Ja, schade, in der Tat. Da hätten wir mal lieber früher angefangen, was? Wer eine Zeitmaschine zur Verfügung hat, kann gern sein Glück versuchen, sonst ist das aber nur Jammern über verschüttete Milch.

FAKT IST:

Der Dezember 2023 war der Dezember mit dem wenigsten Kohlestrom seit die monatliche Aufzeichnung im Jahr 2015 begonnen wurde.[85] Im Jahr 2023 ist der Kohlestrom sogar auf den Wert des Jahres 1959 zurückgefallen.

Scanne den Code, kopiere den Text zu FAKT IST und schicke ihn den anonymen Facebook-Accounts, wenn sie mal wieder Mumpitz erzählen.

Apropos Jammern, hier kommt gleich noch ein Argument:

Angeblicher Grund 3: »Aber andere Länder sind schon viel weiter als wir! Wir sind gescheitert!«

Besonders beliebt ist hier eine Gegenüberstellung des Strommixes von Deutschland mit dem von Frankreich. Im Internet gibt es eine Seite namens Electricity Maps, auf der die grob geschätzte CO_2-Intensität der Kraftwerke in den einzelnen Ländern schön bunt dargestellt wird. Und schön bunt, das zieht immer. Die Schätzung dieser Werte wurde bereits vielfach wegen der vielen Ungereimtheiten kritisiert und es ist erstaunlich, wie oft Deutschland mit dem Atom-Vorzeigeland Frankreich verglichen wird und wie selten mit Norwegen, der Schweiz oder Portugal, aber das ist bestimmt nur Zufall. Besonders an Tagen mit wenig Wind- oder Solareinspeisung bieten Leute, denen das Klima in allen anderen

Belangen nicht mal ein Glucksen entlockt, all ihre Kenntnisse im Bildbearbeitungsprogramm MS Paint auf und kopieren ein grünes Frankreich neben ein braunes Deutschland.

Die Message ist nun: »Da, schaut her, 20 Jahre Energiewende und unser Strommix ist immer noch 10-mal so CO_2-intensiv wie der von Frankreich! Bestellt euch jetzt die T-Shirts aus meinem Online-Shop mit der Aufschrift Energ1ew3nd3 suxx!« oder so ähnlich.

Das ist einer der oben genannten Fälle, in denen Leute gar nicht zu wissen scheinen, was eine Energiewende ist, denn auch Frankreich steckt noch mitten in seiner. Das Land hat in der Tat sehr früh konsequent auf Atomkraft gesetzt und dadurch eine der CO_2-ärmsten Stromversorgungen der Welt. Nun ist Energie aber halt mehr als nur Strom und so steht auch Frankreich vor der Aufgabe, seinen Verkehr, die Industrie und die Wärmeversorgung vom CO_2 loszubekommen, denn auch Frankreichs kompletter Energiemix (von dem der Strommix nur ein Teil ist) besteht noch zur Hälfte aus fossilen Brennstoffen.[86]

Das ist ohne Frage besser als der deutsche Mix, aber eben auch noch lange nicht abgeschlossen im Sinne einer Energiewende. Auch in Frankreich wird in den kommenden Jahren der Stromverbrauch ansteigen, alte Atomkraftwerke werden das Ende ihrer Laufzeit erreichen, und so investiert das Land neben neuen Atomkraftwerken auch in Wind- und Solarkraft, in E-Autos, Wärmepumpen und stationäre Batteriespeicher.[87]

Das ist auch eine Energiewende, nur halt schon fortgeschrittener als in Deutschland. Das ist aber doch kein Argument, um die deutsche Energiewende zu stoppen. Im Gegenteil, wer das moniert, sollte doch lieber die deutsche Energiewende beschleunigen.

Deutschland hat eine andere Strategie, die ab dem Jahr 2011 zugegeben recht schrullig geriet, aber vor allem hat Deutschland auch später angefangen. Während Frankreich bereits in den 1960er- und 1970er-Jahren komplett auf die Atomkraft gesetzt hat, um von Energieimporten unabhängig zu sein,[88] war die Kohle in

Deutschland auch aufgrund viel größerer, ertragreicherer Kohlelagerstätten[89] ein viel wichtigerer Wirtschaftsfaktor.

Treibhausgase dürften also bei beiden Entscheidungen keine große Rolle gespielt haben, und so dominierte die Kohlekraft noch bis in die Nuller-Jahre den deutschen Strommarkt und ist erst seitdem auf dem Rückzug.

Das kann man sich vielleicht wie bei einem dieser Marathonläufe vorstellen, bei dem so viele Menschen teilnehmen, dass sie nicht alle gleichzeitig am Startpunkt stehen können. Manche stehen beim Startschuss ganz vorn, manche in den Blöcken weiter hinten, aber ihre Zeit wird fairerweise erst gemessen, wenn sie die Startlinie überqueren.

Jemand, der erst zwei Stunden nach dem schnellsten Läufer ins Ziel kommt, kann also durchaus ein sehr erfolgreiches Rennen absolviert haben, je nachdem, wann er losgelaufen ist. Es wäre reichlich absurd, wenn die Person bei Kilometer 5 hört, dass die Ersten schon im Ziel angekommen sind, und deswegen ihren Lauf abbricht, weil sie »gescheitert« ist.

Viele andere Länder sind da schon weiter als Deutschland, aber die meisten haben auch einen geografischen Vorteil: eine Menge Berge. Guckt man sich eine Europakarte an, auf der die Sauberkeit des Strommixes pro Land dargestellt ist, stechen insbesondere Norwegen, Frankreich, Schweden, Schweiz und Island mit sehr guten Werten hervor.

Kernkraft gibt es in Frankreich sehr viel, in der Schweiz und Schweden macht sie etwa ein Drittel aus (so wie in Deutschland zum Zeitpunkt des höchsten Ausbaus) und der Rest sind zum Großteil Wasserkraft beziehungsweise in Island Geothermie. Warum machen wir das nicht einfach auch in Deutschland? Tja, weil wir uns nicht einfach ein paar Alpen oder einen Nachbau des Skandinavischen Gebirges stricken können. Ohne Berge gibt es aber kaum Wasserkraft, ohne heiße Gesteinsschichten nahe der Oberfläche keine Geothermie (zumindest noch nicht).

> **Wäre die Energiewende ein Computerspiel, würden wir Deutschen es direkt im höchsten Schwierigkeitsgrad »Ultra Violence« oder »Nightmare« spielen: wenig Küste, wenig Hochgebirge, hoher Energiebedarf, dicht besiedelt, harte Winter (im globalen Vergleich). Ha!**

Und wenn wir das am Ende durchgespielt haben, können wir in der Kneipe ein lässiges Grinsen aufsetzen und zu den anderen sagen: »Ach, ihr habt Energiewende im Modus blutiger Anfänger mit 10 Extraleben durch? Ja gut, das war uns einfach zu langweilig, Deutsche brauchen einfach die Herausforderung.«

Aber im Ernst: Das muss man schon berücksichtigen, wenn man Länder miteinander vergleicht. Gemessen an der deutschen Geografie sind 60 Prozent CO_2-armer Strom im Mix schon ein ordentlicher Wert. Wäre schön, wenn er jetzt schnell auf 80 Prozent und dann auf 100 Prozent steigen könnte, aber vor der Herausforderung stehen ja noch fast alle Länder.

Übrigens haben auch die beiden Länder mit der meisten Atomkraft, USA und China, noch einen weiten Energiewende-Weg vor sich. Deren gar nicht so toller Strommix wird in diesen Vergleichsbildern recht selten neben den deutschen gehalten (weil das eben niemanden sonderlich beeindrucken würde) und Behauptungen, dass deren Energiewende gescheitert sei, lese ich auch recht selten. Übrigens hat selbst Frankreich noch 6 Prozent fossilen Strom in seinem Netz, ohne dass da jemand vom Scheitern spricht.

Aber Moment, machen die anderen Länder das nicht alles ganz anders als die Deutschen?

FAKT IST:

Manche Länder haben einen besseren Strommix als Deutschland, andere einen schlechteren. Unter den fünf größten Volkswirtschaften der Welt liegt Deutschland auf Platz 2, ganz knapp hinter den USA und deutlich vor Japan, Indien und China.

Viele andere Länder haben außerdem geografische Vorteile, also mehr Gebirge, mehr Küstenlinie oder leicht verfügbare Erdwärme und nutzen diese naheliegenderweise für einen sauberen Strommix. Gucken wir uns aber nicht nur Strom, sondern den ganzen Energieverbrauch an, sind alle Länder der Welt mit ihrer Energiewende »gescheitert«, in dem Sinn, dass sie noch nicht fertig sind.

Vom Jammern wird es aber nicht besser, stattdessen müssen wir jetzt mal alle kollektiv die Ärmel hochkrempeln und das Projekt auf die Zielgerade bringen.

Scanne den Code, kopiere den Text zu FAKT IST und schicke ihn Onkel Rüdiger per WhatsApp, wenn er mal wieder Mumpitz erzählt.

BULLSHIT 10

DEUTSCHLAND IST MIT SEINER ENERGIEWENDE DER GEISTERFAHRER DER WELT!

Dieser Bullshit ist in meinen Augen der bullshittigste, denn selbst wenn, was wäre dann? Empfinden die Menschen jetzt schon internationalen Gruppenzwang, wenn andere Länder etwas komplett anders machen?

Ich meine, schön wär's. Dann könnten die Deutschen sich in anderen Ländern Tempolimits, Digitalisierung und die Zubereitung von Gemüse abgucken, die USA könnten mal ihr Verhältnis zu Schusswaffen, Krankenkassen und ÖPNV abgleichen und Frankreich sein Verhältnis zu pflanzlichen Ersatzprodukten[90] (sehr unvollständige Liste).

Tatsächlich ist doch eher das Gegenteil der Fall. Tempolimit? Blödsinn, alle anderen Länder machen das halt falsch. Brokkoli bissfest kochen? Da gehen doch die Zähne beim Reinbeißen kaputt! Aber bei der Energiewende machen sich die Leute dann plötzlich Gedanken, was denn die anderen machen? Unglaubwürdig.

Aber selbst wenn, was machen die anderen denn? Kern des Geisterfahrer-Vorwurfs ist meistens, dass Deutschland seine Atomkraftwerke vor Ende der Laufzeit abgeschaltet hat, während die meisten Reaktoren in anderen Ländern weiterlaufen. Das kann man natürlich skeptisch sehen und fragen, ob es nicht klüger gewesen wäre, erst aus der klimaschädlichen UND gefährlichen Kohlekraft auszusteigen.[91]

Etwas seltsam daran ist, dass der Geisterfahrer-Vorwurf eine recht neue Erscheinung ist und besonders bei Abschaltung der letzten drei Atomkraftwerke genutzt wurde, um die Politik der Ampel-Regierung zu kritisieren. Seltsam, denn die Entscheidung dafür liegt 13 Jahre zurück, ohne dass der damaligen Merkel-Regierung der gleiche Vorwurf gemacht wurde, als im Jahr 2011 unmittelbar nach der Reaktorhavarie von Fukushima acht Reaktoren auf einmal stillgelegt wurden.[92]

Seltsam sind auch die hierzu gemachten Behauptungen, wahlweise sei Deutschland das »einzige Land ohne Atomkraft in der EU« oder »nur von Ländern mit Atomkraft umgeben« oder »das einzige Land, das aussteigt, während alle anderen einsteigen«. Das kommt in der Regel mit mehr Ausrufungszeichen und wütenden Smileys daher, aber ich dachte, ich erspare euch das, auch wenn die Authentizität darunter leidet, denn es ist ohnehin alles falsch.

Europa ist einer der reichsten Kontinente des Planeten und beherbergt viele Länder der ehemaligen Sowjetunion mit historisch starkem Atomkraft-Bezug, aber dennoch sind die EU-Länder mit Atomkraft mittlerweile in der Unterzahl:

> **Atomreaktoren laufen derzeit in Belgien, Bulgarien, Finnland, Frankreich, den Niederlanden, Rumänien, der Slowakei, Slowenien, Spanien, Schweden, Tschechien und Ungarn, also in 12 von 27 EU-Ländern.**[93]

Bei unseren direkten Nachbarländern gibt es zwar tatsächlich eine Mehrheit von Atomkraft-Nutzung (Belgien, die Niederlande, Tschechien, die Schweiz und Frankreich). Die These, wir seien »komplett von Atomkraft umzingelt«, muss damit aber verworfen werden.

Die mit Abstand abwegigste Behauptung ist aber die, »alle« würden einsteigen, nur Deutschland nicht. Die Welt kennt heute 195 Staaten der Vereinten Nationen (2 davon im Beobachterstatus) + 10 weitere Staaten, Nationen, Länder oder Territorien mit umstrittenem Status (Stand April 2024).[94]

Wir betrachten jetzt nur mal die 195 anerkannten Staaten: Von diesen 195 nutzen 32 Atomkraft und in drei weiteren sind erstmals Atomkraftwerke im Bau (Türkei, Bangladesch, Ägypten, ebenfalls Stand April 2024). Mir ist kein viel eleganterer Weg eingefallen, das zu umschreiben, als so: 35 sind deutlich weniger als 195. Es sind weder »alle« noch auch nur annähernd eine Mehrheit. Voraussichtlich wird in ein paar Jahren noch Polen mitgezählt werden müssen, dort wurde 2023 der finale Vertrag mit dem US-Hersteller Westinghouse über den Bau von sechs sogenannten Small Modular Reactors unterschrieben.[95]

In den Atomländern selbst ist ein weiterer Ausbau die Ausnahme: 19 der 32 Länder mit Kernkraft haben aktuell keine Neubauprojekte oder dahingehenden Pläne. In den Ländern mit Neubauprojekten handelt es sich insbesondere bei den westlichen Staaten um einzelne Neubauten (manche davon dürften bei Erscheinen dieses Buchs fertiggestellt sein):

USA: 2
Frankreich: 1
UK: 2
Slowakei: 1
Finnland: 1

Also sieben neue Reaktoren für Länder, in denen aktuell 168 Reaktoren laufen.

> **Eine europäische »Renaissance der Atomkraft«, wie sie von manchen Medien immer wieder kolportiert wird,[96] ist hier beim besten Willen nicht zu erkennen.**

Man muss kein Mathegenie sein, um sich auszurechnen, dass die Neubauten nicht im Ansatz ausreichen, um den aktuellen Stand zu halten.

Zur Erinnerung: All diese Staaten haben Pläne, ihre Emissionen auf netto-null zu senken, werden also in Zukunft einen deutlich höheren Strombedarf haben, um Erdöl, Erdgas und Kohle zu ersetzen. Wenn Kernkraft auch nur 10 Prozent dieses zusätzlichen Bedarfs decken sollte, wären etwa doppelt so viele neue Reaktoren nötig.[97]

Diese Entwicklung ist auch nicht sonderlich neu: In den letzten 25 Jahren (also seit 1999) wurden in der EU sieben neue Reaktoren zugebaut. Die Anlagen, aus denen heute der absolute Löwenanteil des EU-Atomstroms kommt, sind in den 1970er- und 1980er-Jahren gebaut worden.[98] Das Durchschnittsalter liegt bei 37 Jahren.[99]

Ähnliches Bild in den USA, dem Staat mit den meisten aktiven Reaktoren überhaupt: Neu zugebaut wurden in den letzten 30 Jahren gerade mal drei Reaktoren, die 1970er- und 1980er-Jahre waren die goldenen Jahrzehnte der Atomkraft, aus denen 80 Prozent ihrer Anlagen stammen (Durchschnittsalter 42 Jahre).[100]

Absichtserklärungen und politische Debatten über den Einstieg in die Technologie gibt es in diversen Staaten seit Jahrzehnten, so gibt es aktuell zum Beispiel Absichtserklärungen der italienischen Regierung. Aber wie das mit Absichtserklärungen so ist, hatte ich im Herbst 2023 die Absicht erklärt, dieses Buch bis Januar 2024 fertiggeschrieben zu haben. Es kam ganz offensichtlich nicht dazu.

> **Die Mehrheit aller Länder (163 von 195) nutzt keine Atomkraft und eine noch größere Mehrheit (179 von 195) baut aktuell keine. Die meisten Länder und insbesondere die größten Volkswirtschaften (China, USA, die komplette EU, Japan, Südkorea, Australien) bauen am stärksten ihre erneuerbare Kraftwerksleistung aus.**

Nun muss natürlich nicht automatisch richtig sein, was die Mehrheit macht. Wenn die Mehrheit von der Brücke springt, dann bleibt mal lieber in der Minderheit. Ich reite darauf nur wegen dieser absurden Geisterfahrer-Behauptung rum, laut der die ganze Welt den nuklearen Traum träumt und nur Deutschland will die Energiewende ohne Atomkraft durchziehen.

Klar, der deutsche Energieweg sieht näher betrachtet aus, als wäre er unter dem Motto »Kontinuität ist scheiße« entstanden. Bis 1998 war das Motto Atom + Kohle, dann kam rot-grün und wollte 100 Prozent EE-Strom über den schrulligen Umweg EE-Strom + Kohle, dann kam Angela Merkel und wollte eine energetische Pizza Quattro Stagioni (bisschen Atom, bisschen Kohle, bisschen Erneuerbare, bisschen Gas).

Dann kam Fukushima und Angela Merkel war Energie erst mal egal, sie wollte primär an der Macht bleiben. Dazu stieg sie aus der Atomkraft aus und bremste gleichzeitig den EE-Ausbau. Ja, das ist, als wenn ihr Hunger habt, vergesst, einkaufen zu gehen, und als Konsequenz den Vorratsschrank niederbrennt.

Das kann man gern bekloppt finden, aber das macht die jetzige Strategie »Erneuerbare + Speicher« nicht sonderlich geisterfahrig: Diese Kombination bauen gerade so gut wie alle Länder aus – vielleicht abgesehen von Katar, Nordkorea und Saudi-Arabien. Aber selbst im Iran und in Russland steigt die Stromerzeugung aus Solar- und Windkraft, wenn auch langsam.[101]

Und auch in den Demokratien mit Menschenrechten wird quasi überall mindestens Solar- oder Windkraft zugebaut, ebenso in den Atomländern USA, Frankreich und ganz besonders China: Da wurden allein letztes Jahr – in einem einzelnen Jahr – 2,5-mal so viel Solarkraft zugebaut, wie in ganz Deutschland installiert ist (juhu).

Ist das nicht toll? Durch den deutschen, nicht ganz so durchdachten Plan wurden gleich zwei Technologien für CO_2-arme Stromerzeugung so billig, dass sie heute weltweit boomen. Dass wir jetzt billige Solarmodule aus China importieren, ist da doch nur fair.

FAKT IST:

Weltweit nutzen 32 von 195 Ländern Atomkraft. In 16 von 195 Ländern werden gerade neue Atomkraftwerke gebaut. Die Art, wie Deutschland aus der Atomkraft ausgestiegen ist, mag weltweit in der Tat nicht allzu viele Nachahmer gefunden haben, aber der (auch) in Deutschland begonnene Ausbau von Wind- und Solarkraft wird dafür mittlerweile weltweit kopiert.

Er ist das Kernstück einer jetzt gerade stattfindenden, globalen Industrierevolution, von der Deutschland ein Teil ist und die es mit begonnen hat. Klar, unsere CO_2-Emissionen pro Kilowattstunde könnten heute schon deutlich geringer sein, wenn hier noch die 17 Atomkraftwerke laufen würden, die 2010 Strom ins deutsche Netz gespeist haben.

Energiewende ist aber ein Marathon, kein Sprint. Zu unserem langfristigen Strombedarf für das Jahr 2045[102] würden selbst diese 17 Atomkraftwerke von 2010 (ein Jahr vor dem Atomausstieg) nur 9 Prozent beitragen. Mit der Antwort auf die Frage, wo die restlichen 91 Prozent herkommen, befindet Deutschland sich im globalen Erneuerbaren+Speicher-Mainstream.

Scanne den Code, kopiere den Text zu FAKT IST und schicke ihn deinen Kollegen aus dem Vertrieb per WhatsApp, wenn sie mal wieder Mumpitz erzählen.

BULLSHIT 11

JETZT SIND WIR VON STROMIMPORTEN ABHÄNGIG!

Das ist irgendwie so ein bisschen die kleine Schwester von »Geisterfahrer Doitschland!!«, weil sie auch unterstellt, dass Deutschland was falsch macht, das alle anderen Länder anders machen. In diesem Fall: Strom importieren.

Bei näherer Betrachtung ist schon das ein reichlich absurder Gedanke, denn es können ja nicht alle Länder gleichzeitig Strom-Exporteure sein – irgendwer muss das Zeug importieren, damit es woanders überhaupt einen Export geben kann.

Vielleicht liegt es ja an der nationalen Prägung des »Exportweltmeisters« und dem Stolz vieler Menschen, wenn »Made in Germany« irgendwo als Synonym für Qualität gilt. Vielleicht sind Deutsche ein eher sicherheitsbewusstes Volk und fühlen sich wohl mit dem Gedanken, im Notfall für sich selbst sorgen zu können. Vielleicht passt der Gedanke, ausgerechnet den wirklich sehr hilfreichen Strom aus dem Ausland zu beziehen, nicht gut zu diesen Gefühlen.

Schon möglich, aber dann muss ich jetzt mal ganz ketzerisch fragen, warum die extreme Importquote beim Bezug all der anderen Energie offenbar niemanden juckt. Deutschland bezieht 98 Prozent des hier verbrauchten Erdöls aus dem Ausland, 92 Prozent des Erdgases, 100 Prozent der Steinkohle und früher auch 100 Prozent des Urans.[103]

Und da gab es ja wirklich schon mal die Situation, dass das Ölkartell OPEC uns in den 1970ern den Saft abdrehte und Kinder sonntags auf der leeren Autobahn spielen konnten.[104] Im Zuge des widerwärtigen russischen Angriffskriegs kam es hier ja schon zu wirtschaftlichen Verwerfungen, als das Zeug vorletztes Jahr einfach nur teurer wurde.

Zurück zum Strom und der Frage: Wozu wollen wir denn überhaupt Strom von Land zu Land schicken? Europa ist ja ein ziemlich reicher Kontinent und so sollten die allermeisten Länder doch genug Kraftwerke haben, um die jeweils eigene Bevölkerung selbst zu versorgen.

Trotzdem importiert Frankreich bis auf wenige Ausnahmen täglich Strom.[105] Warum? Reichen 56 Atomreaktoren nicht aus, um nicht auf das Ausland angewiesen zu sein? Halt, stopp. Hier, bei »angewiesen sein«, ist schon der Denkfehler. Das ist Frankreich nämlich nicht. Im Gegenteil:

> **Frankreich könnte jeden Tag so viel Strom erzeugen wie von den Französinnen und Franzosen jeweils gebraucht wird. Es ist nur einfach so: Spanischer Strom ist oft noch billiger als französischer Strom.[106]**

Das ist in Deutschland den wenigsten bewusst, aber Spanien ist so bergig, dass dort die höchstgelegene asphaltierte Straße Europas liegt. Sie ist beim knapp 3.400 Meter hohen Pico del Veleta zu finden, der sich inklusive Skigebiet nur 35 Kilometer entfernt vom Mittelmeer mitten in Andalusien erhebt, das die meisten nur von sonnigen Broschüren für den Strandurlaub kennen. Und das ist nur einer von vielen Bergen.

Viele Berge bedeutet viele wunderbare Standorte für Wasserkraft und so hatte Spanien Anfang April 2024 so viel Wasser in hohen Lagen gespeichert, dass der damit erzeugbare Strom dem kompletten Landesverbrauch von drei Wochen entsprach.[107] Dazu kam noch ordentlich Wind und Sonne und zack, lag der Durchschnittspreis für eine Kilowattstunde an der spanischen Strombörse im kompletten April bei nur 1,4 Cent (in Frankreich bei 2,8 Cent/kWh und in Deutschland bei 6,2 Cent/kWh).[108]

Und was macht eine schlaue Französin, wenn der Strom in Spanien billiger ist als Schokoladenhasen eine Woche nach Ostersonntag? Exakt, sie kauft ihn. Nicht, weil sie darauf angewiesen ist, sondern weil sie damit Geld spart. Zur gleichen Zeit lief genau dasselbe Spiel mit dem im europäischen Vergleich immer noch günstigen französischen Strom und der Stromkundschaft in England, Belgien, Italien, der Schweiz und Deutschland. All diese Länder haben einen beruhigend großen Kraftwerkspark und können sich – solange nicht irgendwas furchtbar schiefgeht – gut selbst versorgen.

Aber wieso sollte Italien ein zusätzliches Gaskraftwerk hochfahren, bei dem eine Kilowattstunde 11 Cent kostet, wenn es sich die Taschen stattdessen mit feinstem, nach Baguette duftenden Strom für 2 Cent pro Kilowattstunde aus Frankreich vollmachen kann? Das fragen sich die Italiener auch, und so exportiert Frankreich nicht selten ein Fünftel seines Stroms an die Nachbarländer.[109]

Das heißt aber eben nicht, dass die auf französischen Strom angewiesen sind oder um im Facebook-Sprech zu bleiben: Sie sind nicht KOMPLETT ABHÄNGIG VON FRANZÖSISCHEM ATOMSTROM! OHNE DIE GEHT IN HALB EUROPA eben doch nicht das Licht aus. Das Licht wäre einfach nur teurer.

Es gibt auch Ausnahmen von dieser Regel, so liegt der Strombedarf von zum Beispiel Finnland insbesondere an kalten Wintertagen manchmal schon nahe an der Kapazität des landeseigenen Kraftwerksparks, sodass die Stromkabel für den Import aus Schweden schon ordentlich ausgelastet sind.

Aber gerade Deutschland hat so viele Kraftwerke im Netz, dass wir eigentlich täglich vor der Frage stehen:

> **Wollen wir zusätzlich zum deutschen Strom noch etwas günstigeren und sauberen Strom importieren oder wollen wir das lieber komplett allein hinbekommen und dafür mehr Strom mit unseren teureren, klimaschädlichen Kohlekraftwerken erzeugen?**

Da bei den Netzbetreibern kluge Leute arbeiten, entscheiden sie sich immer für Option 1, denn Handel lohnt sich in aller Regel für beide Handelsseiten, man nennt das auch »wohlfahrtssteigernd«.

Das ist eigentlich schon alles. Und obwohl unsere Energiepolitik seit Jahren niemanden interessiert und Statistiken eigentlich nicht gerade ein Klick-Garant sind, führte dieses simple, rein wirtschaftliche und seit Jahren etablierte Zusammenspiel letztes Jahr dazu, dass viele Menschen sich sehr emotional über unsere Außenhandelsbilanz äußerten. Wir hatten nämlich erstmals seit vielen Jahren mehr Strom importiert als exportiert, und die Reaktionen waren teilweise wirklich außerordentlich unvernünftig.

Durch besondere Infantilität hat sich wieder Herr Rupprecht von der Bild hervorgetan, der im August 2023 proklamierte, Deutschland sei jetzt zum »Strombettler« geworden. Eine Bezeichnung, auf die ernst zu nehmende Fachlaute aus der Energiewirtschaft mit Lachattacken und Mitleid reagierten. Es ist nämlich so: Deutsche Kunden betteln nicht um Strom, sie kaufen ihn. Kaufen heißt: Sie bezahlen Geld dafür. Genau wie französische, schweizerische oder niederländische Kunden auch, und das tun sie täglich.[110]

Täglich überzieht der Springer-Konzern Leute, die sich angesichts der Klimakrise Sorgen machen, mit Häme und Missgunst. Und dann warnt die Bild-Redaktion selbst übernervös und maximal schreckschraubig vor normalen, absolut zu erwartenden Marktentwicklungen. Morgen lesen wir dann: »Deutschland auf dem Abstieg: Nachfrage nach Dominosteinen und Adventskränzen im Januar drastisch eingebrochen!«

Wenn Import nämlich »Bettlerei« ist, dann befänden wir uns in einer illustren Runde von astreinen Bettel-Nationen: Die Schweiz, Österreich, Luxemburg, Italien, UK, Belgien und viele andere Staaten haben im ersten Halbjahr 2023 alle mehr Strom importiert als exportiert (wie eingangs erwähnt ist das mathematisch absolut zu erwarten, es kann ja nicht in jedem Land Überschüsse geben).

Wer kennt es nicht, dieses kirchenmausige Bettelpack aus Luxemburg und der Schweiz, das in Kartoffelsäcken am Straßenrand sitzt und wahllos Passanten mit »Ham 'se ma 'ne Kilowattstunde für mich, junger Mann?« um Strom anhaut.

Ach halt, Moment, das sind ja die einkommensstärksten Länder Europas.[111] Und sie betteln auch nicht um Strom, sie kaufen den. Wie wenig kann man von Marktwirtschaft verstanden haben, um einen Handel mit Bettelei misszuverstehen? Italien hat im Jahr übrigens 6-mal mehr Strom importiert als Deutschland.[112]

Wenn wir Importe jetzt mit Betteln gleichsetzen, habe ich ganz schlechte Nachrichten für schwarz-rot-goldene Twitter-Profile: In dem Fall ist Deutschland zuallererst mal Erdöl-Bettler und Erdgas-Bettler,[113] gefolgt von Elektronik-Bettler, Smartphone-Bettler, Metall-Bettler, Nahrungsmittel-Bettler und Medikamenten-Bettler.[114] Für all diese hübschen Sachen haben wir im Jahr 2023 um die 1.350 Milliarden Euro[115] ans Ausland überwiesen. Der Stromimport hat uns nicht mal eine Milliarde Euro gekostet und macht etwa 0,05 Prozent (oder ein Zweitausendstel) unserer Importe aus. Spielt also absolut keine Rolle.

> **Viel wichtiger ist aber: Wir importieren diesen Strom, weil wir das wollen (ist günstiger), nicht weil wir müssen oder weil wir keine Atomkraft mehr nutzen.**

Im Jahr 2000 hatten wir noch fast ein Drittel Atomstrom im Netz und waren trotzdem Strom-Bettler – pardon – … hatten einen Importüberschuss.[116] Und auch in den Atomnationen Schweiz, UK und Belgien wechseln sich die Jahre mit Import- und Exportüberschuss ab.

Zudem ist der Anteil auch einfach sehr klein. Im zum Skandaljahr aufgepusteten 2023 haben wir 9 Terawattstunden zusätzlich aus dem Ausland bezogen. Der Strom aus unseren eigenen Kraftwerken lag im gleichen Zeitraum bei 440 Terawattstunden. Wir haben also etwa ein Fünfzigstel der Versorgung importiert. Das ist maximal eine Gähnattacke wert, aber bestimmt keine wie auch immer geartete Sorge.

FAKT IST:

Deutschland war immer schon von Energieimporten abhängig und reduziert diese Abhängigkeit nun zum ersten Mal seit Jahrzehnten, indem wir immer mehr Strom ohne aus dem Ausland importierte Brennstoffe erzeugen. Stromhandel mit unseren europäischen Partnerländern ist ein Feature, kein Bug, weil unser Strom dadurch billiger und sauberer ist.

Zudem importiert Deutschland kaum Strom. Gemessen an der Eigenproduktion macht der Import aktuell etwa 2 Prozent aus.[117] Dieser Import geschieht jedoch nicht, weil wir darauf angewiesen sind, sondern weil es Stromkosten senkt. Die deutschen

Kraftwerksbetreiber hätten genug Kapazitäten, um den gesamten deutschen Bedarf mit eigenen Kraftwerken zu decken. Es wäre nur teurer und klimaschädlicher.

Anstatt wie in früheren Jahren einen schmutzigen Exportüberschuss mit Kohlestrom anzuhäufen, kaufen wir heute mehr sauberen Strom von unseren europäischen Partnern ein. Das ist besser für den Geldbeutel UND das Klima. Es sei denn, ihr betreibt ein Kohlekraftwerk, dann gehört ihr zu den ganz wenigen Verlierern dieser Geschichte.

Scanne den Code, kopiere den Text zu FAKT IST und schicke ihn Tante Daphne per WhatsApp, wenn sie mal wieder Mumpitz erzählt.

BULLSHIT 12

ICH TRENNE DOCH SCHON MÜLL!

Vielleicht ist hier mit »Bullshit« etwas hart geurteilt, weil die Person ja immerhin etwas richtig macht, nämlich den Müll trennen, und das ist für sich ja erst mal prima.

Als wenn das mit dem Klimaschutz nicht schon anstrengend genug wäre, gibt es leider noch ein paar andere ökologische Probleme, die wir als Menschheit auch noch lösen müssen: Biodiversität, Entwaldung und das Etablieren einer Kreislaufwirtschaft, damit wir mehr Material wiederverwenden als heute.

Diese Themen haben meistens Überschneidungen, aber ganz grob gibt es selten »die eine« simple Maßnahme, mit der ich alle diese Probleme auf einmal lösen kann. Mülltrennung ist eine wunderbare Maßnahme, um die Menge des Restmülls drastisch zu reduzieren, aber das Klima bleibt davon ziemlich unbeeindruckt.

Ein Produkt kann klimafreundlich sein, aber trotzdem für Umweltverschmutzungen sorgen (E-Auto). Es kann 100 Prozent ökologisch abbaubar sein, aber das Klima belasten (eine Kuh). Es kann sehr viel Wasser verbrauchen und gleichzeitig sehr wertvoll für das Ökosystem sein (ein Baum).

Grundsätzlich geht die Vorstellung von uns Menschen, welche Maßnahme effektiv das Klima schützt, und die Realität in Bezug auf diese Maßnahmen unschön auseinander. Wir bringen im Alltag halt Müll runter, stellen die Waschmaschine und Trockner an und sehen gefühlt Hunderte mit Lebensmitteln befüllte Lkw die Stadtautobahn entlangrollen, sodass uns das alles besonders präsent ist.

Jetzt könntet ihr sagen: »Na und, lass mich doch Müll trennen. Hauptsache, ich mache irgendwas.« Ja klar, Mülltrennen ist ja auch absolut sinnvoll, weswegen ich das auch selbst mache. Wir müssen da nur etwas aufpassen, weil es da leider ein paar psychologische Effekte gibt, die die weitaus effektiveren Maßnahmen blockieren beziehungsweise deutlich klimaschädlichere Verhaltensweisen verursachen. Sobald ich einen Flug nach Neuseeland (5 Tonnen CO_2-Emissionen) für mich damit rechtfertige, dass ich im Supermarkt das Gemüse immer schön in einen selbst mitgebrachten Stoffbeutel packe, ist dem Klima nicht wirklich geholfen.

Recyclen spart im globalen Vergleich etwa 0,2 Tonnen CO_2 ein. Wäsche aufhängen anstatt den Trockner benutzen ebenfalls. Der Transport von Lebensmitteln verursacht etwa 5 Prozent der Emissionen aus der Lebensmittelindustrie, also bezogen auf die Durchschnittsernährung in Deutschland etwa 0,1 Tonnen CO_2.

Die weitaus größeren Hebel sind nicht fliegen (1,6 Tonnen pro Interkontinentalflug im Schnitt), Auto abschaffen (2,4 Tonnen), auf E-Auto umsteigen (1,2 Tonnen), Umstieg auf pflanzliche Lebensmittel (2,2 Tonnen) und Versorgung mit CO_2-armer Energie (1,5 Tonnen).[118]

Diese unterschiedlichen Hebel sind für uns Individuen unterschiedlich schwer zu vermeiden. Jemand in der Stadt kommt einfacher ohne eigenes Auto klar, kann aber im Altbauviertel nicht so leicht auf regenerative Wärme umsteigen. Nicht fliegen wird ungleich komplizierter, wenn eure Familie jenseits des Atlantiks lebt, und Menschen haben unterschiedliche Informationsstände, ob und wie man sich auch pflanzlich vollwertig ernähren kann.

Welche dieser Hebel ihr in eurem Alltag am besten umlegen könnt, wisst ihr vermutlich selbst am besten und es dürfte die Ausnahme sein, dass jemand alle auf einmal in kurzer Zeit in den Griff bekommt. Wenn ihr aber wisst, welche dieser Hebel einen echten Unterschied machen und welche eher nicht, ist das ja auch befreiend.

Ich bekomme eine Menge Nachfragen nach konkreten Situationen im Alltag und der klimafreundlichsten Option. Viele dieser Fragen betreffen aber nur wenige Gramm CO_2, sodass mein Rat wäre, sich auch selbst zu erlauben, einfach nach persönlichem Geschmack zu entscheiden. In Bezug aufs Klima spielen folgende Dinge eine eher sehr kleine Rolle:

- **Plastikverpackungen von Nahrungsmitteln:**
  Tatsächlich ist es eher ein Klimanachteil, wenn das Zeug durch weniger effektive Verpackungen schlecht wird. Dadurch muss wieder mehr Nahrung angebaut werden, was wieder Ackerfläche, Düngemittel, Transport usw. benötigt.

- **Art der Pflanzenmilch:**
  Soll ich Hafer- oder Mandelmilch kaufen? Nehmt die, die euch am besten schmeckt. Die klimaschädlichste Pflanzenmilch ist mit 1,2 kg CO_2/Liter die Reismilch, die klimafreundlichste die Mandelmilch mit 0,7 kg CO_2/Liter. Ist aber beides viel weniger als Kuhmilch, die emittiert 3,2 kg CO_2/Liter und die Mandelmilch verbraucht mehr Wasser als die anderen Pflanzenmilchsorten.

- **Herkunft und Inhalt von Fleischersatz:**
  Selbst ein mit dem Schiff aus den USA importierter Pflanzenbratling emittiert 10-mal weniger CO_2 als regionales Rindfleisch. Hier ist es ähnlich wie mit der Pflanzenmilch, nur noch eindeutiger: Rindfleisch,

Lammfleisch, Schwein und Huhn liegen bei 50, 20, 8 und 6 kg CO_2/kg, ein aufwendig hergestellter Erbsenbratling von Impossible Burger liegt bei 2 kg CO_2/kg.

- **Ist Palmöl in den Lebensmitteln:**
  Palmöl ist in die Kritik geraten, weil es die Nutzpflanze mit der höchsten Zuwachsrate in tropischen Gebieten mit besonders schützenswerten Wäldern ist. Es sind aber meist nur wenige Gramm pro Gericht und der Austausch gegen Kokosöl macht es oft nur schlimmer. Kokosöl benötigt für die gleiche Menge noch mehr Anbaufläche in der gleichen Klimazone, also genau dort, wo auch der Palmölanbau für schlechte Schlagzeilen gesorgt hat.[119]
  Das meiste Palmöl landet bei uns ohnehin in Diesel-Autos als »Biosprit« (sollte eigentlich ab 2023 nicht mehr erlaubt sein, aber die globalen Marktdaten lassen einen ähnlichen Verbrauch unter Etikettenschwindel vermuten).[120]

- **Internetnutzung:**
  Die Internetnutzung verursacht jetzt schon vergleichsweise geringe Emissionen pro Person, die durch die Energiewende automatisch weniger werden. Der Energieverbrauch für die gesamte Internet-Infrastruktur Deutschlands inklusive unserer privaten Endgeräte liegt bei etwa 1,5 Prozent des deutschen Energieverbrauchs und wird in den kommenden Jahren sinken.[121]
  Gemessen an der hohen Bedeutung für unsere gesellschaftliche und wirtschaftliche Entwicklung ist das kein sonderlich hoher Wert – der Verkehrssektor verbraucht zum Beispiel 23 Prozent der Energie.[122]
  Unsere IT-Infrastruktur funktioniert außerdem ohnehin schon mit Strom und wird bereits so umgebaut, dass in Zukunft mit der anfallenden Abwärme aus Rechenzentren

Energie in anderen Sektoren eingespart wird.[123]
Sollte die oft genannte Zahl von 0,2 Gramm CO_2 pro Google-Suchanfrage tatsächlich stimmen, wären das selbst bei 5 Milliarden Suchanfragen pro Tag weniger als ein halbes Prozent der deutschen Emissionen von 2023.

- **Buch aus Papier, E-Reader oder Hörbuch:**
  Macht kaum einen Unterschied. Das Papierbuch wiegt mehr und verbraucht damit eine größere Menge Rohstoffe. Der Reader benötigt Elektronik und seltene Metalle, kann dafür aber theoretisch Hunderte Bücher ersetzen. Nehmt ihr ihn aber mit zum Wacken Open Air und er geht da beim Stagediven zu Bruch, ist die Klimabilanz wieder schlechter. Ab etwa 22 Büchern hatte der E-Reader (laut einer zugegeben recht alten Studie) klimatisch die Nase vorn, allerdings laut einer Studie von 2011.[124] Gut möglich, dass es heute weniger Bücher gibt und der Unterschied marginal ist.

- **Mit dem Schiff transportierte Lebensmittel:**
  Frachtschiffe emittieren pro Kilo Gemüse extrem wenig CO_2. Es sind zwar riesige Ungetüme, aber genau diese Riesenhaftigkeit führt dazu, dass sie pro transportierter Tonne Ware sehr wenig Emissionen verursachen. Selbst große 40-Tonner-Lkw emittieren zwischen 40 und 150 Gramm CO_2 pro Tonne und Kilometer. Große Containerschiffe erreichen 10 Gramm CO_2 pro Tonne und Kilometer.[125]

- **Benutzung der Spülmaschine:**
  Kann sogar sparsamer sein als das Spülen per Hand, wenn die Maschine lange genutzt wird und Programme mit niedrigen Temperaturen gewählt werden. Kommt

außerdem darauf an, ob ein Durchlauferhitzer mit Ökostrom oder ein Gasboiler in der Küche für warmes Wasser sorgt.[126]

- **Plastik- oder Papiertüte im Supermarkt:**
  Je nach Art der Herstellung muss eine Papiertüte viermal genutzt werden, damit sie eine bessere Bilanz hat als eine aus Plastik.[127] Besteht sie aus Recyclingpapier, kann sich die Anzahl verringern. Am besten ist es, die Tüten so oft wie möglich zu verwenden, egal, woraus sie hergestellt sind.

Damit will ich nicht sagen, dass all diese Punkte gar keine Auswirkungen hätten, zumal manche davon ja auch andere Probleme verursachen als nur Klimagase (z. B. Plastikmüll). Ich selbst bevorzuge Gemüse ohne Plastik, auch wenn das fürs Klima keine große Rolle spielt. Besonders wenn Leute auf die sensationelle Idee kommen, Bananen oder Kohlköpfe in Plastik zu verpacken, deren äußerste Schicht ich ohnehin nicht esse.

Aber wenn das mal nicht geht, weil im Supermarkt einfach alle Spitzkohlköpfe in Plastik eingepackt sind und der Besuch der Eltern in zwei Stunden ansteht, dann bürdet euch den Ballast nicht auch noch auf. Wir haben als Individuen zwar Einfluss darauf, welche Firma mit unserem Geld motiviert wird, so weiterzumachen wie bisher, aber dieser Einfluss hat sehr individuelle Grenzen. Manche Auswirkungen liegen leider komplett außerhalb dieser Grenzen.

Auch wenn wir unsere Einkäufe komplett plastikfrei gestalten, sind beim Verkauf immer noch eine Menge Verpackungen involviert, mit denen all die wunderbaren Sachen zwischen den Warenlagern der Hersteller und den Großmärkten hin- und hertransportiert werden. In vielen Gebrauchsgegenständen findet sich Plastik wieder, vom Fahrrad bis zum Wasserkocher, vom Abflussrohr bis zum ICE-Waggon.

Damit diese Gegenstände am Ende ihrer Lebensdauer nicht an indonesischen Stränden landen, müssen systematische Lösungen her. Und für die müssen wir uns leider einsetzen, was wiederum unsere Zeit und unsere Energie kostet. Die Abwägung ist dann am Ende, ob ich noch mal einen 10-Kilometer-Umweg laufe, um meinen Verpackungsmüll von 8 Gramm auf 5 Gramm zu verringern, oder ob ich in der Zeit meinen Fußabdruck vergrößere, also Menschen überzeuge, Petitionen zeichne, Einfluss auf Parteien nehme oder selbst in einer aktiv werde.

Das heißt auch: Um diese Systemumstellungen kommen wir nicht drum rum. Wenn wir unseren Energiebedarf nicht anders organisieren, unsere Heiztechnik umstellen und unsere Landwirtschaft anpassen, dann können wir alle noch so viel Müll trennen und insektenfreundliche Pflanzen auf den Balkon pflanzen, wie wir wollen. Klingt jetzt nach einer wunderbaren Entschuldigung, um einfach gar nichts zu machen, aber das ist damit nicht gemeint: Am besten ist die Kombination aus insektenfreundlichen Pflanzen auf dem Balkon UND effektiven Gesetzen zum Artenschutz.

Das Verhindern systematischer Lösungen, indem ihr zum Beispiel eine Partei wählt, die den menschengemachten Klimawandel leugnet oder euch gegen E-Busse oder ein Fernwärmenetz in eurer Stadt einsetzt, dürfte die positive Wirkung all des persönlichen Müll-Trennens mehrfach wieder verpuffen lassen.

FAKT IST:

Müll trennen ist gut, um unser Restmüllaufkommen zu minimieren, aber es ersetzt keinen Klimaschutz. Auch wenn wir alle ganz vorbildlich gelbe und blaue Tonnen mit den richtigen Materialien füllen, müssen wir trotzdem die Erderwärmung und andere Probleme stoppen, die mit Müll wenig zu tun haben.

Eltern von kleinen Kindern können sich ja auch nicht hinstellen und sagen: »Den Kindern was zu essen machen? Wir haben doch schon ihre Windeln gewechselt!« Das mag lästig erscheinen, aber zu den Pflichten gehört das Wechseln von Windeln UND den lieben Kleinen was zu essen zu geben UND sie im Winter in sechs Lagen Baumwolle einzuwickeln und vieles andere mehr.

In sehr ähnlichem Sinn obliegt es uns, diesen Kindern ein stabiles Weltklima zu hinterlassen UND ein funktionierendes Ökosystem mit der dafür notwendigen Artenvielfalt UND keine gigantischen Müllkippen anstatt Naturräumen. Und noch ein paar andere Sachen. Wer sich (wie die meisten Menschen) nicht um all diese Punkte selbst kümmern kann, sollte Menschen in öffentliche Ämter wählen, die das tun.

Scanne den Code, kopiere den Text zu FAKT IST und schicke ihn deinen Kumpels vom Stammtisch per WhatsApp, wenn sie mal wieder Mumpitz erzählen.

BULLSHIT 13

VEGGIEBURGER SIND REINE CHEMIE, ICH ESSE FLEISCH FÜR DIE UMWELT!

Kurze Antwort: Nein, sind sie nicht.

Lange Antwort: Alles besteht aus »Chemie«, wenn man aus Atomen zusammengesetzte Moleküle, deren Name kompliziert klingt, als Chemie bezeichnet. Ich kann nur dringend davon abraten, Lebensmittel vom Speiseplan zu streichen, nur weil sie Tryptophan, Phenylalanin oder Leucin enthalten. Immerhin ist Leucin auch in hochgiftigen Knollenblätterpilzen und Lebensmittelmotten enthalten, wollt ihr das wirklich essen? Ja, wollt ihr, das ist nämlich eine essenzielle Aminosäure,[128] ohne die ihr eure Muskeln nicht erhalten könnt und die auch in Erbsen, Weizen, Walnüssen und tausend anderen Lebensmitteln enthalten ist.

Vollständige Antwort: Unabhängig von der Frage nach der Chemie haben pflanzliche Nahrungsmittel schlicht den riesigen Vorteil, dass sie in so ziemlich jeder Metrik weniger Ressourcen benötigen. Weniger Wasser, weniger Energie und allem voran: weniger Fläche. Viel weniger Fläche.

Zugegeben: Ein Blick auf grün-gelbe Weizenfelder hebt mir das Herz, aber er ist auch Teil des Kampfes, den wir Menschen seit Jahrtausenden gegen Naturflächen führen, um zu überleben. Auch vor Hunderten Jahren schon sorgten lange Friedenszeiten für eine größere Bevölkerung und führten dann schnell zu weitreichenden Waldrodungen, weil es damals ohne Kunstdünger und moderne Getreidezüchtungen viel mehr Fläche benötigte, die Menschen alle sattzubekommen, obwohl die noch weit von den heutigen Bevölkerungszahlen entfernt waren.[129]

Wir haben heute aber Kunstdünger und moderne Pflanzenzüchtungen, sodass heute schon viel mehr Kalorien auf den weltweiten Feldern geerntet werden, als alle Menschen zum Überleben brauchen. Ein Mensch benötigt etwa 2.000 bis 2.500 Kilokalorien für den täglichen Bedarf. Würden wir die Welternte ganz gerecht auf alle Menschen aufteilen, hätte jeder 5.000 Kilokalorien zur Verfügung.

Warum also muss überhaupt noch irgendwer hungern? Wieso roden wir dann immer noch Wälder für Landwirtschaft, das sollte doch längst reichen. Weil wir die Ernte immer noch sehr ineffizient verwenden: Von den 5.000 Kilokalorien landet nämlich nur ungefähr die Hälfte in unseren Mägen. Die andere Hälfte geht verloren.

Ja, krass: Wir betreiben auf 40 Millionen Quadratkilometern Landwirtschaft (eine Fläche so groß wie ganz Nord- und Südamerika) und nur die Hälfte der Kalorien daraus nutzen wir. Die andere Hälfte geht bei der Tierhaltung verloren: Damit in einem Mittagessen die Überbleibsel einer Kuh 100 Kalorien ausmachen können, müssen zuvor 3.300 Kalorien in Form von Futter eingesetzt worden sein. 3.200 Kalorien sind also verloren.[130] Autsch.

Wie kann das sein? Lebewesen haben doch Millionen Jahre Evolution durchlaufen, um mit möglichst wenig Nahrung möglichst viel zu erreichen. Es kann doch nicht sein, dass 97 Prozent der Energie im Futter einfach verschwindet.

Kann es auch nicht. Diese Energie nutzt das Tier für alltägliche Dinge wie Umherlaufen, Muhen, die Körpertemperatur auf 38,5 Grad Celsius halten, (Kühe mögen es etwas heißer als Menschen), ihre vielen Mägen und alle sonstigen Organe am Laufen halten. Und etwa 3 Prozent des Futters werden genutzt, um neues Körpergewebe aufzubauen. Je größer das Tier, desto schlechter ist dieses Verhältnis: Bei Lammfleisch gehen 96 Prozent Kalorien verloren, bei Schweinen 91 Prozent und bei Hühnern 87 Prozent.

Auch die Idee, dass Tiere doch immerhin kleine Proteinfabriken sind, muss leider aufgrund der Daten zurückgewiesen werden. Tierisches Muskelfleisch besteht zwar zu einem entsprechenden Anteil aus Proteinen, aber für diesen Anteil muss das Tier vorher auch 10-mal so viel Proteine aus Pflanzen zu sich nehmen.

> **Das führt zum krassen Missverhältnis, dass 77 Prozent der weltweiten Landwirtschaftsflächen für Tierhaltung genutzt werden, um mit dieser gigantischen Fläche aber nur 18 Prozent der global verzehrten Kalorien zu erzeugen.**[131]

Der absolute Großteil von 82 Prozent der Kalorien (und 67 Prozent der Proteine) kommt von gerade mal 23 Prozent Agrarfläche. Wir benötigen für Tierprodukte also einfach irre viel Land, wodurch unsere Ernährung sehr eng mit einer Menge Umweltproblemen verknüpft ist. Sie verursacht den mit Abstand größten Trinkwasserbedarf, sie ist der größte Faktor in der Biodiversitätskrise und hat schlicht den mit Abstand größten Landbedarf aller Sektoren.

Von der gesamten nutzbaren Fläche der Erde, also alles Land minus permanente Wüsten- und Eisflächen, wird die Hälfte für Landwirtschaft genutzt. Das ist deutlich mehr, als es Waldflächen gibt. Drei Viertel dieser gigantischen Fläche werden nur für

Fleisch, Milch und Eier benötigt – also entweder als direkte Weidefläche für Tiere oder weil dort Futter für Tiere angebaut wird.

So verfüttern wir im globalen Schnitt die Hälfte der Weltgetreideernte an Tiere. In Deutschland sind es sogar knapp 60 Prozent, die in Tiermägen landen. Weitere 11 Prozent enden in »Bio-Kraftstoffen« und anderen industriellen Anwendungen, sodass nur 21 Prozent der deutschen Getreideernte von Menschen verzehrt werden (der weltweite Anteil für Soja liegt bei nur 25).[132]

Ein häufig genanntes Gegenargument ist, dass Wiederkäuer hauptsächlich Pflanzen essen, die Menschen ohnehin nicht verdauen können. Somit sei es sehr effizient, diese Tiere auf eine Weide zu stellen, wo sie für Menschen nicht essbares Gras in Milch und Fleisch »veredeln«. Das dürfte in armen Ländern sogar noch hinkommen, aber in Deutschland bekommen auch Wiederkäuer zusätzlich einen Haufen Kraftfutter in den Trog, damit sie schneller wachsen.[133] Kraftfutter, das auch wieder irgendwo wächst, wo auch Pflanzen für den direkten Verzehr viel mehr Menschen satt machen könnten als über den Umweg eines Pansens.

Außerdem erhöhen immer mehr Weideflächen den Druck auf die verbliebenen Naturräume. In den USA ist »grass-fed« ein beliebtes Label auf Rindfleischverpackungen und wird von vielen als Synonym zu »umweltfreundlich« verstanden. Leider benötigen diese Tiere dann aber noch mal etwa 2- bis 3-mal so viel Land wie Kühe im globalen Durchschnitt.

Das erhöht natürlich den Druck auf alle verbliebenen Naturräume. Insbesondere in tropischen Gebieten, wo wir global noch die meisten Waldflächen verlieren, ist der Haupttreiber dieser Abholzung der Platzbedarf für Rindfleisch.[134] Wenn wir also nicht nur Gras, sondern auch besonders artenreiche Regenwälder in Milch und Fleisch »veredeln«, kommt diese Umwandlung nicht mehr ganz so edel daher.

Wir reden da von wirklich enormen Unterschieden des Platzbedarfs, selbst wenn ich nicht in Kalorien, sondern in Protein rechne:

> **Für 100 Gramm Protein aus Getreide benötigt ihr etwa 3 Quadratmeter Anbaufläche. Für 100 Gramm Protein aus Tofu sind es 2 Quadratmeter, bei Kartoffeln sind es 5 Quadratmeter und bei Lamm- und Rindfleisch sind es 164 bzw. 185 Quadratmeter. Bei Schweinefleisch sind es immerhin noch 11 Quadratmeter und bei Hühnern 7 Quadratmeter.[135]**

Haha, der Veganer hat gesagt, ich soll mehr Hühner essen!, werde ich bestimmt zu hören bekommen. Und ja, allein vom Klima- und Flächengesichtspunkt wäre das tatsächlich besser als dieselbe Menge Rindfleisch. Es braucht dann aber auch mehr Tiere pro verzehrter Kalorie, was das ethische Dilemma wieder vergrößert, sofern man davon ausgeht, dass ein Huhn ähnlich viel Leid und Schmerz empfinden kann wie eine Kuh.

Mit anderen Worten: Pflanzen essen ist einfach irre effizient. Ich weiß, was viele von euch jetzt denken: Effiziente Herstellung schön und gut, aber dafür schmeckt der Rosenkohl in der Kantine irgendwie ganz schön ... ineffizient. Muss Klimaschutz beim Essen denn maximale Langeweile heißen?

Nein, da gibt es gute Nachrichten: Durch diese triste kulinarische Welt hat sich die Veggie-Community ja bereits durchgekämpft und so habt ihr heute Zugriff auf Tausende sensationelle fleischfreie Rezepte jenseits des Kantinen-Rosenkohls.

Vorbei sind die Zeiten, in denen Veggie-Bratlinge einen Duft verströmten, als müsste dringend mal jemand den Kampfmittelräumdienst anrufen. Heute könnt ihr aus Hunderten verschiedenen Produkten im Einzelhandel und beim Auswärts-Essen wählen, die gruselig exakt nach Tier schmecken. Das war vor 20 Jahren noch etwas anders, da sind Vegetarierinnen regelmäßig in Tränen ausgebrochen angesichts der Konsistenz ihres neu erworbenen »Schnitzels«, das sich beim Draufbeißen wie eine Qualle anfühlte.

Kann euch natürlich immer noch passieren, aber die Wahrscheinlichkeit ist aus meiner subjektiven Sicht deutlich geringer. Nur Produkte mit tierischen Inhaltsstoffen kaufen, schützt euch ja auch nicht vor Fehlgriffen – jedenfalls wurde mir das von Bekannten berichtet, die sich die Tiefkühl-Schokopizza von Dr. Oetker gegönnt haben.

Größter Nachteil der leckeren Pflanzenschnitzel und Weizen-Burger: Manche Menschen werden euch vorwerfen, schlimme Chemie zu essen, und überhaupt sei es doch vollkommen plemplem, ein nachgebautes Tier aus Pflanzen zu essen. Dann könne man doch gleich ein Tier essen.

Einwand 1: Die sauren Gummitierchen in der Süßwarenabteilung, die Dino-Nuggets und die Bärchenwurst sind auch nicht aus Tierchen, Dinosauriern oder Bären hergestellt. In einer Welt, in der Lebensmittelkonzerne um die Aufmerksamkeit der Kundschaft buhlen müssen, gibt es allerlei skurril anmutende Kreationen:

Die Schnellrestaurantkette Arby's hatte 2019 die »Marrot« (also Kombination aus Meat + Carrot) in ihrem Angebot, das war eine aus Putenbrust hergestellte, orange-farbene Möhre, extra mit grünem Fake-Gefussel an der oberen Seite.[136]

Die Firma Stockmeyer belieferte den Einzelhandel im Jahr 2018 mit Mortadella »Flamingo Style«. Das war extra pink gefärbtes Schweinefleisch, auf dessen Verpackung zwei Flamingos prangten und die mit »I'm flamazing« beworben wurde.

Die Edeka-Eigenmarke hatte »Mini-Gemüse-Nuggets« im Angebot, die zu 30 Prozent aus Geflügelfleisch bestanden. Der Name rührte daher, dass sie »nach Art einer Geflügelfrikadelle« zubereitet wurden. Also der Fleisch-Nachbau eines Gemüse-Nachbaus eines Fleischprodukts.[137]

Ihr merkt schon, wer in der Konsumwelt hundertprozentige Authentizität erwartet, kann bitter enttäuscht werden. Es gibt (oder gab) Teppiche, die aussehen wie Blutwurst, Würste, die aussehen wie Weihnachtsgebäck, Kondome mit Bacon-Optik und Geschmack (kein Witz) und nach Blüten, Apfel-Zimt oder Spekulatius duftendes Toilettenpapier. Ich hoffe, niemand fordert auch hier, dass nach dem großen Geschäft bitte statt dieses künstlichen Aromapapiers echter Spekulatiuskeks benutzt werden soll.

Einwand 2: Wer eine pflanzliche Wurst kauft, kauft damit in erster Linie einen bestimmten Geschmack in einer bestimmten Form. Ob dafür ein Tier herhalten musste, eine Pflanze, ein Pilz oder Mondgestein ist dafür ja eher zweitranging, solange das Nährstoffprofil ähnlich ist (würde ich bei Mondgestein noch mal auf die Nährwerttabelle gucken).

Würde das Weizeneiweiß nicht in Wurstform gerollt, sondern als Doppel-Tetraeder oder Tesserakt geformt, wäre das nicht nur verpackungstechnisch aufwendig, sondern auch unpraktisch beim Anbraten. Selbst Konrad Adenauer entschied sich für diese Form, als er ein Patent auf eine mit Soja angereicherte Wurst beantragte.[138]

Ja, kein Witz: Eine der einflussreichsten konservativen Galionsfiguren, Namensgeber der CDU-Bundesgeschäftsstelle und erster Bundeskanzler und erster Außenminister der BRD ist Erfinder einer Sojawurst,[139] die unter dem Namen »Friedenswurst« auf den Markt kommen sollte – mit ganz anderer Intention also als die Freedom Fries, die unter George W. Bush ins Spiel gebracht wurden, um keine »französischen« Produkte mehr zu unterstützen (allein über die Absurdität dieses Unsinns könnte man ein ganzes Buch schreiben).

Käuferinnen von solchen Ersatzprodukten wollen also einen bestimmten Geschmack, eine Konsistenz und bestimmte Inhaltsstoffe, nur halt ohne Tierbeteiligung. Das kann ökologische Gründe haben, weil Fleischproduktion der Umwelt schadet. Das kann wie beim Veganismus einer ethischen Überlegung folgen oder aber aus dem Gedanken geboren sein, nicht länger an den

Ausbeutungsmethoden der Menschen in Zerlegebetrieben[140] beteiligt zu sein.

Das ist das gleiche Konzept, wie wenn jemand alkoholfreies Bier kauft oder Süßigkeiten mit Erythrit anstatt Zucker. Der Geschmack von Bier oder Süßkram wird angestrebt, aber eben ohne Karies oder den Nebenwirkungen von Alkohol.

Einwand 3: Solche Produkte ergänzen die Ernährung nur, sie dominieren sie nicht. Auch die größten Veggieburger-Anbeter holen sich die mit Abstand meisten Kalorien aus Getreide, Hülsenfrüchten, Kartoffeln und sonstigem Gemüse, Nüssen, Obst usw. – so wie die meisten Mischköstler das ja auch machen.

Wäre dieser geringe Anteil wirklich so wichtig, müssten die vor zu viel Chemie besorgten Veggie-Gegner sich noch viel mehr Gedanken über typische Zusätze in Fleischprodukten machen, denn Nitritpökelsalz ist tatsächlich ein eher problematischer Zusatzstoff.

Man kann sehr wohl auch ganz ohne Tierprodukte und ganz ohne Ersatzprodukte leben, wenn man das möchte, das ist Geschmackssache. Es fällt einer Menge Menschen (inklusive mir selbst) aber viel einfacher, wenn sie manche lieb gewonnenen Gerichte einfach beibehalten und eine Zutat gegen die andere austauschen.

Und für alle, denen das zu sehr nach Verzicht klingt: Das ist doch viel simpler, als sich mit einer Entscheidungsmatrix aus Regionalität, Bio-Anbau, Verpackung und Saison durch den Supermarkt zu quälen. Wer nach acht Stunden Pixelschubsen keine Konzentration mehr dafür hat, schnappt sich einfach was Pflanzliches und hat damit in den meisten Fällen die Nachteile all der anderen Faktoren stark überkompensiert – obskure Waren wie Flugananas mal ausgenommen.

Wer damit nicht wie wir Veganer einen ethischen Anspruch verfolgt, kann die Menge auch einfach reduzieren und erzielt dadurch ebenso eine Wirkung aufs Klima.

FAKT IST:

Es ist viel entscheidender, was wir essen, als wo es herkommt oder was gerade Saison hat. Die eventuell enthaltenen Zusatzstoffe haben auf die Umwelt- und Klimabilanz so gut wie keine Auswirkung, denn selbst ein Veggieburger mit chemisch klingenden Inhaltsstoffen aus Übersee verbraucht deutlich weniger Fläche, Energie und Pflanzen als das noch so frische Original aus Rindfleisch. Es gibt außerdem auch bei der Pflanzensparte Produkte mit viel, wenig oder gar keinen Zusätzen – letztere sind dann halt keine vier Wochen haltbar. Wer aber glaubt, er habe dem Klima geholfen, weil sich die Zutatenliste nur auf die Position »Rindfleisch« beschränkt, irrt.

Dass diese Produkte oft so aussehen wie das Original, hat den simplen Grund, dass Menschen sich an sie gewöhnt haben, aber die Produktionsmethoden ablehnen. Sie möchten also im Zweifel gern etwas mit dem Geruch und Geschmack eines Schnitzels, nur halt ohne Tier. Es wäre abwegig, ein solches Produkt als großes Fleisch-Ei auf den Markt zu bringen und es »Bazong 9000« zu nennen. Das würde die potenzielle Kundschaft dann nicht finden.

Scanne den Code, kopiere den Text zu FAKT IST und schicke ihn den anonymen Facebook-Accounts, wenn sie mal wieder Mumpitz erzählen.

BULLSHIT 14

KLIMASCHUTZ ZERSTÖRT DIE WIRTSCHAFT!

Das ist jetzt nur meine subjektive Wahrnehmung, aber am häufigsten lese ich diese Behauptung von Leuten, die weder eine Vorstellung davon haben, was effektiver Klimaschutz ist, noch eine konkrete Idee haben, was wichtig für die Wirtschaft ist.

Auf Nachfrage gingen die meisten Antworten in die Richtung, dass Klimaschutz ja das Gleiche sei wie DeGrowth und Verzicht, also insgesamt weniger für alle und das würde ein Schrumpfen der Wirtschaftsleistung bedeuten, wie wir es ja 2023 auch schon gesehen haben.

Den meisten dieser Leute glaube ich, das wirklich zu denken, weil mir als scheinbarer Beleg gern Medienberichte oder Interview-Aussagen zugeschickt werden, die man tatsächlich so verstehen kann. Teile der Klimabewegung argumentieren manchmal leider selbst so, als wäre Wirtschaftsschrumpfung und Konzernzerschlagung ein wichtiger Klimaschutzhebel. Ist er nicht.

Klar, es gibt einzelne Konzerne mit hohen CO_2-Emissionen und einem recht übersichtlichen Nutzen für die Menschheit. Würden die Hersteller von Luxus-Jachten morgen ihre Arbeit einstellen, hätte das auf die entscheidenden Kennzahlen der Wirtschaft kaum eine nennenswerte Auswirkung. Auf die CO_2-Emissionen aber leider auch nicht.

Im Internet kursieren diverse Listen mit den klimaschädlichsten Unternehmen der Welt. Gern werden diese auf Facebook oder Instagram geteilt mit der Information, dass »diese 100 Unternehmen zusammen für 70 Prozent der weltweiten Emissionen verantwortlich sind«. Alternativ lesen wir: »Diese 20 Unternehmen haben seit 1965 ein Drittel der gesamten Klimaemissionen verursacht.«

Der Schluss, dass wir ohne diese Unternehmen unsere Emissionen einfach um 70 bzw. 33 Prozent kürzen könnten, führt leider etwas in die Irre: Von den 50 klimaschädlichsten Unternehmen der meistgenutzten Liste[141] verdienen 46 ihr Geld mit fossilen Brennstoffen und 4 mit Bergbau. Gäbe es diese Unternehmen nicht, weil wir sie in viele kleine aufteilen, dann würde das keine Emissionen einsparen, solange wir Menschen weiter Erdöl, Erdgas und Kohle verbrennen wollen.

Generell finde ich die Formulierung »diese Unternehmen haben x% Emissionen verursacht« etwas missverständlich, denn genau genommen haben sie Produkte verkauft, deren Verbrennung dann zu den besagten Emissionen geführt haben.

Das soll jetzt nicht den Umstand schmälern, dass manche dieser Unternehmen eine sehr unrühmliche Rolle beim Verschleppen von Klimaschutzmaßnahmen gespielt haben und immer noch spielen, aber verbrannt werden diese Rohstoffe in unseren Kraftwerken, Autos, Fabriken und Wohnungen. Und genau das muss sich ändern, damit diese Konzerne kein Geld mehr damit verdienen können.

Damit das aber passiert, brauchen wir ja erst mal Wirtschaft, und zwar ein paar Branchen mit enormem Wachstum. Wir brauchen viel mehr Solarzellen, viel mehr Windkraftanlagen, viel mehr Batteriespeicher. Es braucht mehr Elektrolyseure (Maschinen zur Wasserstoff-Herstellung), Efuels-Fabriken, mehr und robustere

Stromnetze, Hochspannungs-Stromtrassen von Norden nach Süden, Batterie-Lkw, Batterie-Busse, Batterie-Autos, Batterie-Fähren, Wärmepumpen für Wohnhäuser, Industrie-Wärmepumpen für Unternehmen, Wasserstoff-Hochöfen und vieles mehr.

Und vieles davon auch noch schnell, denn nur dann lösen wir die Klimakrise in einem akzeptablen Rahmen. Also mit großen Fabriken wie der vom Batteriehersteller Northvolt in Schleswig-Holstein, mit deren Produktion wir jedes Jahr Hunderte große Batteriespeicher und Millionen Fahrzeuge versorgen können.

Ich weiß, Millionen neuer Fahrzeuge klingt immer erst mal nach dem Gegenteil von Klimaschutz, aber eine Million weniger E-Autos bedeutet in der Welt, wie sie heute tickt, eine Million mehr Verbrenner-Autos (gefällt mir auch nicht, aber das Thema behandle ich in einem anderen Punkt ausführlicher). Viel wichtiger: Das ist halt einfach das genaue Gegenteil von Verzicht.

> **Die mit Abstand meisten Emissionen werden wir einsparen, indem wir fossile Maschinen mit elektrischen Maschinen ersetzen, die wiederum mit sauberem Strom versorgt werden.**

Da geht es dann genau nicht um Appelle, Warnungen und schlechtes Gewissen, sondern um Investitionen, die schnelle Skalierung neuer Technologien, Finanzierung, Logistik, Handelsbeziehungen und andere Dinge, die auf langweiligen BWLer-Semesterpartys Gesprächsthema sind (ich darf das sagen, ich war dabei). Das ist also viel eher ein Wirtschaftsthema, als besagte Kritiker denken.

Ein weiteres Wirtschaftsthema wäre, was eine Wirtschaft denn eigentlich braucht, damit es ihr gut geht. Das gern bemühte Zerrbild vom Klimaschutz, der ein Gegenspieler der Wirtschaft ist, könnte ja falscher nicht sein. Wie ist es denn um unsere Wirtschaft bestellt, wenn wir die Erwärmung einfach so fortschreiten lassen wie bislang?

Dann werden wir früher oder später Kipppunkte des Klimas erreichen, mit denen der Großteil unserer heimischen Arten nicht mehr klarkommt. Das Wetter wäre absolut unberechenbar und unsere sorglosen Zeiten mit stabilen Systemen und üppigen Ernten wären erst mal wieder vorbei.

Eine robuste Wirtschaft ist aber leider auf Arbeitskraft von Menschen angewiesen, die gerade nicht am Verhungern sind und Zugang zu ausreichenden Mengen Frischwasser haben. Solange es kein Auflauf-Rezept gibt, das anstatt mit Kartoffeln auch mit Geldscheinen funktioniert, sind wir und damit auch unsere Wirtschaft immer noch absolut abhängig von einer intakten Biosphäre. Ohne sie wird menschliches Leben in der jetzigen Zahl kaum möglich und ohne Menschen gibt es auch nichts zu erwirtschaften.

Auch die Beseitigung immer größerer Sturm- und Flutschäden ist nicht gerade der große Traum für Leute, die Businesspläne bewerten müssen. »Ja, Herr Meier, das klingt nach einer guten Geschäftsidee, aber wieso sind die Produktionskosten für ihr innovatives Brillengestell mit Zitronengeschmack denn so hoch? Ah, sie planen, immer wieder Teile der Fabrikhalle aufgrund von Sturmfluten neu aufbauen zu müssen, verstehe.«

Aktuell argumentieren manche Leute, dass eine Umstellung auf klimaneutrale Technik jetzt erst mal Geld kostet, obwohl wir damit Schäden vermeiden, die »uns« erst in Jahrzehnten erwischen werden. Also erst mal nur Kosten, anstatt jetzt einfach unseren fossilen Reichtum zu genießen.

Auf der Basis könnte ich jungen Leuten auch raten, sich nicht um ihre Rente zu kümmern. Das kostet ja ein Schweinegeld und ihr habt erst in 50 Jahren was davon, das ist doch verrückt! Carpe Diem, haut die Kohle doch lieber jetzt für Konzerte und Partydrogen raus, YOLO YOLO.

Zum Vorsorge-Termin beim Zahnarzt gehen? Ach, das kostet doch nur Zeit und Geld, geht doch einfach hin, wenn der halbe Kiefer bereits vor Schmerzen pulsiert. Dann kann der Doc gleich mehrere Löcher auf einmal füllen, das ist effizient. Echte Gewinnertypen lassen sich mindestens drei Plomben pro Zahnarztbesuch einsetzen.

Wer die Haltung in diesen Beispielen absurd findet, sollte auch keine Investitionen in Lösungen scheuen, die ihren Einsatz später 100-fach wieder ausspielen. Ja, dazu müssen wir jetzt Geld in die Hand nehmen. Aber was bringen uns Billionen und Trillionen von Euros auf Bankkonten, wenn uns die echte Biosphäre wegknickt? Eine Milliardärin auf einer um 4 Grad erwärmten Erde ist eine ärmere Frau als eine halbtags arbeitende Sparkassenangestellte im Jahr 2024.

Eine andere Lesart ist, dass die Energiewende uns alle ganz viel Geld kostet und allein deswegen mache der Klimaschutz uns die Wirtschaft kaputt. Tatsächlich wird das Ganze ohne Geld nicht funktionieren: Laut einer Studie des Bundesverbands der Energie- und Wasserwirtschaft liegt das Investitionsvolumen für die Energiewende in Deutschland bis zum Jahr 2035 bei 1,2 Billionen Euro.

Diese Meldung schlug hohe Wellen. Nicht nur in Klimafragen eher unverlässliche Medien, die immer noch die Behauptung online stehen haben, die CO_2-Theorie sei nur geniale Propaganda,[142] zeigten sich schockiert. Selbst der Energiewende aufgeschlossene Publikationen wie die ZEIT ließen Analysen abdrucken, laut denen das »sehr, sehr viel Geld« sei,[143] denn immerhin betrüge nicht mal der gesamte Bundeshaushalt so viel, der für 2024 auf 477 Milliarden Euro angesetzt ist. Puh, schwieriger Vergleich.

Natürlich sind 1,2 Billionen Euro viel Geld. Für Normalsterbliche unvorstellbar viel, und zwar wortwörtlich unvorstellbar, denn Eurobeträge mit 12 Nullen sind für viele Menschen wirklich kaum greifbar. Selbst so begnadete Schriftsteller wie Andreas Eschbach verwenden in Romanen, in denen der Protagonist eine Billion Dollar erbt, den gesamten Prolog, viele Seiten Vergleiche und Zinseszins-Beispiele, bis der Protagonist auch nur grob erahnen kann, wie viel Geld er jetzt besitzt[144] (1.000 Milliarden Euro oder eine Million Millionen Euro).

Aber sobald es um große, reiche Staaten geht, ist das eine recht alltägliche Zahl. Der Bundeshaushalt mag 2024 bei voraussichtlich 477 Milliarden liegen (also etwa eine halbe Billion), aber das ist ja nur der vom Bund finanzierte Teil der staatlichen Ausgaben. Im Jahr 2023 lag der ähnlich hoch (457 Milliarden Euro), der öffentliche Gesamthaushalt mit den Ausgaben der Bundesländer und Kommunen lag aber mit knapp 2 Billionen Euro beim Vierfachen davon.

Nächster Denkfehler: So viel gibt der deutsche Staat ja jedes Jahr aus. Hier wurde also der Bundeshaushalt für ein Jahr mit den Investitionen bis zum Jahr 2035, also 11 Jahren, verglichen. Ein wirklich schiefer Vergleich.

Zudem ist es ja nicht der Staat, der Kraftwerke, Stromtrassen oder Batteriespeicher errichtet. Das machen private Unternehmen grundsätzlich immer, um Geld verdienen zu können: Sie investieren Geld in Maschinen und andere Güter, mit denen sie dann mehr Geld verdienen, als sie für die Maschine bezahlt haben. Deswegen redet man da auch nicht von Kosten, sondern von Investitionen.

> **Ja, das Geld muss erst mal irgendwer bezahlen, aber es würde uns noch viel mehr kosten, dieses Geld nicht zu investieren, denn ohne Energie ginge hier einfach gar nichts mehr.**

Diese doch sehr spontane Reaktion, hohe Ausgaben für extrem wichtige Dinge abzulehnen, weil sie Zahlen mit vielen Nullen beinhalten, wäre das Ende eines jeden Unternehmens.

Hey, wir könnten in Deutschland noch viel, viel mehr Geld sparen, indem wir einfach alle Investitionen streichen. Wisst ihr, was Krankenhäuser, Straßen, Universitäten, Schienen, Bahnhöfe, Abwassersysteme und Telefonleitungen kosten? Tatsächlich deutlich weniger als der Nutzen, den wir daraus ziehen. Oder möchte jemand in einem »viel reicheren« Deutschland, also mit viel mehr Geld auf Konten, aber ohne Krankenhäuser und Schienennetz leben? Genau. Reichtum und Wohlstand sind ja nicht einfach nur Zahlen auf Kontoauszügen, sondern was ich daraus mache.

Aber ja, natürlich sind 1,2 Billionen Euro eine irre Menge Geld. Würdet ihr jemanden damit losschicken, um Knabberkram und Bier für eine Party zu besorgen, ist danach vermutlich die ganze Stadt für mehrere Wochen betrunken. Nun geht es aber nicht um eine einzelne Party, sondern um die tägliche Energieparty von 85 Millionen Menschen, und das hier im Beispiel über die kommenden 11 Jahre. Und ja, tatsächlich geht es bei der Energieversorgung der drittgrößten Volkswirtschaft der Erde über so einen langen Zeitraum dann ganz schnell um Billionen Euro – egal mit welcher Technik.

Die Überschriften vieler Artikel klingen so, als sei allein das Wort »Billion« schon ein ausreichendes Argument. Dabei macht das ohne Vergleich des Status quo überhaupt keinen Sinn. Da könnte ich auch sagen: »Wahnsinn, das Gesundheitssystem kostet uns in den kommenden 20 Jahren zehn Billionen Euro,[145] lass uns lieber wieder auf Baderchirurgen und kalte Umschläge setzen!« Ja, das wäre kompletter Wahnsinn, denn die Kosten all der nicht behandelten Krankheiten würde uns am Ende viel, viel teurer zu stehen kommen.

> **Bei der Energiewende ist es ganz genauso: Das kostet uns jetzt erst mal Geld, aber wenn wir das Geld jetzt behalten, wird es später umso teurer.**

Zudem kostet auch unser heutiges Energiesystem viele Billionen Euro in 11 Jahren: Kohle, Erdöl und Erdgas wird uns Deutschen ja nicht einfach so geschenkt, weil wir das Ausland im Gegenzug mit wunderbaren romantischen Komödien versorgen. Allein die Importe dieser Brennstoffe haben uns im Jahr 2022 140 Milliarden (!) Euro gekostet. Hochgerechnet auf einen Zeitraum von 11 Jahren wären das also auch schon knapp 1,5 Billionen Euro gewesen.

Und wenn wir damit Strom erzeugen wollen, brauchen wir Kraftwerke, die Milliarden Euro kosten, und häufen einen gewaltigen Haufen Klimafolgekosten an, für das Jahr 2023 etwa 142 Milliarden Euro.[146] Hochgerechnet auf 11 Jahre noch mal knapp 1,5 Billionen Euro.

Wir sind also selbst mit dieser sehr unvollständigen Bierdeckel-Rechnung schnell in sehr ähnlichen Größenordnungen unterwegs. Es wird also eine Menge Geld in die Energiewende fließen, aber die Idee, deswegen lieber keine Energiewende zu wollen, ist reichlich grotesk, zumal uns das auch auf einer anderen Ebene ganz kalt erwischen würde: Energiewende ist ein globales Phänomen.

Die »deutsche Energiewende« unterscheidet sich nicht sonderlich stark von den Wenden im Rest der Welt. Manche sind langsamer als Deutschland, andere schneller. Manche machen das mit Kernkraft, andere bisher ohne oder mit weniger als 5 Prozent Stromanteil wie beispielsweise Argentinien, Australien, Brasilien, Indien, Irland, Israel, Italien, Mexiko, die Niederlande, Norwegen, Österreich und Portugal.

FAKT IST:

Alle großen Staaten erhöhen gerade ihre Investitionen in Erneuerbare, E-Mobilität, Wärmepumpen und Speichersysteme. Würde Deutschland hier den Geisterfahrer spielen und weiter auf fossile Technik setzen, würden wir all diese Märkte auf lange Sicht verlieren.

Der Markt für fossile Heizungen, fossile Autos und fossile Kraftwerke verliert jetzt schon Marktanteile und wird in den kommenden Jahren voraussichtlich schrumpfen. Selbst deutsche Städte planen den Rückbau ihres Erdgasnetzes.

Die Arbeitsplätze, die wir mit einem Festhalten an fossiler Technik zu retten gedenken, sind dann weg. Dann haben wir nicht nur Billionen Euro Kosten, sondern auch weniger Menschen mit gut bezahlten Jobs, um diese Kosten zu schultern.

Eine Industrierevolution lässt sich nicht aufhalten. Wir haben nur die Wahl, ob wir auf der Gewinner- oder der Verliererseite stehen wollen.

Scanne den Code, kopiere den Text zu FAKT IST und schicke ihn Onkel Rüdiger per WhatsApp, wenn er mal wieder Mumpitz erzählt.

BULLSHIT 15

IRGENDJEMAND WIRD SCHON WAS SCHLAUES ERFINDEN!

Oder wie es auch oft formuliert wird: Wir brauchen erst mal mehr Technologieoffenheit und ganz viel Innovationen, bevor wir hier irgendwas ändern. Was damit aber eigentlich meistens gemeint ist: Ich möchte MICH nicht ändern und warte deswegen darauf, dass irgendwer was erfindet, das exakt genau so funktioniert, wie ich es gewohnt bin. In mein Auto will ich eine klimaneutral verbrennende Flüssigkeit füllen, meine Heizung soll auch weiter irgendwas verbrennen, nur halt ohne die ungewollten Nebenwirkungen, und mein Rinderhack soll irgendwie umweltfreundlich und klimaneutral gezaubert werden.

Wer so eine Haltung wirklich konsequent vertreten wollte, müsste übrigens ohne Handy in der Bahn sitzen und der Schaffnerin eine im Reisebüro ausgedruckte Fahrkarte zeigen, Telefonnummern von Restaurants in einem absurd dicken, gelben Buch nachschlagen und bei einer Autofahrt nach Italien mehrere Straßenkarten europäischer Länder mitführen.

Stattdessen nutzen die allermeisten Menschen statt der genannten Dinge den DB-Navigator mit Komfort-Check-in, eine Internetsuchmaschine, die auch Öffnungszeiten und Speisekarten anzeigen kann, und einen GPS-gestützten Routenplaner. Funktioniert alles etwas anders als früher und trotzdem schreit niemand nach der Innovation, Restaurant-Bewertungen im Telefonbuch abzudrucken.

Aber selbst wenn das nicht so wäre: Wenn jemand sagt, irgendwer solle mal ein paar richtig nette Erfindungen für einfachen Klimaschutz machen, dem müsste man »IST LÄNGST PASSIERT!« entgegenschreien. Ich frage mich da immer, wie viel stärker mich diese Forderung eigentlich nerven würde, wenn ich nicht Blogger, sondern Ingenieur geworden wäre und in dem Bereich arbeiten würde.

In dieser Vorstellung habe ich nicht BWL studiert, sondern Ingenieurwissenschaft, bin dann in den frühen 2000ern nach Dänemark gezogen, habe da an der Entwicklung neuer Windkraftanlagen mitgearbeitet und zum phänomenalen Ergebnis beigetragen, das heute die Welt revolutioniert: deutlich weniger Platz pro Megawattstunde benötigende Kraftwerke, die über 10-mal so viel Nennleistung verfügen wie die vor gut 20 Jahren.[147]

Faktor 10 in 20 Jahren – und dann lese ich, dass es Norbert auf Facebook leider nicht innovativ genug sei. Ja, dann erfind halt selbst was Besseres, als die benötigten Mengen Strom wie im Energie-Schlaraffenland aus der Luft zu fischen und dabei gleichzeitig für ganz Deutschland nur so wenig Fläche zu versiegeln, wie Frankfurt am Main groß ist, und das auch noch zu fallenden Preisen.

Und das ist ja nur eine bahnbrechende Technologie von all den Assen, die uns gerade beim Kampf gegen die Klimakrise in die Ärmel gestopft werden. Wie komplett verarscht müssen sich die Menschen in den Forschungsabteilungen für Solarzellen, Batteriespeicher und Fertigungstechnik vorkommen, wenn ihnen ein Typ, der offenbar 20 Jahre auf einer einsamen Insel verschollen war, vorwirft, in all der Zeit nichts zustande gebracht zu haben?

Während der Kokosnüsse gesammelt und mit Volleybällen geredet hat, wurde ja nicht nur die Windkraft besser, auch Solarzellen sind heute viel effektiver: Der Wirkungsgrad der auf Dächern und Freianlagen eingesetzten Zellen hat sich während seines Inselaufenthalts auf etwa 25 Prozent verdoppelt (tatsächlich gibt es schon Tandem-Zellen mit knapp 50 Prozent Wirkungsgrad, die sind aber so viel teurer, dass sie nicht in gewöhnlichen Anlagen auf dem Dach Verwendung finden).[148]

Fast noch wichtiger: Ein paar sehr schlaue Leute haben ihren Erfindungsgeist genutzt, um extrem produktive Maschinen zu entwerfen, die pro Stunde Zehntausende Solarzellen herstellen können. Dazu müssen extrem dünne (etwa ein Fünftel Millimeter) Scheiben aus hochreinem Silizium geschnitten werden oder diese sehr dünnen, sogenannten »Wafer« (englisch für Scheibe oder Oblate) wurden in innovativen deutschen Firmen wie Schott Solar in der benötigten Dünne direkt aus der Schmelze gezogen (jetzt kommt das alles aus Asien).

Der Wafer durchläuft dann chemische Anwendungen, in sein Siliziumgitter werden Fremdatome für den Ladungsunterschied eingebaut und er bekommt eine Anti-Reflexionsschicht verpasst. Per Siebdruck werden jetzt noch mit Silberpaste die Leitungsbahnen auf den Wafer gedruckt und eingebrannt, fertig ist die Solarzelle. Und das machen wir jetzt in einer Maschine mit 10.000 Solarzellen pro Stunde. Aber klar, ist alles nicht innovativ genug.

Der Vorteil einer solchen Maschine ist naheliegenderweise nicht nur, dass der Stapel im Lager schneller wächst, sondern dass die Kosten pro Solarmodul stark fallen und damit dann auch der Preis für den Solarstrom. Zwischen 2009 und 2019 fiel er um knapp 90 Prozent von 360 Dollar pro Megawattstunde auf 40 Dollar pro Megawattstunde.[149] Also ein Preissturz in einer Dimension, als wenn ein Laib Brot statt 2 Euro nur noch 22 Cent kosten würde.

»Ja, aber wir brauchen doch Innovationen, um den Strom zu speichern!«, höre ich Norbert meckern. »Es gibt doch gar keine

Speicher, also bringt das alles nichts!« Auch bei solchen Aussagen kann ich nur dringend raten, die Tageszeitung zu wechseln, denn die bisherige scheint über die bahnbrechenden Entwicklungen der letzten Jahre mangelhaft berichtet zu haben.

> **Was Lithium-Ionen-Batterien im Jahr 2024 können, ist einfach nur spektakulär. Und selbst das ist untertrieben, denn von den jetzigen Möglichkeiten haben selbst vor fünf Jahren nicht mal Batterie-Fanboys geträumt.**

Ihr Einsatz als Speicher für erneuerbaren Strom ist erst eine recht junge Anwendung, angefangen hat die Geschichte als Batterie in Videokameras und dann vor 15 Jahren in Autos. Im ersten Großserien-E-Auto der Welt, dem Nissan Leaf, war im Jahr 2010 eine Batterie mit 160 Kilometern Reichweite und einer Garantie von 5 Jahren bzw. 100.000 Kilometern verbaut. Sie kostete in der Herstellung über 1.000 Dollar pro Kilowattstunde. Heute, nur 14 Jahre später, liegt der Preis bei nur noch 139 Dollar pro Kilowattsunde.[150] Der größte Batteriehersteller der Welt, die chinesische Firma CATL, hat ihre neuesten Batteriezellen für 2024 angekündigt, und die sind noch mal etwas epischer:

Mit 55 Dollar pro Kilowattstunde sind sie etwa 20-mal günstiger als die Nissan-Leaf-Batterien von 2010 und sie bekommen eine Herstellergarantie über 1,5 Millionen gefahrene Kilometer.[151] Aus diesen könnte man also eine Batterie mit 1.000 Kilometern Reichweite herstellen, die trotzdem nur ein Drittel der Kurzstrecken-Batterie aus dem Nissan Leaf kostet (das sind »nur« Hersteller-Angaben, die sich von der Realität am Ende noch mal unterscheiden können).

Und wem das nicht innovativ genug ist: Der nächste hot shit in der Batterieforschung ist die Natrium-Ionen-Batterie. Die hat zwar eine etwas geringere Dichte, ist dafür aber günstiger in der

Herstellung und kommt ohne die nicht ganz unproblematischen Metalle Lithium, Kupfer, Kobalt und Nickel aus.[152]

Das ist also ein Innovationsfeuerwerk allein in den letzten Jahren, was dazu führt, dass wir in Zukunft mit sehr großen Batterien sehr viel Solar- und Windstrom speichern werden. Kalifornien hat damit sogar schon begonnen, bevor es so irre günstig wurde, und so können wir dort heute schon einen Blick in die Zukunft werfen: Abends, zwischen 19 Uhr und 22 Uhr, sind es oft die kalifornischen Batteriespeicher, die von allen Stromquellen die meiste Leistung ins kalifornische Netz speisen.[153]

Ja stimmt, für langfristige Energie-Speicherung brauchen wir noch andere Lösungen. Wie wäre es mit einem riesigen unterirdischen Wärmespeicher in Finnland? Der wird in Vantaa, einer Stadt im Norden von Helsinki, gebaut und soll im Winter eine ganze Stadt mit Wärme versorgen können, wenn er im Jahr 2028 fertiggestellt ist.[154]

Das Wasser im Speicher wird erwärmt mit der Abwärme aus anderen Quellen: aus Müllverbrennungsanlagen, Rechenzentren oder Kühlhäusern, anstatt die Abwärme in die Natur zu leiten. Das allein würde aber nicht reichen, zusätzlich werden zwei riesige Heizkessel mit je 60 Megawatt Leistung das Wasser dann zusätzlich erwärmen.[155] Der Strom hierfür soll aus den Überschüssen der Solar- und Windkraft stammen, anstatt diese bei viel Sonneneinstrahlung abstellen zu müssen. Für die Erwärmung des Beckens ist es ja vollkommen egal, wann genau die Kessel laufen und wann nicht, nach sechs Monaten muss das Wasser halt heiß genug sein.

Wenn sich das in der Praxis nicht bewährt, können wir den Überschussstrom auch nehmen und mit einem Elektrolyseur Wasserstoff damit herstellen. Blöd daran: Die konventionellen Elektrolyseure mögen eine recht gleichmäßige Stromversorgung, während Wind- und Solarüberschüsse ja eher etwas wankelmütig daherkommen. Wie wäre es also mit der Erfindung PEM-

Elektrolyse, die mit den schwankenden Stromquellen viel besser klarkommt?[156] Das Verfahren ist zugegeben schon in den frühen 1970er-Jahren erforscht worden, aber jetzt kann man auch den passenden PEM-Elektrolyse-Stack von Bosch kaufen, der dezentral 23 Kilogramm Wasserstoff pro Stunde herstellen kann.[157]

Das sind aber nur wenige Beispiele. Wollte ich alle Ansätze zur Energiespeicherung auflisten, würde das Kapitel 50 Seiten lang werden – und das will ja auch niemand.

Ja, das sind alles »nur« Innovationen, die irgendwas mit Energie zu tun haben. Was ist mit den anderen Sektoren? Müssen wir da alles durch Verhaltensänderung selbst einsparen, weil noch niemand was erfunden hat? Abgesehen davon, dass man beim wichtigsten Projekt der Menschheit auch mal ein bisschen was selbst machen kann, ist auch das weit gefehlt: Im Ernährungssektor sind es vor allem die tierischen Produkte, die uns die Bilanz verhageln. Unpraktisch daran: Menschen haben Jahrhunderte lang ordentlich Hirnschmalz verwendet, um aus Tierprodukten unerhört leckere Dinge herzustellen. Daher stehe ich immer erst mal als Spielverderber da, wenn ich erkläre, dass eine stabile Biosphäre noch viel besser ist als diese unerhört leckeren Dinge. Das wäre wohl überzeugender, wenn man Biosphären essen könnte und sie nach Marzipan schmecken würden.

Wie auch immer, den meisten Menschen geht es dabei um lieb gewonnene Gewohnheiten und das Geschmackserlebnis. Würde man ihnen ein Filet Mignon aus einem Star-Trek-Replikator servieren, das Molekular 1:1 genauso zusammengesetzt ist wie das tierische Original, gäbe es ja hoffentlich wenig Grund zur Beanstandung.

Nun haben wir zwar keinen Replikator, aber in Bezug auf Fleisch und auch Milch arbeiten gerade mehrere Unternehmen (unter anderem Mosa Meat und Meatable aus den Niederlanden sowie SuperMeat, Aleph Farms und weitere aus Israel) gleichzeitig daran, echtes unechtes Fleisch herzustellen. Ausgehend von einer echten Muskelzelle, die sich dann eben außerhalb des Tieres entsprechend oft teilt, bis daraus ein Steak herangewachsen ist.

Im Englischen nennt sich das Konzept »Cultured Meat« und wie sooft haben wir uns für die deutsche Sprache ein sperriges Ungetüm ausgedacht und nennen es »In-Vitro-Fleisch«. Mhhh, In-Vitro, da läuft einem das Wasser im Mund zusammen. Aktuell ist hier allerdings noch nicht klar, wie oft man dafür welche Zellen braucht und wie viel Energie die Herstellung von 100 Gramm Laborfleisch am Ende benötigt. Noch größer ist der Nachteil, dass es auf dem Markt noch gar nicht erhältlich ist.

Sollte das nicht klappen oder zu teuer werden oder grauenvoll schmecken, gibt es noch weitere Firmen, die Protein direkt, ohne Umweg über eine Pflanze mithilfe von Bakterien herstellen wollen. Klingt vielleicht etwas nach Science-Fiction, ist aber das gleiche Prinzip, mit dem wir seit Jahrhunderten Bier und Sauerkraut herstellen: mit ein paar sehr kleinen Helferlein.

Diese Mikroben können aber nicht nur Weißkohl in Sauerkraut verwandeln, sondern mit Zugriff auf Energie und Kohlendioxid auch Aminosäuren herstellen, die Bausteine von Proteinen. Wenn das klappt, bräuchten wir nicht mal eine Ackerfläche, wir würden die Proteine direkt aus »Luft« und Energie herstellen.[158, 159]

Und wenn auch das noch zu lange dauert, ist der Supermarkt heute schon voll mit Alternativprodukten, die (fast) genauso schmecken wie Patties, Hack, Aufschnitt, Schnitzel, Fischstäbchen, Joghurt, Barista-Milch, Schoko-Pudding, Sahne, Streichkäse oder Vanilleeis mit tierischen Inhaltsstoffen.

Vor 20 Jahren war pflanzliche Ernährung in Deutschland echt noch eine Herausforderung. Die Sojamilch machte den haptischen Eindruck, als sollte man damit eher die Fugen im Bad abdichten, anstatt sich den Kaffee zu ruinieren. Im Veggieburger von McDonald's steckte ein unansehnlicher Gemüsebratling und beim Halt an einer Raststätte war trockene Brezel mit Erdnüssen und Erstickungsanfall das vegane Menü.

Heute sind Menschen in Dutzenden Lebensmittelkonzernen damit beschäftigt, neue Produkte aus Erbsen, Lupinen, Soja, Weizeneiweiß, Pilzen, Bohnen, Mandeln, Cashew-Nüssen herzustellen, die teilweise gruselig ähnlich wie das tierische Original schmecken. Manchmal schmecken sie leider auch nur wie aufgewärmter Morast. Aber hey, manche Leute sammeln für den Kick Fußball-WM-Sammelbildchen, ohne zu wissen, was in der Packung ist, ich mache das mit veganen Schnitzeln.

Ferner gibt es noch Firmen, die das schnelle Aufforsten großer Flächen mithilfe von Drohnen erforschen, in Ruanda haben sich mehrere Hersteller von E-Motorrädern angesiedelt, deren leere Akkus sich einfach gegen volle austauschen lassen, und in der Bohrtechnik arbeiten ehemals für die Gasbranche tätige Firmen an einer »enhanced geothermal« genannten Lösung,[160] um mit mehreren parallelen Bohrungen durch heiße Erdschichten ein Vielfaches an geothermischer Energie pro Anlage zu ernten, die wir ideal mit Solar- und Windkraft kombinieren könnten.

Ob all diese Vorhaben am Ende glücken, ist natürlich alles andere als sicher. Vielleicht sind manche davon ökonomisch nicht machbar, vielleicht kommt das Laborfleisch erst auf den Markt, wenn sich alle schon an Schnitzel aus Weizenprotein gewöhnt haben, vielleicht stinken die Natriumbatterien im Winter nach faulen Eiern, was auch immer.

Aber selbst mit diesem Ausblick ist es denkbar witzlos, heute nach Erfindungen zu schreien, die es längst gibt. Nein, es wird nicht erst irgendjemand was Schlaues erfinden, es HAT längst jemand was Schlaues erfunden. Eine ganze Erfindungsparade marschiert da gerade in Richtung Zukunft, und wer sie nicht sieht, sollte sich dringend mal die 10-Pfund-Tomaten von den Augen schrauben.

Erfindungen kommen übrigens auch nicht einfach so aus dem Nichts, weil jemand in einer altklugen Kolumne erklärt, dass es zu wenig gäbe. Gerade in den letzten 10 bis 20 Jahren hatten solche Erfindungen es sehr schwer, weil sie sich auf einem seit Jahrzehnten etablierten Markt gegen »billiges« Erdgas oder »billiges« Fleisch durchsetzen mussten.

Billig ist in Anführungszeichen gesetzt, weil der günstige Marktpreis darüber hinwegtäuscht, dass beides in der Gesamtrechnung gar nicht billig ist, wenn wir die eingepreisten Umweltschäden mit berücksichtigen. Der Kubikmeter Erdgas mag nur 80 Cent kosten, aber er verursacht allein beim Verbrennen eben noch mal weitere 50 Cent Klimafolgekosten, die jemand anders bezahlen muss.[161] Und hier sind die Emissionen, die bei Förderung und Transport des Gases entstehen, noch gar nicht berücksichtigt.

Fleisch ist mitunter billiger als Katzenfutter, aber dazu werden Unmengen Land und Futter aufgewendet und Natur verdrängt, die ungleich wertvoller ist als der Geschmack von einem Kilo Rinderhack – besonders, wenn die Soja-Variante von Rügenwalder in der Bolognese genauso schmeckt.

Wer wirklich mehr Erfindungen möchte, mit denen die alten, klimaschädlichen Lösungen abgelöst werden, muss Letzteren einen entsprechenden Preis geben. Sobald Erdgas und Erdöl den haben, setzen sich andere Lösungen von ganz allein durch. Menschen sind unglaublich erfinderisch, gerade in der Not. Wenn wir die Not aber notdürftig überstreichen und so tun, als sei Erdgas eine nachhaltige, günstige Geschichte, dann verstauben auch die tollsten Ideen in irgendwelchen Schubladen, weil sie am Markt gegen die subventionierten Klimakiller nicht bestehen können.

Wer das aber alles so lassen möchte, mit billigem Fleisch und billigen fossilen Brennstoffen, und gleichzeitig darauf wartet, dass irgendwer in seiner Garage was erfindet, das den etablierten Milliarden-Konzernen ihren subventionierten Markt streitig macht, kann lange warten.

FAKT IST:

Wir haben längst alle technischen Möglichkeiten, um die Klimakrise zu stoppen, und es werden täglich mehr. Besonders im Energiesektor lassen sich mit der heute verfügbaren Technik massiv Emissionen einsparen, und das in vielen Fällen sogar günstiger als unter Beibehaltung fossiler Technik.

Schlaue Erfindungen und Innovationen brauchen wir vor allem, um all die bereits gemachten Erfindungen möglichst schnell und günstig weltweit auszurollen, und dafür brauchen wir in der Tat gut ausgebildete Menschen mit Grips und Ambitionen, etwas Neues zu wagen.

Solange wir aber die fossilen Lösungen künstlich billig halten, machen wir es den Start-ups und Erfolgsfirmen der Zukunft besonders schwer. Wer an veraltetem Blödsinn festklebt, verhindert ja gerade Innovation oder verdrängt ihre Erfolgsgeschichten ins Ausland.

Scanne den Code, kopiere den Text zu FAKT IST und schicke ihn deinen Kollegen aus dem Vertrieb per WhatsApp, wenn sie mal wieder Mumpitz erzählen.

BULLSHIT 16

ICH LASS MIR DOCH MEIN AUTO NICHT VERBIETEN!

Na prima, dann können wir ja so richtig verkehrswendig durchstarten, denn die Autos verbieten war ohnehin nie das Ziel. Zumindest nicht in meiner Definition oder in der Definition der Heinrich-Böll-Stiftung oder der Konrad-Adenauer-Stiftung.

Auch laut BPB umfasst das Ziel einer Verkehrswende, »eine großflächige Verlagerung auf umweltschonende Verkehrsträger sowie die Vermeidung von unnötigem Verkehr bei gleichbleibender Mobilität«.[162] Sie sei eine Voraussetzung dafür, dass »Städte in Zukunft funktionsfähig, klimagerecht und lebenswert bleiben«.

Problematisch für eine Diskussion: Wie eine lebenswerte Stadt aussieht, liegt immer auch ein stückweit im Auge der Betrachterin. Vielen Leuten geht das Herz auf, wenn sie die Idylle einer für Menschen umgestalteten Stadt sehen. Andere hören »großflächige Verlagerung« und haben spontan überhaupt keine Lust mehr darauf, weil es in ihren Ohren nach Bevormundung klingt.

Schnell findet man sich dann in einer hitzigen Diskussion wieder, in der sich gegenseitig Ideologie und mangelnde Rücksichtnahme vorgeworfen wird. Die Frontlinie verläuft dabei nur scheinbar zwischen der Autofraktion und den Verkehrswende-Ultras – laut mir zugesandten Mails alles verlauste Typen, die kein Geld für ein Auto haben und vor Neid zerfressen den anderen Menschen ihre Autos wegnehmen wollen.

Tatsächlich finde ich diese von vielen Seiten häufig gemachte Einteilung wenig hilfreich. Erstens gibt es immer mehr Menschen, die sich gar nicht so einfach zu einer dieser Gruppen zuordnen lassen, weil sie mehrere Verkehrsmittel kombinieren, und zweitens liegen die Ziele dieser »Gruppen« gar nicht so weit auseinander, wie es in der Diskussion den Anschein hat.

Das lässt sich zum Beispiel recht gut am starken Wachstum der Carsharing-Branche ablesen, in der sowohl Kundschaft als auch Fahrzeuge stark wachsen.[163] Wer selbst ein Auto besitzt, macht von Carsharing aus naheliegenden Gründen eher selten Gebrauch, insofern unterstelle ich mal, dass die meisten der 5,5 Millionen angemeldeten Carsharing-Fahrberechtigten Wechselnutzer sind.

Das ist allerdings die Bruttozahl: Wer bei mehreren Anbietern angemeldet ist, wird auch mehrfach gezählt. Aus beruflichen Gründen bin ich zum Beispiel Kunde von gleich drei Anbietern auf einmal und entspreche in der Zähllogik auch drei Menschen auf einmal. In einem einzelnen Körper. Das könnte meine manchmal wirren Gedankengänge und Träume erklären.

Wir Carsharer machen das so: Wenn wir ein Auto brauchen, mieten wir uns für kurze Zeit eins, und wenn nicht, nutzen wir ÖPNV, Roller, Fahrrad, Füße oder Draisinen. Wer mich deswegen zu den Verkehrswende-Ultras zählt, hat also einen gar nicht sooo verlausten, regelmäßigen Autofahrer zum Autohasser erklärt.

Das bin ich naheliegenderweise nicht. Auch ich kenne das schöne Gefühl, an einem fies feuchtkalten Novembermorgen in eine trockene Fahrgastzelle zu klettern, beim Zuziehen der Tür den Lärm der Stadt auszusperren und unter sanften Klängen von David Gilmours Gitarre zur Arbeit zu schweben.

Ich kenne daher auch das Gefühl, mit Tausenden anderen Menschen in ebenfalls eigenen Fahrgastzellen auf der A66 nach Frankfurt zu stehen, mir gegen andere die Zufahrt zum überfüllten IKEA-Parkplatz zu erkämpfen und ins stetig steigende Aggressionspotenzial einzutauchen.

Ich kenne also auch die aufgeheizte Stimmung gegen Freitagnachmittag, wenn halb Wiesbaden sich auf dem Nachhauseweg gegenseitig blockiert und den entstehenden Stress mit einem Tritt aufs Gaspedal zu kompensieren versucht. Das fühlt sich auf einem Fahrradsattel übrigens ungleich bedrohlicher an.

Autofahren ist also gar nicht so übel, aber sobald alle das machen, wird es zunehmend nervig. Dieser Lärm der Stadt, den wir im Auto gern aussperren, der kommt nämlich leider meist von den Autos.[164] Damit das jetzt aber nicht so sehr nach persönlicher Befindlichkeit klingt und wir nicht auf Basis des persönlichen Geschmacks diskutieren, halten wir uns doch einfach an staubtrockene Zahlen bar jeder Ideologie und fragen uns, wie wir eine Straße eigentlich am besten nutzen können.

Manche werden sagen: mit vielen Blumen! Andere werden sagen: mit vielen Autos! Ich sage: mit möglichst vielen bewegten Menschen. Denn obwohl eine Straße nicht wie eine Flasche Rapsöl verbraucht werden kann und irgendwann alle ist, hat sie eine Kapazität, und die ist endlich.

Also ganz konkretes Beispiel: Eine einspurige Straße mit 50 Stundenkilometern Tempolimit können pro Stunde etwa 2.000 Fahrzeuge passieren.[165] Wenn mehr Autos in diese Straße einfahren, kommt es zu Staus. Eigentlich ein trivialer Gedanke, aber wenn man erst mal hinter dem Lenkrad sitzt, sucht man ja bekanntlich andere Gründe. Der Trottel vor mir fährt nicht, obwohl es grün ist, der Trottel neben mir ist zu langsam, der hinter mir zu schnell. Nur ich fahre perfekt.

Selbst wenn das jemand wirklich denkt: Auch 2.500 perfekt aufmerksam fahrende Menschen werden auf dieser Straße leider einen Stau verursachen. Oder wie der ÖAMTC (so was wie der der österreichische ADAC) das schön formuliert: »Auf einem Kilometer Straße kann nur eine begrenzte Anzahl von Autos fahren. Wenn die Nachfrage größer ist als der Platz – dann staut's.«

Und dann fahren Menschen leider auch noch alles andere als perfekt. Wenn wir 22 Autos im Kreis fahren lassen, sieht das in den ersten Sekunden einfach nur aus wie das langweiligste Autorennen der Welt. Eine halbe Minute später fahren die Autos an einer Stelle des Kreises dichter zusammen als im Rest des Kreises und noch eine halbe Minute später stehen die ersten. Die menschliche Unfähigkeit, eine konstante Geschwindigkeit auf der Straße zu halten, hat zu einem Stau aus dem Nichts geführt.[166]

Wenn es in einer Stadt also Stellen gibt, die morgens von 2.500 oder noch mehr Menschen zur Arbeit passiert werden sollen, dann schafft ein einzelner Fahrstreifen für Autos das einfach nicht. Sage ich nicht, weil ich Autos hasse, sondern sagt die Mathematik.

Das führt zum wirklich paradoxen Umstand, dass eine (vermeintlich) autofreundliche Politik, die eine Stadt auf maximale Autonutzung hin umbaut, ab einer gewissen Bevölkerungsdichte genau das Gegenteil erreicht: einen Ort, an dem ständig alle im Stau stehen. Gemeinerweise passiert das meistens nicht sofort, sondern eher schleichend und damit unbemerkt. Als in den 1950er- und 1960er-Jahren Schneisen für große Einfallstraßen in deutsche Städte getrieben wurden (beziehungsweise die zerbombten Häuser an der Stelle halt nicht wieder aufgebaut wurden), gab es noch gar nicht genug Autos, um die neuen Straßen sofort wieder zu verstopfen. Aber je wohlhabender die Menschen wurden, umso mehr Autos gab es pro 1.000 Deutschen und so stießen die Städte schnell an ihre natürlichen Grenzen.

Auch in Wiesbaden, einer eher mittelgroßen deutschen Großstadt, gibt es schön breite, bis zu 10-spurige Straßen für Autos.[167] Eine Straßenbahn wurde hier (auch) zugunsten von mehr Raum für Autos nicht gebaut[168] und das Radwegenetz besteht trotz einer Menge Anstrengung noch immer aus mehr Lücken als Radwegen. Direkt neben dem Hauptbahnhof befindet sich eine große Tankstelle. Willkommen in meiner Heimatstadt.

Trotzdem (oder eher deswegen?) ist eine Fahrt mit dem Auto durch diese Stadt eher nicht zu empfehlen. Die Rushhour ist nervtötender als Schranzmusik am Morgen und das ganze System so auf Kante genäht, dass bei Unfällen, Wasserrohrbrüchen oder sonstigen Blockaden einzelner Straßen ganze Stadtteile im Chaos versinken. Sage nicht ich, das sagen die Menschen in dieser Stadt.[169]

Wenn Fahrzeuge von allen Seiten in eine Kreuzung einfahren und der Rückstau sie dann daran hindert, sie wieder zu verlassen, kann eine Blockade der gesamten Kreuzung erfolgen, bei der dann gar nichts mehr geht. Dieses Phänomen nennt sich »Gridlock«. Jetzt ratet, mit welcher deutschen Stadt die englischsprachige Wikipedia es bebildert hat. Genau.[170]

Je mehr die Ausrichtung auf Autos dominiert, umso mehr Angebote entstehen, die ohne Auto ziemlich umständlich sind, sodass Baumärkte, Haustierbedarf oder Gartencenter immer öfter vor die Tore der Stadt verlagert werden. Das zieht wieder mehr Leute ins Auto (und den Stau) und wenn sich diese Entwicklung nur lang genug fortsetzt, sind auf einmal längere Fahrten für Dinge nötig, die früher fußläufig erledigt werden konnten.

Eine andere Aufteilung der Fläche liegt also ganz besonders im Interesse der Menschen, die WIRKLICH aufs Auto angewiesen sind. Ja, die gibt es. Aber die kommen nicht deswegen zu spät irgendwo an, weil es zu wenig Straßen gibt, sondern weil auf diesen Straßen eine Menge Autos unterwegs sind, deren Insassen nur einen Kaffee holen wollen oder sonst irgendetwas machen, wofür ein Auto eher optional ist (64 Prozent der Pkw-Fahrten in Deutschland sind Privatfahrten).[171]

Eine Autospur transportiert wie gesagt etwa 2.000 Menschen pro Stunde, Busse schaffen 6.000 transportierte Menschen pro Stunde, als Schnellbus auf eigener Fahrspur sogar 9.000. Eine Straßenbahn schafft auf eigener Trasse 12.000 bis 20.000 transportierte Personen pro Stunde[172] und Radwege 14.000.

An dieser Stelle werden bestimmt einige laut »so ein Blödsinn« ausrufen und das Buch in die Ecke werfen. Wenn ihr das jetzt lest, habt ihr es wieder aufgehoben, schön. Ich weiß, dieser Umstand ist nicht so wirklich intuitiv, weil Radwege, Schienen und sonstige effiziente Verkehrsträger immer so leer aussehen. Das liegt aber eben daran, dass sie so effizient sind.

Es gibt ein Video aus Kopenhagen,[173] auf dem im Zeitraffer eine Einfallstraße in die Stadt zu sehen ist. Links stauen sich Autos, rechts fahren auf den für Dänemark typisch blauen Radwegen immer wieder vergleichsweise unscheinbar Fahrräder durch, manchmal einzeln, manchmal als kleiner Pulk. Mein Bauchgefühl sagt mir, dass das einfach zu wenig Platz für Autos und zu viel für die Fahrräder ist. Mein Bauchgefühl ist aber auch derselbe Vollidiot, der mir nachts um halb zwei eine XL-Pizza vorschlägt und der dachte, ein Kindergeburtstag im Indoor-Spielplatz sei bestimmt ganz lustig.

Tatsächlich fahren laut Videobeschreibung im selben Zeitraum deutlich mehr Menschen über den Radweg, nämlich achtmal so viele. Dass ich hier intuitiv so falsch urteile, liegt auch an der irreführenden Größe eines Autos. Könnten wir die Autos ausblenden und stattdessen nur die scheinbar über die Straße schwebenden Menschen sehen, wäre das Bild deutlich klarer.

Lustigerweise hat dieses Experiment ausgerechnet eine Autowerbung aus den USA gewagt und damit unfreiwillig die Schwäche von Autos allgemein so prägnant dargestellt, wie es 20 Verkehrswendekonferenzen nicht könnten. Bevor das Modell »Saturn Ion« von GM am Ende des Spots von 2007 zu sehen ist, sieht man einzelne Menschen über absurd große Fahrspuren rennen, sie stehen einzeln in enormen Parkbuchten und wenn sie über Autobahnen laufen, wirkt das ganze wie ein Endzeitfilm.[174] Dabei sind das die realen Proportionen. Manchmal zeige ich Screenshots davon bei Vorträgen vor einem sichtlich amüsierten Publikum. Ob damals die komplette Marketing-Abteilung dafür gefeuert wurde, lässt sich nicht mehr recherchieren.

Obwohl Radwege, Bürgersteige, Straßenbahnschienen und Busspuren also die meiste Zeit des Tages leer zu sein scheinen, transportieren sie viel mehr Menschen als eine im Stau überquellende Autospur nebendran. Wer mit dem Auto fahren muss, kann sich daher über alle freuen, die ohne Auto unterwegs sind.

Problem daran: Je eher eine Stadt auf reinen Autoverkehr ausgelegt ist, umso weniger Spaß macht es dort, ohne Auto unterwegs zu sein, und umso mehr Leute sagen sich ab einem gewissen Einkommen »Warum soll ich mich in einen von diesen überfüllten Bussen setzen / auf diesen Witz von einem Radweg wagen?« und setzen sich dann auch in ein Auto. Und schon stehen alle im Stau. Man könnte auch sagen: Das System Auto scheitert an seinem eigenen Erfolg.

Verkehrswende versucht, diesen Erfolg wieder in nachhaltige Bahnen zu lenken. Nachhaltig hier also nicht nur in ökologischem, sondern auch in rein funktionalem Sinn. Wenn ein breiter, sicherer Radweg einen schnelleren Trip in die Innenstadt ermöglicht als die Autostraße, dann nutzen ihn viele Menschen schlicht aus praktischen Gründen, auch ohne dass sie totale Fahrradfans sind.

> **Ein System, das Fläche gerecht auf Auto-, Rad-, Fußverkehr und ÖPNV verteilt, ist am Ende robuster und in meinen Augen auch tatsächlich lebenswerter.**

Die geringe Dichte romantischer Straßencafés an großen, lauten Hauptstraßen sehe ich als Indiz, dass ich nicht der Einzige bin, der das so empfindet. ;) Das heißt aber nicht, dass niemand mehr Auto fahren darf. Im Gegenteil, das heißt, dass es besonders in Städten insgesamt weniger, aber bessere Autofahrten geben könnte. Wir geben nur einfach den Menschen, die ohnehin gar nicht so gern in Autos sitzen, die freie Wahl, auch anders von A nach B zu kommen.

Wenn ihr Radfahren also noch mehr hasst als ich hirnlose Krachbumm-Filme von Michael Bay: kein Problem, niemand zwingt euch, Rad zu fahren. Der Vorteil für euch ist: Wenn vor euch 50 ehemalige Autofahrerinnen Rad fahren, dann sind das 50 Autos weniger. In Diskussionen klingt das oft so, als müssten jetzt alle Deutschen auf Fahrrädern festgetackert werden, aber selbst in der Fahrradhochburg Amsterdam wird die Hälfte der Wege ohne Fahrrad zurückgelegt.[175]

Das Ziel ist ja ein Mix der Verkehrsträger, nicht die nächste Verkehrs-Monokultur. Nun haben Autos sich in vielen Städten leider so breitgemacht, dass sich schlecht Fläche umverteilen lässt, ohne ihnen welche wegzunehmen. Am Ende sollten sich alle frei dafür entscheiden können, wie sie einen Weg zurücklegen. Klar, das können sie theoretisch auch heute schon, aber wenn der Radweg aussieht wie ein Motocross-Kurs, dann werden Leute, die auch gern Rad gefahren wären, eben zum Auto gedrängt, um ihren Alltag zu bewältigen, und dann wird es wieder sehr voll auf der Straße.

Zu viele Autos sind leider nicht nur nervig, sondern auch gefährlicher. In Kurven geparkte Autos nehmen Kindern die Sicht auf die Straße, auf Radwegen stehende Lieferwagen verursachen gefährliche Ausweichmanöver, unübersichtliche Situationen verursachen schneller Unfälle.

Wenig überraschend verursachen weniger Autos auch weniger Klimaemissionen – sei es bei der Produktion, beim Verbrennen von Benzin, bei der Stromerzeugung oder durch die Nutzung von viel Fläche, Beton und Stahl, um die nötige Infrastruktur zu schaffen. Diese Flächen sind nicht nur ein Problem wegen der Emissionen, sondern weil wir uns auch auf die nicht mehr zu vermeidende Erderhitzung vorbereiten müssen. Große asphaltierte Flächen mit wenig Bäumen genau dort, wo viele Menschen in Zukunft der Hitze standhalten müssen, erhöhen den Effekt von Hitzeinseln.[176]

Genug gute Gründe also, besonders in Städten auch mal was Neues zu wagen. Neu heißt NICHT, dass ab sofort alle nur noch Bus fahren dürfen. Es geht vielmehr darum, wieder mehr zu ermöglichen, Straßen wieder zu öffnen und als mehr zu betrachten als reine Auto-Transportflächen.

Aber bei aller Vorfreude darüber, wie viel besser eine solche Stadt aussehen und funktionieren könnte: Auch in so einer Stadt werden Autos unterwegs sein und noch entsprechend mehr im Umland dieser Städte und wieder mehr in den entlegeneren Gegenden. Wie wir das klimaneutral hinbekommen, lest ihr im Folgekapitel.

FAKT IST:

Verkehrswende ist viel mehr als einfach nur Auto-Aversion und spielt in Städten ihren größten Vorteil aus: Sie soll den öffentlichen Raum, in dem wir einen großen Teil unseres Lebens verbringen, schöner, angenehmer und komfortabler, aber auch schlicht effektiver und praktikabler machen.

Das ist auch gut fürs Klima, aber vor allem gut für uns Menschen, weil sich unsere Lebensqualität erhöht – insbesondere für die in Autos. Das Ziel sind zwar weniger, aber auch bessere Autofahrten.

> **In Ländern wie Dänemark, Schweden oder den Niederlanden können wir jetzt schon sehen, wie gut das funktioniert und dass es – richtig umgesetzt – die Freiheit erhöht. Wer will, kann weiter die meisten Strecken mit dem Auto fahren. Es muss aber niemand.**

Scanne den Code, kopiere den Text zu FAKT IST und schicke ihn Tante Daphne per WhatsApp, wenn sie mal wieder Mumpitz erzählt.

BULLSHIT 17

E-AUTOS SIND AUCH WIEDER NUR AUTOS, DIE BRINGEN KEINE ECHTE VERÄNDERUNG!

Na ja, das kommt darauf an, wie wir »echte Veränderung« definieren. Der Hintergrund der Beschwerde ist natürlich, dass viele Menschen mit der Verkehrswende im Sinne des letzten Kapitels auch oder sogar primär die Vision verbinden, unabhängiger von Autos zu sein und dadurch wieder Lebensqualität zurückzugewinnen. Sei das, weil in ihrem Viertel jeder Fußweg zugeparkt ist oder sie ihre Kinder sorgenfrei mit dem Fahrrad zu deren Kumpels schicken wollen oder weil sie selbst Auto fahren müssen, das aber zu einer einzigen Quälerei wird, wenn erst mal alle für jeden Pups im Auto rumfahren.

All diese Dinge werden sich wohl nicht wirklich ändern, wenn wir einfach alle Autos durch E-Autos ersetzen. In der Verkehrswendebubble nennt man die reine Umstellung des motorisierten Antriebs auf saubere Antriebe ohne lokale Emissionen in Abgrenzung auch gern »Antriebswende«. Ich bin dazu übergegangen,

E-Autos manchmal auch einfach als Teil der Energiewende zu definieren, denn die grundlegende Art, wie unser Straßenverkehr funktioniert, ändert sich durch sie ja kaum. Er wird durch sie halt »nur« umweltschonender, leiser, weniger gesundheitsgefährdend und kühler.

Ja, das »nur« liest sich da ganz schön pingelig. Der Satz klingt ein bisschen nach der jüdischen Widerstandsgruppe aus »Das Leben des Brian«, die beim Kritisieren der römischen Besatzung dann doch unfreiwillig eine ganze Menge Dinge aufzählt, die durch die Besatzung tatsächlich besser geworden sind. Sie konstatiert schlussendlich: »Also gut, mal abgesehen von Medizin, den sanitären Einrichtungen, dem Schulwesen, dem Wein, der öffentlichen Ordnung, der Bewässerung, den Straßen, der Wasseraufbereitung und den allgemeinen Krankenkassen, was haben die Römer je für uns getan?«

Deswegen doch erst mal ein kurzer Shoutout: Würde der Verkehr »nur« leiser, klimaneutral, weniger gesundheitsschädlich und etwas kühler werden, wäre das schon mal eine enorme Verbesserung im Vergleich zum heutigen Stand. Giftige Emissionen aus der Verbrennung von Mineralöl entstehen hier halt gar keine mehr, einzig der Feinstaub (primär durch Reifenabrieb) trennt elektrische Fahrzeuge vom Label »Für Passanten 100 Prozent ungiftig«.

Auch der wegfallende Motorenlärm wäre ein Segen für Millionen Menschen, die aktuell unter hoher Lärmbelästigung durch eine Rekordflotte von 49 Millionen Pkw in ganz Deutschland leiden. Lärm ist einer der wichtigsten umweltbedingten Gefahren für die körperliche und psychische Gesundheit[177] und selbst wenn sie dadurch nicht unmittelbar krank werden, fühlen sich 75 Prozent der Menschen in Deutschland durch den Lärm von Straßenverkehr gestört oder belästigt. Leider gilt das nur bis zu einer gewissen Geschwindigkeit, ab etwa 35 km/h sind die Abrollgeräusche eines Autos lauter als die Motorengeräusche.[178] Wer also an einer Umgehungsstraße mit 100 km/h Tempolimit wohnt, wird durch die Antriebswende bessere Luft, aber kaum weniger Lärm empfinden.

Die gute Nachricht: Die meisten Menschen leben nicht an Umgehungsstraßen und wenn das bei euch auch der Fall ist, dann dürfte eure Umgebung durch weniger Verbrennungsmaschinen merklich leiser werden. Besonders in der Nähe von Kreuzungen und Ampeln lebende Menschen werden die Motorengeräusche beim Anfahren nicht vermissen. Vor allem dann nicht, wenn Bernd den Motor in absurd hohe Drehzahlen versetzt, um die 150 Meter zur nächsten Ampel in 14,2 statt 14,7 Sekunden zurückzulegen. Auch das Wummern großer Diesel-Aggregate der Stadtbusse und Lkw werdet ihr nicht vermissen, glaubt mir.

Bei Lastwagen sind die Anforderungen etwas höher, sodass gerade die Lkw auf der Langstrecke erst mal weiter mit Diesel fahren werden. Aber vor allem für die Kurzstrecke, wozu insbesondere das Beliefern des städtischen Einzelhandels gehört, sind heute schon viele Fahrten kurz genug: 90 Prozent der Lkw-Fahrten sind kürzer als 200 Kilometer[179] – das ist auch heute schon mit Batterien machbar.

Stellt euch einfach mal an eine größere Straßenkreuzung in der Stadt und stellt euch vor, wie sie komplett ohne Motorengeräusche klingen würde. Solltet ihr diese Stelle im Buch hier frühmorgens lesen und euer Vorstellungsvermögen noch nicht ganz hochgefahren sein, sucht auf YouTube oder im Videoportal eures Vertrauens gern mal nach »Quiet Electric Vehicle Intersection in Shenzhen, China«[180] oder »This Is what a city full of electric vehicles sounds like Shenzhen, China«.[181]

Und was ist mit »kühler« gemeint? Na, so ein Auto verwandelt den Sprit ja leider zum Großteil in nutzlose Abwärme. In einem Liter Diesel sind etwa 10 Kilowattstunden Energie gebunden, davon landen gut 2,5 Kilowattstunden im Vortrieb eures Vehikels und 7,5 Kilowattstunden werden in Wärme umgewandelt. An kühlen Januarmorgen ist ein Teil davon im Fußraum ganz nett, aber wenn sich im Juli viele Autos in engen Straßenschluchten stauen und das Thermometer in zukünftigen Sommern öfter als heute in Richtung der 40 Grad schielt, verstärkt sich der Hitzeinsel-Effekt nochmals.[182]

Der BUND Schleswig-Holstein hat für alle durch Kiel fahrenden Autos eine Wärmeleistung von 64 Megawatt berechnet, also ein Drittel dessen, was das neue Wärmekraftwerk in Kiel leistet.[183] Diese ganze Wärme landet da aktuell zusätzlich in der Umgebungsluft. Nun werden Menschen aus Kiel beim Gedanken an mehr Wärme vielleicht nicht zwingend geschockt sein – was ist gegen wärmeren Regen schon einzuwenden?

Ihr seht, selbst ganz unabhängig von den CO_2-Emissionen haben E-Autos im Vergleich zu Verbrennern insbesondere für die Menschen außerhalb der Autos ein paar Vorteile zu bieten. Trotzdem sind es die Klimaemissionen, die aktuell den größten Vorteil darstellen.

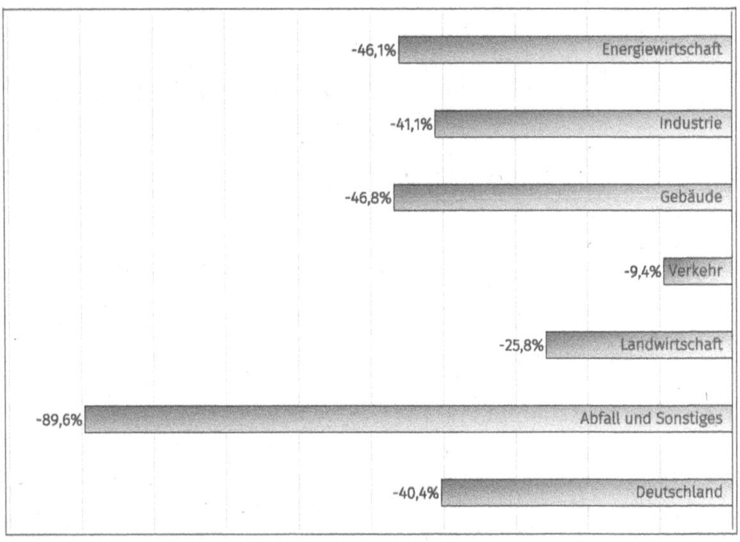

Entwicklung der Treibhausgasemissionen nach Sektoren des Klimaschutzgesetzes (KSG) 1990 bis 2022[184]

Es wird immer wieder gern darauf hingewiesen, dass es doch viel größere Emissionsquellen gebe und warum man denn ausgerechnet den Autofahrern das Leben schwer machen wolle. Da frage ich immer zurück, warum Autofahrer eine Extrawurst verdient haben sollten und der Verkehrssektor seine Klimaziele mit Abstand am weitesten verfehlt.

Der Straßenverkehr ist die mit Abstand größte Quelle von Treibhausgasen aus dem Verkehr und innerhalb des Straßenverkehrs sind es wiederum die Autos und Motorräder, von denen 64 Prozent der Emissionen stammen.[185] Gern wird in dieser Debatte auf Kreuzfahrt- und Containerschiffe abgelenkt, weil die ja etwas größer sind als ein Auto.

Klar, aber es sind auch ein bisschen weniger. Genau genommen ist es ja gerade die Größe, die die Dinger so unglaublich effizient macht. Ein Tonnenkilometer mit dem Schiff emittiert gerade mal 34 Gramm CO_2. Das ist wirklich sehr wenig, selbst ein effizienter Lkw liegt bei 112 Gramm CO_2 pro Tonnenkilometer. Das bedeutet: Wenn ihr 5 Kilo Kartoffeln kauft, die 10.000 Kilometer Schiffsreise hinter sich haben, emittiert deren Transport weniger CO_2, als wenn ihr mit dem Auto 10 Kilometer zum Supermarkt fahrt, um sie da zu kaufen.

Die weitverbreitete Idee, dass Schiffe hier die eigentlichen Übeltäter sind, liegt auch an einer Pressemitteilung des Nabu von 2012, laut der »die 15 größten Seeschiffe der Welt jährlich mehr schädliche Schwefeloxide ausstoßen als alle 760 Millionen Autos weltweit« (korrekt), was per Stille Post gern zu „Hömma Günni, habbich gehört gestern: 15 Schiffe sind schlimmer fürs Klima als aaalle Audos aufer janzen Welt, Du!« – »Nä!« – »Doch!« – »Prost!« wird.

Sollte das jemand so oder so ähnlich in die Familien-WhatsApp-Gruppe posten, wäre es gut, wenn ihr sie aufklärt: 760 Millionen Autos sind der Stand von 2012, heute sind weltweit etwa 1,5 Milliarden Fahrzeuge unterwegs, wobei die Quellen da etwas uneinheitlich zwischen Pkw und Nutzfahrzeugen unterscheiden.

Viel wichtiger: Schwefeloxide sind KEINE Klimaemissionen. Davon kann das Schiff so viel ausstoßen, wie es will, wir erreichen dadurch keine Klimakipppunkte. Das Problem an Schwefeloxiden ist viel eher, dass Menschen davon lieber nicht allzu viel einatmen sollten, wenn sie keine Augen- und Atemwegsprobleme bekommen wollen, und für das Leben im Meer ist es naheliegenderweise auch eher eine suboptimale Substanz (deswegen gelten seit 2020 auch strengere Schwefelwerte für Schiffsdiesel).

> **Das ändert aber nichts daran, dass Autos der größte Emittent des kompletten Verkehrssektors sind.**

Das liegt aber nicht nur an den direkten Emissionen: Auch Sahra Wagenknecht lenkt beim Klimaproblem des Autoverkehrs ja gern mal auf die Schifffahrt ab (oder wahlweise auf die USA oder Firmen im Allgemeinen). Sie vergisst dabei aber wie viele andere auch, dass 40 Prozent aller Schifffracht weltweit nur aus fossilen Brennstoffen besteht.[186] Ein veritabler Anteil all der bösen Schiffe wäre ohne Verbrennerautos also gar nicht auf den Weltmeeren unterwegs.

Lange Rede, kurzer Sinn: Wenn wir fossile Autofahrten durch klimaneutrale ersetzen, haben wir den Großteil der Verkehrsemissionen beseitigt.

Beliebte Gegen-»Rechnungen«, laut denen E-Autos aufgrund der Herstellung angeblich klimaschädlicher seien, sind im Reich der Mythen und Legenden zu verorten. Mit viel Suchen konstruieren findige Medien-Onkel mittels kreativer Buchführung zwar immer wieder Szenarien, in denen ein mit viel fossilem Strom hergestelltes E-Auto viel fossilen Strom lädt, sodass der Klimavergleich mit einem »hochmodernen« Diesel keinen großen Unterschied mehr macht. An der Stelle ein kleiner Reminder, dass auch die im Jahr 2021 neu zugelassenen »hochmodernen« Diesel laut EU-Messung 6,9 Liter pro 100 Kilometer verbrauchen und damit kaum effizienter fahren als ihre Vorgänger.[187]

Aber selbst wenn es Rechenbeispiele gibt, in denen der CO_2-Rucksack eines E-Autos groß wirkt, weil es erst 60.000 Kilometer fahren muss, um den Klimavorteil auszuspielen: Das ist immer noch ein kleiner Teil der zu erwartenden 200.000 Kilometer, die es in seinem Leben zurücklegt und ein noch kleinerer Teil der potenziellen Fahrleistung moderner Batterien. Die neuen Batteriepakete werden auf 1,5 Millionen Kilometer ausgelegt sein.[188]

Batterieautos werden damit jedes Jahr besser und langlebiger, der Strommix sauberer, die Batterien klimafreundlicher in der Herstellung. Die Verbrennertechnik befindet sich hingegen im Stillstand.

> **Es ist also nur eine Frage der Zeit, bis auch das klimaschädlichste E-Auto besser abschneidet als ein fossiler Kleinstwagen.**

»Ja ja, ist ja alles schön, Jan, aber wollen wir jetzt wirklich noch mehr Autos, noch mehr Autofabriken, wieder mehr, mehr, mehr von allem? Das ganze System ist doch krank.« So in etwa lautete sinngemäß die Kritik, als ich mich im Mai 2024 mit den Menschen stritt, die mit ihren Klimaprotesten eine Blockade der Teslafabrik in Brandenburg erreichen wollten.

Auf mich wirkte es reichlich absurd, ausgerechnet in Deutschland, dem Land des Abgasskandals, gegen eine Fabrik für E-Autos vorzugehen, während Millionen Verbrennerautos vom Band rollen. Manchen Protestlern ging es wohl eher um Kritik am fragwürdigen Geschäftsführer von Tesla, es gab aber auch konkrete Vorwürfe an Größe und Wasserbedarf der Fabrik, an den Rohstoffen,[189] die E-Autos benötigten, und dass gegen die Auswüchse vom ewigen Wachstum nicht noch mehr Wachstum helfen würde.

Vermutlich sind viele Menschen, die Klima und damit auch Natur schützen wollen, von der Idee einer viele Hektar großen Fabrikhalle an einer zuvor bewaldeten Stelle einfach grundsätzlich nicht so begeistert. Der Punkt ist nur: Das ist für den Flächen- und Rohstoffbedarf eigentlich besser als viele, viele kleine Fabriken mit eigenen Zufahrten, Lagern und eigener Logistik, die in Summe genauso viele Autos herstellen. Noch schöner ist daher die Vorstellung, dass die bereits bestehenden Fabriken ihre Produktion von ganz allein auf emissionsfreie Antriebe umgestellt hätten, aber da hätten wir wohl lange warten können.

Irritierend an der ganzen Sache ist, wie viel Naturfläche die hiesigen Autohersteller verdrängen und wie wenig Aufmerksamkeit dieser Umstand genießt. Allein die Teststrecke von Mercedes im Baden-Württembergischen Immendingen frisst sich 68 Kilometer durch eine Waldlandschaft.[190] Die größte Fabrikhalle der Welt ist laut vieler Quellen das VW-Werk in Wolfsburg,[191] allein Deutschlands Automobilzulieferindustrie beschäftigt in Deutschland 300.000 Menschen, die all die Autoteile selten in naturnahen Zeltkonstruktionen herstellen.[192]

Grundsätzlich ist die Industrie aber kein großer Flächenverbraucher. Selbst in einem stark industrialisierten Land wie Deutschland sind es nur 1,8 Prozent der Fläche.[193] Die wirklich besorgniserregenden industriellen Umweltschäden sind der Energie- und Rohstoffbedarf und dabei anfallende Abfallprodukte.

Die Frage ist aber vor allem, was passieren würde, wenn jetzt weniger E-Autos hergestellt werden würden. Würden die potenziellen Kunden dann ab sofort Fahrrad fahren? Sorry, wenn das überspitzt formuliert ist, aber genau das würde eben nicht passieren. Sage ich als jemand, der sich sehr über Menschen freut, die ihr Auto gegen ein Fahrrad eintauschen.

Nicht alle Menschen fahren Auto, weil das so toll ist, sondern weil es oft auch nicht anders geht. In Städten können wir das schnell ändern mit ÖPNV, Radverkehr und Sharing-Modellen, aber auf dem Land sieht das anders aus. Allein der Bau einer neuen Schienenstrecke dauert in Deutschland im Schnitt 20 Jahre,[194] und das ist oft schnell im Vergleich zu Veränderungen in den Köpfen der Menschen. Wenn Tesla die Produktion in Brandenburg stoppt, dann kaufen die Menschen sich statt der dort produzierten Autos etwas teurere Teslas aus den USA, E-Autos von anderen Herstellern oder im schlechtesten Fall einfach noch ein Verbrennerauto.

Damit diese Menschen weniger Auto fahren, müssen wir den langwierigen und manchmal auch furchtbar zähen Weg gehen, unfaire Auto-Privilegien abschaffen und für gute Alternativen zum Auto sorgen. Also konkret gerechte Flächenverteilung und darauf sichere Radwege, attraktive Gehwege, verlässlicher und günstiger ÖPNV, Carsharing-Angebote für den Umstieg, Lastenradverleih usw.

Für eine adäquate Beschäftigung mit dem Thema Wachstum/Degrowth könnte ich ein eigenes Buch schreiben, aber in aller Kürze: Es gibt Branchen, die müssen die kommenden Jahre sehr stark wachsen, um die schädlichen, fossilen Branchen zu verdrängen. Sie müssen sich gegen seit Jahrzehnten etablierte Mega-Konzerne mit großem Einfluss auf die Politik und riesigem Marketing-Budget behaupten, damit die erneuerbaren Lösungen möglichst schnell für alle erhältlich sind.

> **Es reicht also nicht, dass sich ein paar reiche Leute in Deutschland große E-Geländewagen leisten können und der Rest ein schlechtes Gewissen haben muss. Wir müssen diese Produkte auch in der Breite für Menschen mit kleinem Budget verfügbar machen.**

Die fossilen Konzerne haben das längst erreicht, denn je mehr ich von einem Produkt herstelle, desto geringer werden im Lauf der Zeit die Stückkosten. Klar, die Tesla Gigafactory in Brandenburg ist nun auch keine pittoreske Manufaktur mehr, aber genau das hat ja erst dazu geführt, dass ihr Model 3 weniger als die Hälfte des ersten Modells, dem Tesla Roadster, kostet. Und da die Batterien nicht nur für Tesla günstiger geworden sind, gibt es jetzt auch von

Fiat, VW oder Dacia eher kleinere Autos für kleinere Budgets, die kein Erdöl mehr verfahren.

Auch die Menschen in Asien und Afrika wollen Wohlstand, dafür brauchen wir – selbst wenn die ihren Autoverkehr viel sparsamer und cleverer organisieren als wir – eine Menge großer Fabriken für Solarzellen, Windkraft, Batterien, E-Lkw, E-Busse, E-Fähren, E-Lieferwagen, Wärmepumpen, Elektrolyseure, Trafostationen und so weiter.

Die kommen aber nicht alle netto obendrauf, sondern verdrängen das Geschäft mit Benzinautos, Kohlekraftwerken, Ölheizungen, Diesel-Lkw und so weiter. Sich jetzt gegen diese Technologien zu wenden, weil sie auch Rohstoffe und Fläche benötigen, ist, als würde ich Demos gegen Hersteller von pflanzlichen Ersatzprodukten organisieren, weil für ihre Produkte ebenfalls Monokultur-Ackerflächen genutzt werden, oder gegen Wärmepumpen- und Solarzellenfabriken wegen der benötigten Rohstoffe.

»Das ist ja dann noch mehr Ackerfläche für veganen Fleischersatz! Wir brauchen aber mehr Naturflächen!«, könnte ich sagen. Oder: »Das sind ja noch mehr riesige Fabriken, wir müssen stattdessen Strom sparen und weniger heizen!«

Diese Empörung übersieht aber, dass wir durch den Sojaanbau ja viel mehr Ackerfläche für wegfallendes Tierfutter einsparen. Die Solarzellenfabrik erlöst uns vom Bedarf an gigantisch-dystopischen Kohlegruben mitten durch Wälder in Nordrhein-Westfalen und wer keine neue Wärmepumpe einbaut, baut eine neue Gasheizung ein, die noch 17 Jahre mit »neuen«, fossilen Rohstoffen gefüttert werden will.

FAKT IST:

Weniger Autos haben gerade in Städten viele Vorteile, sodass wir gerade dort die Anzahl reduzieren sollten. Aber selbst in den Verkehrswende-Vorzeigenationen Schweden und Dänemark wurden im Jahr 2023 noch 460.000 neue Pkw zugelassen.[195] Davon sollten so wenig wie möglich Erdöl verbrennen.

Selbst die große Tesla-Fabrik in Brandenburg stellt im Jahr »nur« etwa 250.000 Autos her, also lange nicht genug, um Europa auch nur annähernd mit einer reduzierten, Verkehrswende-kompatiblen Zahl von E-Autos zu versorgen.

Im Vergleich zu Verbrennern benötigen E-Autos weniger Rohstoffe, sie fahren umweltschonender, leiser und emittieren kaum gesundheitsschädliche Schadstoffe. Wer Leuten das Gegenteil einredet, sorgt dafür, dass sie später umsteigen. Wir haben dann genauso viele Autos, nur mit mehr Lärm, Abgasen, Emissionen und Abhängigkeit von Ölstaaten.

Scanne den Code, kopiere den Text zu FAKT IST und schicke ihn deinen Kumpels vom Stammtisch per WhatsApp, wenn sie mal wieder Mumpitz erzählen.

BULLSHIT 18

ABER CHINA!

Quasi der Evergreen der Klima-Diskussionen. Wären schlechte Argumente rund um den Klimaschutz Lieder einer Band, dann würden bei ihren Konzerten nach der ersten Zugabe Sprechchöre laut, dass jetzt endlich »Aber China!« gespielt werden soll, weil dabei alle mitgrölen können. Wie soll Deutschland denn allein das Klima retten, wenn wir nur 2 Prozent der globalen Emissionen verursachen?

Das ist so wunderbar schnell gesagt und transportiert so viele scheinbar einleuchtende Gründe, warum wir uns mit diesem lästigen Thema nicht weiter beschäftigen müssten. 2 Prozent, das klingt ohne Kontext immer wenig. Haben jemals 2 Prozent irgendwas ausgemacht? Ist doch Pillepalle.

Ein ganzes Land sollen wir jetzt umstellen für diese 2 Prozent? Die Unverhältnismäßigkeit überzeugt mich fast selbst, wenn ich es immer wieder vor mich hinsage. Es funktioniert auf dieser Ebene so gut, dass ich diesem Scheinargument schon in meinem letzten Buch ein ganzes, 15 Seiten langes Kapitel gewidmet habe. Einerseits kann ich das jetzt schlecht einfach 1:1 im neuen Buch recyceln, andererseits sind die grundlegenden Einwände halt immer noch die gleichen, sodass ich mir auch nicht einfach neue ausdenken kann, mit denen Klimainteressierte auf

»Aber China!« reagieren könnten. Deswegen fasse ich jetzt noch mal die wichtigsten Punkte zusammen, auch wenn es manchen von euch etwas bekannt vorkommen könnte, und ergänze es um das, was sich in den letzten zwei Jahren zusätzlich getan hat.

Was ich vor zwei Jahren zum Beispiel nicht wusste, ist, wie beliebt dieses Argument auch in anderen Ländern ist. Ich durfte seitdem in Österreich, Luxemburg und der Schweiz aus meinem Buch vorlesen und das hat beim China-Argument zu witzigen Situationen geführt, weil »nur zwei Prozent der Emissionen« für diese Länder, die nur 0,2 Prozent, 0,1 Prozent und 0,02 Prozent der globalen Emissionen emittieren, gar nicht nach so wenig klingt.

»Höhö, nur zwei Prozent« mag in Deutschland noch wie eine halbwegs bauernschlaue Weisheit daherkommen, aber auf Schweizer oder österreichische Ohren wirkt das so, als wenn jemand stolz erklärt, nur 8 Pizzen mit extra viel Käse zu Abend zu essen. Klar, der chinesische Kollege isst in der Skala 140 Pizzen und der Nachbar aus Chicago 54 Pizzen, aber das macht 8 Pizzen immer noch nicht zu einem ausgewogenen Abendessen.

Auf der reinen Zahlenebene ist das »Aber China«-Argument also schnell entzaubert: In China entstanden im Jahr 2022 etwa 30 Prozent der globalen CO_2-Emissionen. Das ist absolut gesehen viel, aber relativ betrachtet etwa 17-mal so viel wie der deutsche Anteil bei einer 17-mal größeren Bevölkerung. Dazu muss jemand an der Zahlenebene aber auch interessiert sein, was oft nicht der Fall ist, wenn man eigentlich gegen Emotionen argumentiert.

Die Grundlage des China-Arguments ist ja nicht, dass jemand sich wirklich Sorgen ums Weltklima macht, sondern dass er denkt, jemand wolle ihn reinlegen. Die armen Deutschen versuchen emsig das Klima zu schützen, während sich »die Chinesen«, »die Inder« oder ganz allgemein »die Asiaten« über uns kaputtlachen, ist ein wirklich oft gemachter Vorwurf.

Jemand mit dieser Einstellung ändert sie meiner Erfahrung nach nicht, nur weil ich ihm die ebenfalls winzigen Prozentzahlen anderer Länder aufzähle oder mit der Bevölkerung der Länder ins Verhältnis setze. In meinem letzten Buch habe ich die Beispielrechnung aufgemacht, dass China in so viele gleichmäßige Staaten aufgeteilt werden könnte, dass jeder einzelne weniger Emissionen verursacht als Deutschland – was uns im globalen Ranking schlechter aussehen ließe, ohne dass es dem Weltklima irgendwie helfen würde. Ein richtiger, aber leider auch recht abstrakter Gedanke.

Was nach meiner rein subjektiven Beobachtung besser funktioniert hat, war, den Spieß einfach umzudrehen und ebenfalls abwegige Vergleiche aufzumachen, je nachdem, wo die Person herkam, mit der ich diskutierte. Wieso sollen wir in Wiesbaden das Klima schützen, wenn ihr in Berlin/München/Köln x-mal so viel emittiert? Das lohnt sich doch gar nicht, fangt ihr also erst mal an.

Solltet ihr selbst in Berlin, München oder Köln leben, wechselt ihr mit dem Argument einfach auf Bundesländerebene. Moment – ist ein Vergleich von Städten und Bundesländern denn sonderlich stichhaltig? Natürlich nicht, genauso wenig wie wenn ich China, ein von 1,4 Milliarden Menschen bevölkertes Land, mit Deutschland vergleiche.

Noch einfacher ist es, wenn die Person aus NRW kommt, denn die Emissionen von NRW liegen aufgrund seiner hohen Bevölkerung, der Schwerindustrie und den Kohlekraftwerken weit vor allen anderen Bundesländern.

»Wir sollen in Rheinland-Pfalz das Klima schützen, obwohl ihr in NRW siebenmal so viel Emissionen in die Luft pustet?« Und wenn ihr selbst in NRW lebt, dann vergleicht ihr einfach die Emissionen von NRW mit denen der restlichen Republik. So gibt es für jeden Wohnort einen scheinbar wahnsinnig cleveren Grund, dass erst mal alle anderen was machen sollten.

Für Diskussionen mit ehrlich besorgten Menschen, die aufgrund der wachsenden Weltwirtschaft und Chinas Größe echte Sorge haben, dass aller Aufwand in Deutschland nicht mehr ausreicht, um das Ruder herumzureißen, gibt es aber auch echte Argumente. Das in meinen Augen Wichtigste: Die Energiewende rettet uns da gerade unsere Hintern.

Natürlich in letzter Konsequenz auch nicht allein und für Netto-null weltweit auch nicht ohne viel Anstrengung, Diplomatie und Kompromisse mit allen Beteiligten, aber was im jetzigen Ausmaß vor 10 oder auch 5 Jahren noch nicht in der Form absehbar war: Solarmodule, Windkraft, Batterietechnik, E-Autos und Wärmepumpen sind irre billig geworden und werden immer noch billiger.

Heißt auch: Wäre das alles nicht viel billiger geworden, dann sähe es richtig finster aus. Unsere Enkelkinder werden immer noch Grund genug haben, in ein Geschichtsbuch zu gucken, uns skeptisch mit einer angehobenen Augenbraue anzusehen und »Echt jetzt? Was stimmt denn mit euch nicht?« zu fragen.

Das können in den kommenden Jahren gern ein paar kreative Regisseurinnen in ihren Filmen verarbeiten und eine Debatte über unsere Prioritäten als Spezies beginnen. Für den Moment sieht es aber so aus: Die Welt befindet sich mitten in einer Energierevolution Richtung sauberer Energie. Nicht Deutschland und auch nicht Europa, sondern die Welt.

Diese Statistik zeige ich auf all meinen Lesungen und Vorträgen und die Reaktionen zeigen mir, dass sie trotz ihrer unfassbaren Bedeutung recht unbekannt ist. Diese Kraftwerke hat die Welt seit 2007 zugebaut:

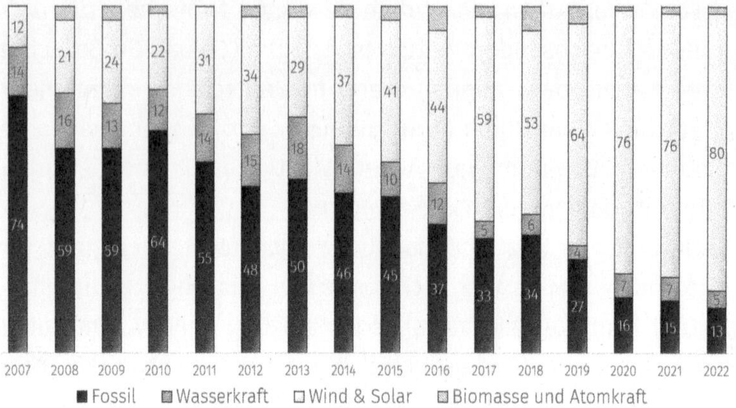

Global zugebaute Kraftwerksleistung pro Jahr in Prozent[196]

Links ist das Jahr 2007, und obwohl die dramatischen Auswirkungen von Treibhausgasen bereits gut erforscht und bekannt waren, haben wir Menschen in diesem Jahr einen Haufen neue Kraftwerksleistung in die Landschaft gezimmert, wovon 67 Prozent fossile Kraftwerke waren. Wenn zu diesem Zeitpunkt eine Alien-Spezies im Erdorbit auf der Suche nach intelligentem Leben war, ist sie vermutlich mit einer abfälligen Beleidigung weitergeflogen.

Schade, denn hätten sie einfach 15 Jahre gewartet, hätten sie mitbekommen, wie diese Zahl auf historisch niedrige 13 Prozent zusammenschrumpelt. Von 67 auf 13 Prozent in nur 15 Jahren, das ist ... da kann man schon mal klatschen. Der Anteil von Wind- und Solarkraft stieg von 11 auf 75 Prozent (!). Noch mal: Das ist nicht der deutsche, sondern der weltweite Ausbau.

Das wird leider oft falsch verstanden: Der Zustand ganz rechts im Diagramm ist leider nicht der globale Strommix. Wäre das der Fall, hätte ich das Buch gar nicht schreiben müssen, sondern hätte euch schlicht alle eingeladen, am Strand eine 10-tägige Feier zu veranstalten, weil die Klimakrise gelöst ist. Der ganz rechte Balken zeigt »nur« die Kraftwerke, die 2022 neu gebaut/fertiggestellt wurden.

Das bedeutet, dass die Kraftwerke der Balken von 2009, 2013 und 2018 vermutlich noch irgendwo rumstehen und da die Luft verpesten, bevor sie hoffentlich möglichst bald wieder abgerissen werden. Der globale Strommix bestand 2022 leider noch zu 61 Prozent aus Strom aus Kohle-, Gas- und Ölkraftwerken, aber auch das sind schon 7 Prozent weniger als noch 10 Jahre früher, während die Erneuerbaren erstmals 30 Prozent des Stroms erzeugt haben. Tendenz: weiter steigend.

In Vorträgen nutze ich als Metapher für unsere Energiewende gern ein riesiges Schiff, das wir einmal komplett wenden müssen. Schritt 1: Steuerrad herumreißen. Darin waren wir in den letzten 20 Jahren unterschiedlich motiviert, sodass man sich bei Betrachten des Schiffskurses aus der Vogelperspektive wohl fragen würde, wie viel Schnaps bei der Geschichte eigentlich involviert war. Aber in den letzten Jahren wurde das Ruder auf Anschlag in Richtung goldener Zukunft gedreht, folglich ist die Drehung des ganzen Schiffs nur eine Frage der Zeit.

Wer Titanic gesehen hat, weiß, dass so ein Ozeanriese verdammt träge ist und seine Richtung auch bei drohender Eisberg-Kollision nur extrem behäbig zu ändern vermag. (Trotzdem kann man auch gern mehrmals versuchen, sich zu zweit auf dieser verdammten Tür über Wasser zu halten, Rose!) Sofern aber kein Eisberg im Weg ist, wird das Schiff sich drehen, so viel steht fest. Und unser Schiff hat eine Spezialfunktion: Es wendet immer, immer schneller. Egal, welche globale Metrik man verfolgt, die Entwicklung kennt aktuell nur eine Richtung.

> **Die Investitionen in die globale Energiewende sind von 200 Milliarden Dollar in 2013 auf 1.800 Milliarden Dollar in 2023 gestiegen. Dadurch liegen sie seit 2020 deutlich über den Investitionen, die in fossile Brennstoffe flossen.**

Und noch mal zur Erinnerung: Das ist die globale Entwicklung. Deutsche Investitionen sind natürlich auch ein Teil davon und machen 5 Prozent der Gesamtinvestitionen aus, aber die USA und China liegen in diesem Punkt wenig überraschend noch mal vor Deutschland. Wie ein Land mit 5 Prozent des Anteils am Gesamtprojekt den Anspruch haben sollte, allein die Welt zu retten, würde mich wirklich mal interessieren.

Überhaupt ist die deutsche Sicht auf dieses Unterfangen mal wieder typisch. Wir zahlen ganz viel Geld und alle machen sich lustig über uns! Mimimi, besonders die Chinesen. Sicher? Ausgerechnet das Land mit den mit Abstand höchsten Investitionen in Green Tech[197] macht sich über uns lustig, weil wir in Green Tech investieren? Und dann lachen uns morgen vermutlich noch die Italiener für unsere Brücken aus und die Amerikaner für unser Schienennetz.

Leute, die Millionen und Milliarden nicht unterscheiden können, heulen reihenweise die sozialen Netzwerke voll, dass uns niemand die Energiewende schenkt, während amerikanische Wirtschaftszeitungen bzgl. Energiewende von globalen »investment opportunities« (also Gelegenheiten) von 194 Billionen Dollar sprechen.[198] Das ist kein Übersetzungsfehler, es handelt sich um das englische Wort »trillion« und bezieht sich auf den Zeitraum bis 2050, also eine übliche Größenordnung für die globale Energieversorgung über 25 Jahre.

Es könnte einen Unterschied in der Erwartungshaltung machen, ob man in 194-Billionen-Dollar-Kosten oder 194-Billionen-Dollar-Möglichkeiten denkt.

Schön, aber was macht ihr jetzt, wenn euch morgen der Nachbar »Aber China!« über die Hecke raunt? Die letzten sechs Seiten vorlesen? Viel Glück mit dem Diagramm. Nein, für die schnelle Antwort braucht man etwas Griffigeres. Hier eine Auswahl:

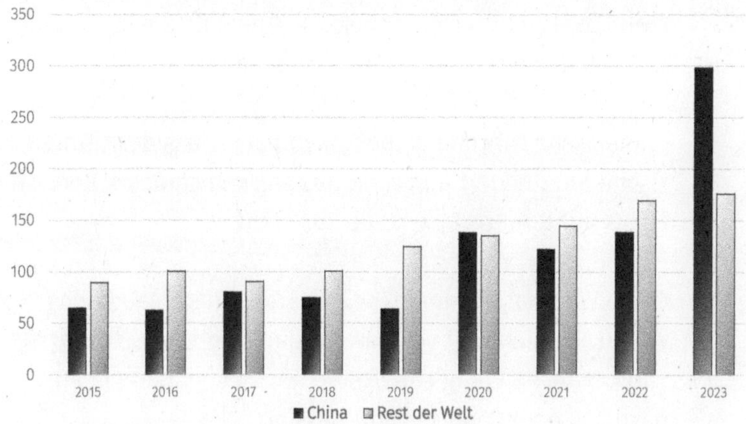

Neu zugebaute Erneuerbare Kraftwerkskapazität pro Jahr und Region in Gigawatt[199]

- China hat allein letztes Jahr dreimal so viel Solarleistung zugebaut, wie Deutschland insgesamt überhaupt installiert hat.[200]

- Obwohl sich der Solar-Ausbau in Deutschland von 2022 auf 2023 verdoppelte[201] und damit den bisherigen Ausbaurekord von 2012 pulverisierte, hat China im gleichen Zeitraum 17-mal so viel Solar-Kapazität zugebaut – womit sich der Ausbau pro Einwohner (in China leben 17-mal so viel Menschen) auf ziemlich ähnlichem Niveau eingependelt hat.

- Indien baut gerade einen so gigantischen Solarpark in die Wüste, dass er fünfmal so groß wie ganz Paris sein wird. Er wird 20 Milliarden Dollar kosten und pro Jahr so viel Strom erzeugen, wie die gesamte Schweiz verbraucht.

- Der bevölkerungsreichste und wirtschaftsstärkste US-Bundesstaat Kalifornien hat bereits so viel Batteriespeicher installiert, dass diese in den Abendstunden mehr Leistung ins Netz speisen können als die letzten drei Atomkraftwerke Deutschlands zusammen.[202]

- Chinesische Ölfirmen gehen davon aus, dass der chinesische Erdölbedarf aufgrund des starken chinesischen Fokus auf E-Autos bereits ab 2024 fällt.[203]

- China wird das Maximum seines Treibhausgasaustoßes voraussichtlich weit vor dem vereinbarten Jahr 2030 erreichen. Manche Energieanalysten gehen sogar davon aus, dass das bereits dieses Jahr passiert.[204]

Sollte das alles nicht recht überzeugen, kann man die Klimaebene auch spaßeshalber komplett verlassen und mal fragen, wie gut es eigentlich für Deutschland und Europa wäre, wenn chinesische Firmen die globalen Energiemärkte dominieren würden und die komplette Produktion von Solarmodulen, Batteriezellen und E-Autos dorthin verlagert werden würde.

Noch ist die ganze Geschichte ein wirtschaftlicher Dreikampf zwischen den USA, China und der EU mit der derzeitigen Reihenfolge (nach Investitionen in Energiewende-Technologien): 1. China, 2. EU, 3. USA.

Aber die USA schlafen nicht und haben mit ihrem 300 Milliarden schweren »Inflation Reduction Act« einen Boom in ihrer Green-Tech-Branche ausgelöst, wodurch sie aktuell schnell aufholen.[205] Sollte die deutsche Regierung den Unkenrufen also nachgeben und tatsächlich ihre Klimaschutz-Bemühungen runterfahren, weil China ja so viel mehr Emissionen verursacht, und damit aus dem Klimaabkommen von Paris aussteigen, sehe ich zwei mögliche Ausgänge:

Erstens: Wir machen keinen Klimaschutz und alle anderen auch nicht → Der Planet ist für Menschen nicht mehr zu gebrauchen.

Zweitens: Wir machen keinen Klimaschutz, aber alle anderen → Der Planet bleibt uns erhalten und wir verlieren einen Teil der deutschen Wirtschaft.

Ist ja gerade aus deutscher Sicht irgendwie beides doof.

FAKT IST:

China ist heute der größte Treiber der Transformation hin zu klimaneutralen Lösungen und hat seine Ziele übererfüllt. Dort werden die meisten Solarzellen, die meisten E-Autos und die meisten Batterien hergestellt und auch installiert.

Ja, China emittiert etwa 30 Prozent der globalen Treibhausgase, es stemmte 2023 aber auch 42 Prozent der globalen Energiewende-Investitionen (Deutschland lag bei etwa 6 Prozent, die USA bei etwa 19 Prozent)[206] und könnte auf diesem Weg den globalen Energiemarkt der Zukunft dominieren.

Der chinesische Höhepunkt der Öl- und Kohlenutzung wird für dieses oder eins der nächsten Jahre erwartet, ab dann ist mit einem Absinken der chinesischen Energieemissionen zu rechnen.

Scanne den Code, kopiere den Text zu FAKT IST und schicke ihn den anonymen Facebook-Accounts, wenn sie mal wieder Mumpitz erzählen.

BULLSHIT 19

WINDRÄDER SIND HÄSSLICH!

Tja, kann man so sehen, Schönheit liegt ja bekanntlich im Auge der Betrachterin. Manche finden Windkraftanlagen grandios-futuristisch, manche bemerken sie kaum und wieder andere finden sie schlimmer als typische Straßenzüge in Köln. Ich warte ja immer noch darauf, dass die ersten Kinder sich an Halloween als Windrad verkleiden, bei Fremden an der Tür klingeln und dadurch schrilles Panikgebrüll auslösen. »Oh mein Gott, Friedrich, es ist ein Windrad! Ich hol das Nudelholz!«

Um Schlimmeres zu vermeiden, hier eine kleine Entwarnung: Ihr müsst die Windräder, die eigentlich Windkraftanlagen heißen, nicht heiraten. Die sollen nur irgendwo rumstehen und da Strom erzeugen.

Nun wäre es natürlich schön, wenn wir Menschen alle größeren Strukturen einfach direkt so bauen könnten, dass alle sie schön finden. Looking at you, Arbeitsamt Wiesbaden und Karstadt in Hamburg Eimsbüttel! Bei Kaufhäusern und Arbeitsämtern ginge das ja sogar noch, aber spätestens bei Klärwerken, Hochspannungsleitungen und Kühltürmen sind unserer gestalterischen Freiheit gewisse Grenzen gesetzt.

Schade eigentlich. Die Einfahrten in den Eisenbahntunnel gegenüber der Loreley haben tatsächlich noch kleine Ziertürmchen verpasst bekommen, das hat man in den 1850ern halt noch so gemacht.[207] Hätte die Energiewende damals schon stattgefunden, hätten die Windkraftanlagen dann heute Jugendstil-Elemente am Rotorblatt?

Eigentlich sollte das nur ein blöder Scherz mit der Auflösung sein, dass das dann eher bekloppt aussieht, aber ich habe eine Bilder-KI mit »wind turbine art nouveau« gefüttert und abgesehen von der sehr kreativen Anzahl von Rotorblättern sah es schon irgendwie edel aus. Das Fundament bestand aus geschwungenen Stahlflechten und war mit hübschen Mustern verziert. Mist, jetzt ist die Pointe kaputt.

So, Schluss jetzt mit diesen Albernheiten, das wäre ohnehin zu teuer. Ich will auch gar nicht wissen, was ich vom Statiker zu hören bekäme, wenn wir die Rotorblätter mit Stuck auskleiden wollten, das gäbe bestimmt nur Ärger. Wir werden uns damit arrangieren müssen, dass manche Leute Windkraftanlagen ausnehmend hässlich finden, andere finden Kühltürme von Kohlekraftwerken hässlich und ich finde riesige Parkplätze und von Dürren zerfressene Wälder hässlich.

Die gute Nachricht ist: Wir müssen auch nicht überall Windkraftanlagen hinbauen. Nicht mal annähernd. Ich kann auch verstehen, dass Menschen das nicht wollen. Es geistern allerlei Schauergeschichten durch Medien und Fernsehen, dass wir für den irren Strombedarf der kommenden 20 Jahre noch mal ein Vielfaches dieser Anlagen aufstellen müssen und dann ganz Deutschland »verspargelt« sei. Das ist aber nur korrekt, wenn wir den Fortschritt der letzten 20 Jahre ignorieren.

In Wahrheit erzeugt eine moderne Anlage aber deutlich mehr Strom, also können wir von den alten gleich mehrere abreißen und von einer neuen ersetzen lassen. Die 28.500 Anlagen im deutschen Bestand sind teilweise so alt, dass wir, würden wir sie alle durch brandneue Anlagen ersetzen, den finalen Ausbauzielen schon recht nahekämen.[208]

Es gäbe dann also nach wie vor sehr, sehr viele Ausflugsziele in Deutschland, an denen wir weit und breit nicht ein einziges Windrad sehen könnten. Wir können großzügig riesige Areale definieren, die auch bei voller Energiewende-Ausbaustufe komplett frei von Windkraft bleiben würden, weil die 225 Quadratkilometer, die wir für Windkraft versiegeln müssten, woanders sind.

225 Quadratkilometer klingt jetzt erst mal viel. Das ist so groß wie ganz Frankfurt am Main – aber Deutschland ist insgesamt etwa 1.500-mal so groß. Manche Leute sagen jetzt immer noch: »Aber ich finde Windkraft so hässlich!« Okay, verstanden. Alles klar. Aber ... wart ihr schon mal in Frankfurt am Main? Ist jetzt auch nicht alles superschön da. Geht mal ins Bahnhofsviertel oder nach Rödelheim. Da könnte ich auch sagen: »Ach Mensch, früher war hier eine liebliche Flussaue am Main und jetzt sind hier 1960er-Jahre-Bauten mit hässlichen Graffitis. Aber die Leute müssen halt irgendwo wohnen.

Irgendwo müssen auch Fabriken für Klopapier stehen, irgendwo stehen Einfamilienhäuser mit Vorgärten aus Schotter und Steinen und wieder woanders ein paar Kraftwerke für unseren Strombedarf (so ein Braunkohle-Tagebau ist übrigens auch nicht gerade eine Augenweide).

Und es ist ja nicht so, als wenn wir bislang keine großen Flächen für unsere vergleichsweise sorgenfreien Leben beansprucht hätten. Wenn wir uns mal angucken, wofür wir die ganze Fläche unseres Landes bislang so verwendet haben, dann entfallen fast 10 Prozent auf Siedlungsfläche. 2,6 Prozent sind Straßen, ganze 50 Prozent sind nur für Landwirtschaft und 0,1 Prozent sind nur für Flugverkehr. Und jetzt bräuchten wir noch mal 0,1 Prozent für Windkraft.

Im deutschsprachigen Internet kursierte im Mai 2024 eine wunderbare Grafik, auf der die Flächenverteilung zu sehen war.

Darin besonders bemerkenswert: In Deutschland verbrauchen Golfplätze deutlich mehr Fläche als Windkraft und sogar mehr als alle Solarparks. Auch das Züchten von Weihnachtsbäumen belegt mehr Fläche.[209]

In der Presse wird oft von 2 Prozent benötigter Fläche für die Windkraft gesprochen, aber das ist die Fläche inklusive der notwendigen Abstände. Das ist wichtig, damit die Bundesländer entsprechend genug Flächen ausweisen, auf denen die Anlagen installiert werden können, aber wir benutzen dann am Ende deutlich weniger als diese 2 Prozent. Auf der Fläche, über der sich die bis zu 85 Meter langen Rotorblätter drehen, kann ja weiterhin ein Acker oder eine Wiese sein.

> **So eine Anlage ist also eigentlich ein kleines Platzwunder: Auf im Schnitt einem halben Hektar Fläche erzeugt sie so viel Strom, dass damit so viel CO_2-Emissionen eingespart werden, wie etwa 20 Quadratkilometer Wald pro Jahr aus der Luft ziehen.**

Die Herstellung einer dieser großen Anlagen verursacht natürlich auch CO_2, aber diese Menge hat sie in 5 bis 7 Monaten Betrieb wieder eingespart.[210] Sie läuft mindestens 240 Monate, hat also eine extrem positive Bilanz.

Wem es wirklich um den Erhalt von Naturflächen geht: Alle Windkraft, die wir in Deutschland für die Klimaziele bis 2045 brauchen, belegt am Ende 0,07 Prozent der deutschen Landesfläche. Das ist so wenig, dass wir darauf unter Einsatz von Kunstdünger und Pestiziden gerade mal Biodiesel für nur 35.000 Pkw herstellen können.

Dennoch gibt es viel Protest gegen Windkraft und sehr wenig gegen Biodiesel. Selbst wenn die Stadt Münster Wind- und Solarkraft direkt neben einem Autobahnkreuz errichten möchte,[211] finden sich Hundertschaften von Leuten, die sich gegen Naturzerstörung, Lärm und Mikroplastik aussprechen. Neben einem Autobahnkreuz. Also einem Ort mit deutlich mehr Naturzerstörung, Lärm und Mikroplastik.[212]

In festgefahrenen Diskussionen verweise ich daher gern darauf, wie wir unseren Strom ohne Windkraft erzeugen müssten. Wir müssten dann mehr Solarzellen nutzen oder mehr Wasserkraft, Gezeitenkraft, Geothermie oder Atomkraft. Die Frage ist dann nur immer, wie viel Fläche das verbraucht, wie teuer es ist und wie lange es dauert.

Solarkraft bauen wir ja ohnehin schon in nie da gewesener Geschwindigkeit aus,[213] aber selbst wenn wir das jetzt noch mal vervielfachen, macht uns der Winter einen Strich durch die Rechnung. Die dunklen Zeiten zwischen November und Januar schlagen nicht nur unserer Psyche aufs Gemüt, auch Solarzellen verfallen in eine Art Winterdepression und liefern dann etwa ein Zehntel des Stroms aus den Sommermonaten. Bei der Windkraft ist es genau umgekehrt, sodass bei einer Kombination aus beidem die Schwankung zwischen Sommer und Winter viel geringer ausfällt. Wollten wir den bayerischen Weg in ganz Deutschland gehen und fast nur auf Solarkraft setzen, bräuchten wir noch viel größere Speicher, um die Stromlücken im Winter zu decken, und das benötigt auch wieder Flächen und dürfte viel teurer sein.

Wasserkraft ist ohnehin ein großer Eingriff in die Natur. Große Mengen Beton wollen zu einem möglichst großen Staubecken geformt werden, was sich natürlich auch wieder auf Flora und Fauna auswirkt.

Gezeitenkraft und Geothermie lassen sich mit der aktuell etablierten Technik wirtschaftlich nur in ein paar wenigen Regionen des Landes einsetzen und die Atomkraft hat so lange Bauzeiten, dass das für die kommenden, entscheidenden 10 bis 20 Jahre zu langsam ist. Vielleicht ändert sich daran in den kommenden Jahren etwas und im Januar 2025 bringt eine findige Start-up-Gründerin aus Brandenburg einen sehr kostengünstigen und sicheren

Weg, um an die in tiefen Erdschichten liegende Geothermie heranzukommen, sie wird Milliardärin und wir installieren weltweit 10 Terawatt Geothermie..

Ja klasse, dann könnten wir uns womöglich eine Menge neuer Windkraft sparen. Mein nächstes Buch hieße dann »Die Geothermie und ich – eine Liebesgeschichte« und wir hätten dann klimaneutralen Strom und Fernwärme im Überfluss. Solange besagte Start-up-Gründerin auf sich warten lässt, müssen wir mit der Windkraft vorliebnehmen – die aber auch schon einen viel geringeren Impact auf die Umwelt hat als unsere fossilen Kraftwerke.

Und wenn die Windräder euch trotzdem weiterhin nicht gefallen oder ihr berechtigte Zweifel habt, dass der Nachbarwald aus ökologischen Gründen eine schlechte Wahl wäre, dann lasst uns halt bessere Standorte suchen, zum Beispiel Autobahnkreuze. Dabei hilft es euch aber nicht, wenn irgendwelche Schauergeschichten über diese Anlagen verbreitet werden, denn dann haben alle Angst vor einer vollkommen ungefährlichen Maschine, die nicht viel Platz verbraucht. Und zwar wirklich nicht viel. Sowohl für Windkraft als auch für Solarkraftwerke auf Wiesen ist der Flächenbedarf recht beschaulich. Wie ihr in der Grafik auf der nachfolgenden Seite sehen könnt, verwenden wir mehr Platz für Golfplätze oder den Anbau von Weihnachtsbäumen als für Erneuerbare Energie.

Irgendwo müssen in Zukunft halt noch ein paar Tausend Anlagen hin und es würden sich bestimmt wie in der Vergangenheit auch Kommunen finden, die sich freiwillig dafür entscheiden. Kein Wunder, manche Kommune konnte dadurch ihren Haushalt nachhaltig sanieren und ihren Bürgern sogar die Grundsteuer erlassen.[214] In Niedersachsen werden Menschen im Umkreis von 2,5 Kilometern um die Anlagen an den Stromerlösen beteiligt.[215] Es dürfte eine Menge Menschen in Deutschland geben, die Windräder dann gar nicht mehr sooo hässlich finden.

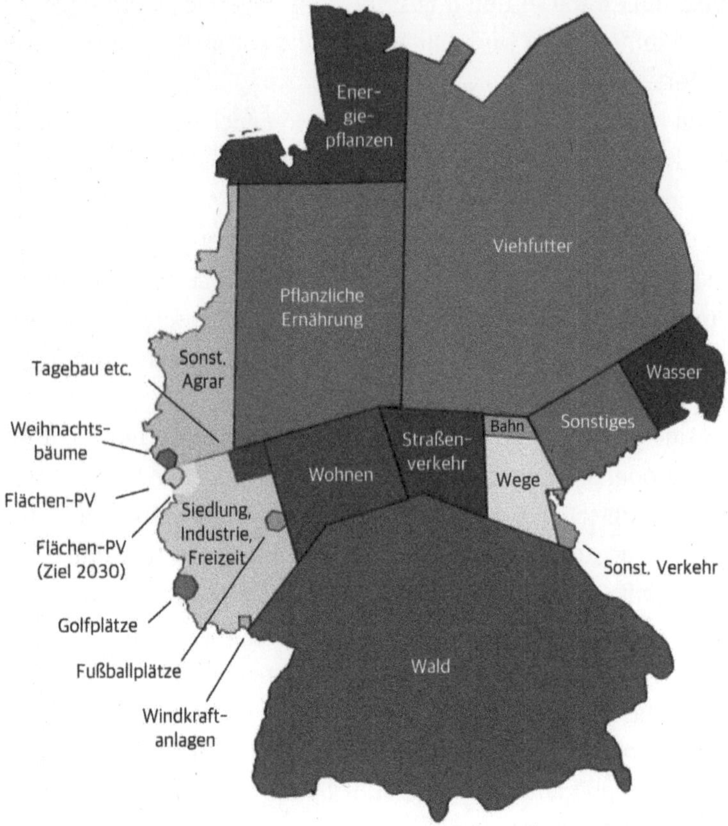

Flächennutzung in Deutschland[216]

FAKT IST:

Der Flächenbedarf für Windkraft ist selbst unter der Annahme, dass wir unsere gesamte Energieversorgung allein und ohne Importe stemmen, verschwindend gering. Wir nutzen aktuell deutlich mehr Fläche für Golfplätze, als wir je für Windkraft benötigen werden.

Dass nicht alle Menschen ihren Anblick mögen, ist wie bei all der anderen Infrastruktur leider zu erwarten. Andere finden Autobahnen hässlich und wieder andere Gewerbegebiete.

Aber selbst bei maximalem Ausbau wird an den meisten Orten in Deutschland weit und breit nicht eine einzige Anlage zu sehen sein. Solange niemand eine ausnahmslos hübsche Methode für Stromerzeugung erfindet, werden wir das kleinste Übel wählen müssen.

Scanne den Code, kopiere den Text zu FAKT IST und schicke ihn Onkel Rüdiger per WhatsApp, wenn er mal wieder Mumpitz erzählt.

BULLSHIT 20

DAS BRINGT DOCH NICHTS MEHR, WIR WERDEN SOWIESO ALLE STERBEN!

Ich habe lange überlegt, ob ich den Punkt so ins Buch mit aufnehmen soll, weil das so verstanden werden kann, also wolle ich mich über die Ängste von Menschen lustig machen. Das wäre ziemlich niederträchtig, denn Ängste sind halt – egal ob rational begründet oder nicht – eine sehr reale Empfindung. Als ich zum ersten Mal eine VR-Brille trug und scheinbar auf einer aus dem Fahrstuhl eines Hochhauses ragenden Holzplanke stand mit 40 Stockwerken unter mir, hatte ich Angst davor, einen Schritt nach vorn zu gehen. Obwohl ich rational wusste, dass ich in der Küche meiner Freunde stand.

Ich würde diese Bullshit-Aussage daher gern etwas auftrennen, denn das Interessante an diesem (oder ähnlich formulierten) häufig gelesenen Kommentar ist auch, dass er von sehr unterschiedlichen Gruppierungen stammt. Sowohl Menschen, die eigentlich sehr an der Klimastabilisierung interessiert sind, als auch solche, die das ganze Thema einfach nur lästig und überflüssig finden, äußern sich so.

Personen aus der ersten Gruppe habe ich manchmal in Lesungen sitzen, die meine eher optimistische Präsentation des Themas dann für naiv und leichtgläubig halten. Wie ich denn angesichts der Nachrichtenlage überhaupt noch Hoffnung haben könne, werde ich dann gefragt, wo doch offensichtlich schon alles verloren sei.

Tja, kommt stark auf die Nachrichtenlage an beziehungsweise auf die Nachrichtenlage der von mir gewählten Medien und meiner Interpretation davon. Und das kann sich halt sehr stark unterscheiden. Allein das Jahr 2023 hielt genug Hiobsbotschaften bereit, um darin das Ende der habitablen Zone für Menschen zu sehen. Riesige Waldbrände in Kanada, irre Hitzewellen in Indien und Bangladesch, Überflutungen, Regenwald-Rodungen, immer neue CO_2- und Temperaturrekordwerte und der zweite Teil von »Manta Manta« wird dritterfolgreichster deutscher Film des Jahres. Da kann man schon mal die Hoffnung verlieren.

Problem daran: Die typischen Meldungen in den Nachrichten vermitteln ein sehr unvollständiges Bild davon, wo wir gerade stehen. Das soll jetzt hier kein Geraune gegen die »Mainstream-Medien« werden, aber das, was wir typischerweise als Nachrichten kultiviert haben, ist keine gute Quelle, um die Gesamtsituation richtig zu beurteilen.

Ich schreibe ganz bewusst »kultiviert«, weil das ein Ergebnis von uns allen ist. Die Medien berichten nicht in den luftleeren Raum hinein, sondern tun das auch abhängig davon, ob wir ausgewogene, differenzierte Berichte mit weniger Klicks belohnen als schnell zusammengeschriebene Aufreger, maximal dramatisches Zeug oder Geschichten darüber, dass dem Thronfolger einer königlichen Familie beim Empfang die Hose geplatzt ist oder irgendwer besonders spektakulär zu besonders viel Geld, Sex, Ruhm, Schmerzen oder Schaden gekommen ist.

Wir sagen, wir wollen Nachrichten, aber oft wollen wir eigentlich Geschichten. Also nichts gegen Geschichten, ich versuche jedes Jahr einmal »Herr der Ringe« zu lesen, aber das hat ja nichts mit der realen Welt zu tun. Wenn wir also immer öfter die Nachrichten mit Aufmerksamkeit belohnen, die unseren voyeuristischen Trieb befriedigen, dann bekommen wir eben auch mehr davon.

Noch schlimmer: Wenn etwas wirklich Berichtenswertes passiert ist, aber am gleichen Tag noch etwas in Medienlogik Berichtenswerteres, zum Beispiel wie ein Sportturnier ausgegangen ist oder dass ein ehemaliger US-Präsident den tausendsten Gehirnfurz in ein Mikrofon abgesondert hat, dann findet das Ereignis aus der wichtigen Nachricht in unserer Aufmerksamkeit gar nicht mehr statt.

Beim Klima oder anderen ökologischen Krisen gibt es aber eigentlich keine derartig knalligen Ereignisse, die sich in Schriftgöße 72 gut vermarkten lassen. Der Artikel »EFFIZIENZ VON SOLARZELLEN UM 0,5 PROZENT GESTIEGEN!« wird im Internet an Einsamkeit sterben, obwohl es am Ende viele einzelne genau solcher Schritte waren, die uns noch mal eine echte Chance einräumen.

In Vorträgen zeige ich gern die Schlagzeile »Sensation: Windkraft erreicht 5-fachen Stromertrag« mit zugehörigem Artikel aus der Wiesbadener Zeit, um die Bedeutung dieser Entwicklung zu unterstreichen. Danach muss ich dem Publikum aber eröffnen, dass es gar keine Wiesbadener Zeit gibt und ich den Artikel einfach selbst geschrieben und designt habe, weil keine mir bekannte Zeitung das bislang so berichtet hat. Obwohl es stimmt und einen gigantischen Unterschied macht.

Aber nicht nur das Nicht-Berichten wichtiger Aspekte ist ein Problem, sondern auch, WIE berichtet wird. Beliebt sind zum Beispiel alle möglichen Arten von Rekorden: »Wieder mal heißester Monat gemessen« – »Wieder neuer CO_2-Rekordwert« – »So viele Waldrodungen im Amazonas wie noch nie«.

Es verwundert nicht, dass interessierte und vernünftige Menschen angesichts dieser Nachrichtenlage die Hoffnung verlieren, aber hier fehlt halt auch die Einordnung und der Bericht über Aspekte, die sich gleichzeitig verbessern. Zudem denken wir nicht in Zahlen und Excel-Tabellen, folglich können wir all die Rekorde nicht ins Verhältnis setzen und es stellt sich schnell ein »Alles wird schlecht«-Gefühl ein.

Aber wir sollten halt schon auch die Fakten sehen. Ja, die Temperatur und der CO_2-Gehalt werden auch 2024 wieder Rekorde brechen. Das ist leider recht logisch, da wir ja mit dem CO_2-Ausstoß nicht aufgehört haben (im Gegenteil) und das wird auch so bleiben, bis wir uns global von fossilen Rohstoffen und immer mehr Flächenverbrauch gelöst haben.

Solange Menschen mehr Fleisch essen wollen, wird es einen Flächendruck auf Regenwaldgebiete geben und entsprechende Rodungen. Ich begrüße jede Berichterstattung in dieser Richtung – wenn sie denn auch die Ursache nennt. Einfach nur Leute mit dystopischen Bildern von entwaldeten Gebieten konfrontieren bringt in meinen Augen wenig bis gar nichts. Das fand ich schon als Schüler irritierend.

»Liebe Kinder, das ist der Regenwald und wir Menschen machen ihn aktuell komplett kaputt. Seit ich mit dem Vortrag begonnen habe, sind 10 Hektar vernichtet worden. Das ist schlecht, denn ohne Wälder habt ihr keine Atemluft mehr.«

»Und was kann man dagegen tun?«

»Ja, öh, weniger Möbel aus Tropenholz kaufen? Oh, das war die Klingel, jetzt habt erst mal alle viel Spaß in der Pause!«

Ja, danke für gar nichts. Habe ich mir dann im zarten Alter von 12 Jahren einfach mal keine Anrichte aus Mahagoni gekauft. Das hat die globale Entwaldung ja komplett aufgehalten, noch mal Glück gehabt.

Abgesehen von diesem entsetzlich hilflosen Verhaltenstipp, weil Entwaldung nun mal zu 90 Prozent mit Landwirtschaft zusammenhängt[217] und nicht mit Möbeln aus Tropenholz, ist auch der Teil mit der Atemluft kompletter Unsinn. Es wird gern die Metapher des Amazonas-Regenwaldes als den Lungen unserer Erde benutzt, verbunden mit der Sorge, dass uns ohne ihn der Sauerstoff ausginge.

Das ist insofern Unsinn, als die Hunderte Milliarden Bäume am Amazonas zwar durchaus Sauerstoff erzeugen, der ganze Wald mit all seinen Organismen aber auch eine riesige Menge davon wieder verbraucht. Sauerstoffproduktion ist auch keineswegs ein Alleinstellungsmerkmal dieser Bäume in Südamerika, das macht auch eine schnöde Buche im Gewerbegebiet südlich von Hannover.

> **Aber selbst ganz ohne Bäume bräuchten wir Menschen Millionen Jahre, um die Sauerstoffvorräte des Planeten aufzubrauchen, das ist überhaupt kein reelles Problem. Das echte Problem sind die durch Rodungen vermehrten Treibhausgase, die insbesondere durch gerodete Regenwaldflächen in Mitleidenschaft gezogene Artenvielfalt und die dann rückläufige Fähigkeit der Verdunstung des Waldes, die zur Entstehung des namensgebenden Regens führt.**

Doch wie groß ist dieses Problem eigentlich? Ich weiß davon seit bestimmt 35 Jahren und kann mich an Berichterstattung von Rodungen in Brasilien in allen Jahrzehnten erinnern, also bin ich davon ausgegangen, dass wir in der Zeit wohl den Großteil dieser Wälder längst vernichtet hätten. Weit gefehlt: Es stehen noch 89 Prozent. Wir haben also 11 Prozent davon gerodet (im Vergleich zur Zeit vor 1970).[218]

Seit ich die Zahl kenne, frage ich Bekannte, was sie schätzen würden, und sie alle schätzen es viel zu hoch ein. Jetzt versteht mich nicht falsch, auch »nur« 11 Prozent gerodeter Amazonas-Regenwald ist echt nicht gut (in Brasilien sind es überdurchschnittliche 20 Prozent). Besonders der Gedanke, etwas so Wertvolles gegen etwas so Überflüssiges wie billiges Fleisch einzutauschen, ist einfach grotesk.

Aber für mich macht es psychologisch einen riesigen Unterschied, ob wir das meiste davon noch haben oder ob es längst verloren ist. Im letzteren Fall lohnt es sich nämlich nicht mehr, dafür zu kämpfen.

Und damit meine ich nicht, dass wir jetzt auf Instagram Brasilianerinnen ob ihrer waldfeindlichen Lebensweise beschimpfen. Erstens sind es auch deutsche Sojafutter-Importe, die den Druck auf die verbliebenen Naturflächen erhöhen, und zweitens haben wir in Deutschland bereits unsere ehemals 90 Prozent[219] Waldfläche auf 30 Prozent verkleinert (auch dieser Prozentsatz ließe sich wieder erhöhen).

> **Lange Rede, kurzer Sinn: Auch ganz seriöse, wahrheitsgetreue Nachrichtenmeldungen sind meistens unvollständig bzw. ihnen fehlt der Kontext, um daraus mit begrenzten menschlichen Gehirnen langfristige Trends und Gesamtsituationen abzuleiten. Dafür denken wir einfach zu sehr in Geschichten.**

Ja, die letzten Jahrzehnte mit immer mehr Menschen haben dem Ökosystem stark zugesetzt und wir können nicht mit Sicherheit sagen, ob wir schon irgendwelche Kipppunkte ausgelöst haben. Aber wir befinden uns jetzt an einem Punkt, an dem sich gleich mehrere dieser Trends umkehren.

Wir werden in den kommenden Jahren voraussichtlich zum ersten Mal fallende Kohleförderung, fallende Ölförderung und fallende CO_2-Emissionen sehen. Wir hatten bereits im Jahr 2017 Peak Children, also das Maximum gleichzeitig lebender Kinder unter 5 Jahren. Seitdem sinkt die Zahl von Menschen im Alter unter 5 auf der Welt, sodass wir irgendwann bei 10 bis 11 Milliarden

Menschen landen werden. Die globale Fläche für Landwirtschaft hat laut einem Forschungsteam der FAO bereits im Jahr 2000 seinen Höhepunkt erreicht (was nicht bedeutet, dass Ackerfläche in manchen Ländern auch heute noch stark wächst).

Wer wirklich wissen will, wie es um den Planeten bestellt ist, kann nicht einfach aus der bloßen Existenz von Waldrodungen, Ölförderung oder Artensterben schließen, dass alles immer weiter bergab geht (Waldrodungen gibt es seit Tausenden von Jahren). Genauso wichtig ist das Ausmaß, und noch viel entscheidender: der Trend. Wird ein Problem immer schlimmer oder ist es wie das Ozonloch eigentlich gelöst und braucht jetzt noch eine Weile, um wieder zu heilen?

Damit will ich nicht sagen, wir wären bereits aus dem Schneider. Im Gegenteil, jetzt ist die Zeit, in der wir all unsere Möglichkeiten nutzen müssen. Weil wir sie haben. Wir sitzen seit Jahrzehnten in einem Sumpf fest und bekommen jetzt endlich ein Seil gereicht, an dem wir uns rausziehen können und sollten. Die Annahme, das Seil werde doch sowieso reißen, ist der Motivation da nicht wirklich zuträglich.

Ja, kann gut sein, dass wir das 1,5-Grad-Ziel bereits verfehlt haben. Dann sollte unser nächstes Ziel eben 1,6 Grad Erwärmung sein.

> **Das Eingeständnis, dass wir die 1,5 Grad womöglich schon nicht mehr schaffen, sollte doch ein Grund für noch mehr Anstrengungen sein, nicht für weniger.**

Kommen wir jetzt zur in Diskussionen deutlich ärgerlicheren zweiten Gruppe, also zu den Leuten, die das ganze Thema einfach nur nervt und die in Generalopposition gehen, weil ihnen Klimaschutz einfach zu anstrengend ist. »Die Welt ist sowieso am Ende, da schränke ich mich doch nicht mehr fürs Klima ein.« Puh, schwierig, Empathie gibt's offensichtlich nicht im App-Store.

Wer glaubt, der Schaden sei bereits so groß, dass Menschen dabei draufgehen, hat eigentlich eine noch größere moralische Verpflichtung, alles zu tun, um das aufzuhalten. Besonders absurd finde ich diesen Ausspruch von Leuten, die selbst Kinder oder Enkel haben und jetzt nach 60 Jahren Frieden und Wohlstand zu träge sind, um den eigenen Nachkommen das Mindeste zu ermöglichen. Manche Eltern überschlagen sich ja gern mit Aussagen, was sie für ihre Kinder zu opfern bereit sind und geben zu Protokoll, sie würden für sie sogar töten. Also Leute umbringen geht klar, hey, es sind halt meine Kinder! Aber E-Auto fahren und weniger Fleisch essen, da hört der Spaß auf.

Das ist natürlich vollkommen unglaubwürdig. Wer für seine Nachkommen bereit ist, einen Krieg vom Zaun zu brechen, sollte noch viel eher bereit sein, mit ein paar Veränderungen klarzukommen. Veränderungen, die im Gegensatz zu den drastischen Einschnitten, mit denen ihre Kinder ansonsten konfrontiert sind, ja auch noch geradezu homöopathisch ausfallen. Es kann doch niemand ernsthaft denken, das Laden eines E-Autos sei ein größeres Opfer als in einer Zukunft zu leben, in der immer öfter die Weltgetreideernte ruiniert wird.

Besonders perfide ist daran, dass dieses destruktive Gerede vom Untergang das Potenzial hat, zu einer selbsterfüllenden Prophezeiung zu werden. Je mehr Leute den Mut verlieren und sich dann aus Angst von dem Thema abkapseln, desto schwerer wird es, es mit vereinten Kräften zu lösen.

FAKT IST:

Wir hatten noch nie eine bessere Chance, das Problem zu lösen. Vor 20 Jahren war die Situation wirklich verfahren und recht hoffnungslos, aber seitdem ist viel passiert. Die globalen Emissionen

aus der Stromerzeugung könnten dieses Jahr erstmals seit Jahrzehnten wieder sinken (Coronadelle ausgenommen).

Ja, wir werden die Erwärmung vorerst nicht zurückdrehen können und müssen erst mal mit dem leben, was wir bereits angerichtet haben. Ja, die Erwärmung auf 1,5 Grad zu begrenzen, ist ein sehr ambitioniertes Projekt. Es ist aber nun mal ein gewaltiger Unterschied, ob wir jetzt alles in unserer Macht Stehende tun und dann bei 1,6 Grad Erwärmung rauskommen oder bei 2,5 Grad.

Wir haben eine moralische Verpflichtung, es wenigstens zu versuchen. Auch bei null zu vier Rückstand wird noch versucht, Fußballspiele zu drehen. Gegen jede Wahrscheinlichkeit versuchen Leute in Bars mit Sprüchen wie »Na, auch hier?« einen Sexualpartner zu finden. Es wäre vollkommen plemplem, bei viel besserer Ausgangslage nicht zu versuchen, das einzige Habitat für Menschen im Umkreis von ein paar Lichtjahren zu bewahren.

Scanne den Code, kopiere den Text zu FAKT IST und schicke ihn deinen Kollegen aus dem Vertrieb per WhatsApp, wenn sie mal wieder Mumpitz erzählen.

BULLSHIT 21

DAFÜR HABEN WIR ZU WENIG STROM!

Das ist nun wirklich ganz besonders übel riechender Bullshit. Wir lesen ihn unter Ankündigungen der Stadt Wiesbaden bzgl. der Anschaffung von E-Bussen, hören ihn, wenn jemand vom Einbau seiner Wärmepumpe erzählt oder wenn jemand zur Anpassung an die Klimakrise den Einbau von Klimaanlagen in Krankenhäusern und Arztpraxen vorschlägt. Seit 20 Jahren hat sich kaum irgendwer dafür interessiert, wo Strom herkam. Der bloße Umstand, dass er mittels einer Steckdose benutzbar war, war vollkommen ausreichend. Aber jetzt, wo wir das auf nachhaltig und klimaneutral umbauen wollen, geht es auf einmal nicht mehr.

Menschen haben Heizlüfter gekauft, Haartrockner, Unterhaltungselektronik, Saunen mit Elektroofen, Whirlpools, Gaming-PCs und Scheiben zum Klirren bringende Stereoanlagen und was auch immer. Wie auf der anderen Seite des Stromnetzes die Leistung für diese Geräte erzeugt wurde, ob das sonderlich klimafreundlich war oder nicht und ob das deutsche Netz viele Millionen davon aushalten könnte, hat keine Sekunde interessiert. Aber jetzt ist das Norbert auf Facebook auf einmal total wichtig, klar.

Sowohl klassische Windkraftgegner und ihre eher rechtspopulistischen Lieblingsmedien verbreiten diesen Unfug als auch taz-Redakteurin und Publizistin Ulrike Herrmann sowie Fans von Sahra Wagenknecht. Dazu müsst ihr wissen: Deutschland hat einen wirklich ansehnlichen Kraftwerkspark. Letztes Jahr hat er 430 Terawattstunden Strom geliefert und da waren unsere fossilen Kraftwerke so schlecht ausgelastet, dass sie vor Langeweile gegähnt hätten, hätten sie Münder.

Das lag also weit unter dem, was wir hätten erzeugen können, wenn wir gewollt hätten. Hätten wir all unsere Kraftwerke Tag und Nacht durchlaufen lassen und auf 90 Prozent Auslastung hochgetrieben (100 geht in der Praxis nicht wegen Wartungsarbeiten und solcher Dinge), dann hätten wir 680 Terawattstunden Strom erzeugt.

Unserem Bedarf von 430 Terawattstunden stand also eine mögliche Erzeugung von 680 Terawattstunden gegenüber (60 Prozent mehr). Wir hätten also bereits dieses Jahr alle unsere Autos auf Elektro umstellen und damit doppelt so weit fahren können wie mit unseren heutigen Autos (welch beängstigender Gedanke) und hätten genug Strom dafür gehabt.

Von unserem im Jahr 2023 hübschen Strommix mit 60 Prozent Erneuerbaren hätten wir uns dann wohl verabschieden können, aber eben auch vom Verbrauch von 23 Milliarden Litern Benzin und 20 Milliarden Litern Diesel.[220] Aber zu wenig Strom? Wir haben so viel Strom, dass er uns aus den Ohren wieder rauskommt, auch wenn Jens Spahn für Deutschland eigens das Wort »Strom-Not-Land« erfunden hat und beweist, von Strom so viel Ahnung zu haben wie ich vom ungarischen Akkusativ.[221]

Was damit eher gemeint ist, ist, dass wir zu wenig CO_2-armen Strom haben. Ach nee, echt jetzt? Ist ja eine phänomenale Erkenntnis. Seit Jahren quatschen Leute wie ich Politik und Gesellschaft voll, doch bitte mal den Fuß von der Wind- und Solarkraftbremse zu nehmen, aber vom altklug Daherreden, dass es noch nicht ausreicht, haben wir leider nicht eine Kilowattstunde mehr Solarstrom im Netz.

Damit befinden wir uns in guter Gesellschaft mit fast allen anderen Ländern der Welt seit Erfindung der Elektrizität. Ein paar wenige Ausnahmen mit 100 Prozent CO_2-armem Strom gibt es bereits, so zum Beispiel die Schweiz oder Paraguay, aber auch die werden in Zukunft mehr davon brauchen, wenn sie elektrische Autos und Heizungen nutzen wollen.

»Wir brauchen mehr EE-Strom« wird die kommenden 20 bis 30 Jahre also eine ähnlich naheliegende Weisheit sein wie »Wir brauchen mehr Liebe« und »Wir brauchen mehr leckeren Kuchen«. Der Bedarf nach immer mehr sauberem Strom gilt eigentlich schon sehr lange, er war nur recht unbekannt. Hätten die Leute im 19. Jahrhundert schon um die Folgen der Kohleverbrennung gewusst, hätten sie sich beim Einschalten des ersten öffentlichen Kraftwerks (Kohle) im Jahr 1882 in Birmingham schon »Wir brauchen mehr erneuerbaren Strom« zuraunen können. Zugegeben, das wäre schlechtes Timing gewesen.

Es ist also ähnlich hilfreich, für so eine belanglose Phrase Atemluft zu verschwenden, als wenn ihr extra Leute anruft, nur um ihnen zu erklären, dass auf Regen Sonnenschein folgt oder dass vom mit hoher Geschwindigkeit gegen Wände rennen eher abzuraten ist, weil das zu Verletzungen im Gesichtsbereich führen kann.

Manche Leute meinen aber nicht nur »Mehr EE-Strom wäre echt schön«, sondern auch: »Wir werden niemals genug EE-Strom haben. Niemals! HAST DU GEHÖRT, JAN? NIEMALS!« Ja ja, hab ich gehört. Ist aber trotzdem kompletter Mumpitz.

Aussagen mit dem Wort »nie« können ja grundsätzlich schnell zu Eigentoren werden. Die Ewigkeit ist eine lange Zeit, aber selbst mit der Ewigkeit verglichen kurze Zeiträume wie Jahrzehnte reichen ja aus, um eine Menge Prognosen darüber, was angeblich nie möglich sein wird, an der heutigen Realität zerschellen zu lassen (ein Blick in die Vorstellungen der 1950er-Jahre zeigt, was ich meine).

Ja, wir brauchen in Zukunft viel mehr sauberen Strom, als wir heute noch erzeugen (in Deutschland je nach Studie 5- bis 7-mal so viel wie heute). Nun erzeugen wir aber auch jedes Jahr mehr davon. Global ist es das gleiche Bild: Noch fließen nervige 17.500 Terawattstunden Fossilstrom durch die weltweiten Stromnetze (Tendenz noch schwach steigend), die wir erneuerbar ersetzen müssen, aber gleichzeitig wächst der EE-Zubau halt exponentiell.

> **Wer das Konzept exponentiellen Wachstums begriffen hat, weiß, was das bedeutet: Irgendwann erreicht der EE-Strom die magische Grenze des weltweiten Bedarfs.**

Aktuell befinden wir uns noch in der Beschleunigungsphase, in der die neue Technik immer billiger wird und die Fabriken jedes Jahr die Solarmodul-Produktion stark steigern.

Zu sagen, dass es nie genug davon geben wird, ist, als hätte jemand 1998 gesagt, dass es nie genug Flachbildschirme geben wird, um all die Röhrenmonitore zu ersetzen, oder als hätte jemand 2008 gesagt, dass die paar iPhones doch nie reichen, um all die Nokia-Handys vom Markt zu drängen. Wer dem zustimmt, kann mir gern auf seinem Nokia-Handy und mithilfe eines Röhrenmonitors eine Beschwerde-E-Mail an AllesGelogen@graslutscher.de schicken.

Es gibt einen Trick, mit dem der Bedarf an EE-Strom extra groß dargestellt wird, nämlich indem Stefan Aust in der ARD bei Frau Maischberger oder Frau Herrmann in einer anderen Talkshow den gesamten Energieverbrauch ins Spiel bringt, in dem aber allerlei Verschwendung enthalten ist, die wir uns in Zukunft schenken können. Das Ziel von 100 Prozent Erneuerbaren im Mix soll so extra weit entfernt wirken.

Noch mal: Selbst das wäre ein ganz schlechtes beziehungsweise kurzsichtiges Argument, um davon auszugehen, dass der

EE-Strom »nie reicht«. Wir hätten selbst dafür ein Vielfaches an Fläche und Rohstoffen zur Verfügung, es würde nur länger dauern.

Der Trick mit der Gesamtenergie ist, dass unser jetziges Energiesystem saumäßig verschwenderisch ist. Wenn ich ein Kilogramm Steinkohle im Kraftwerk zu Strom mache, landen nur 40 Prozent der Energie in der Kohle im Stromnetz. Die restlichen 60 Prozent sind Abwärme, sie kommt als heißer Rauch aus dem Schornstein und als Wasserdampf aus dem Kühlturm (die zusätzlich noch Flüsse oder die Natur erwärmt, was eigentlich auch keiner will).

> **Wenn ich also die Energie aus einem Kilo Kohle mit Solarkraft ersetzen will, brauche ich Solarmodule für nur 40 Prozent der Energie in diesem Kilo Kohle.**

Ich will ja mit dem Strom aus den Solarzellen nicht extra ein paar Fake-Kühltürme betreiben, weil die Menschen in der Nähe des Kohlekraftwerks sonst die schönen Wolken vermissen.

Leider argumentiert Stefan Aust aber so, als wäre genau das der Fall. Er sagt: »Wir haben so und so viel Primärenergie verbraucht und Erneuerbar war nur ganz wenig davon!« Ja, wir haben viel Primärenergie verbraucht, weil davon etwa die Hälfte nutzlos verpufft. Diese Hälfte brauchen wir in Zukunft aber gar nicht. Was zählt, ist die Nutzenergie, die uns das Leben einfacher macht.

Wenn ihr 10 Minuten unter der warmen Dusche stehen wollt, braucht euer Durchlauferhitzer etwa drei Kilowattstunden Strom dafür. Ob diese drei Kilowattstunden jetzt aus einem Solarpark kommen oder aus einem Kohlekraftwerk, in dem aber erst mal 7,5 Kilowattstunden Kohle verbrannt werden mussten, ist uns doch vollkommen schnurz. Ihr wollt, dass das Duschwasser warm wird, nicht das Kohlekraftwerk.

Stefan Aust und andere Trickser sagen aber: »Ha, in Zukunft müssen wir wegen des Kohleausstiegs diese 7,5 Kilowattstunden

Kohle mit 7,5 Kilowattstunden Windstrom ersetzen! Deswegen wird der niemals nie reichen!« Ja, Stefan, komm, ist gut jetzt. Wer in 2024 angekommen ist, nimmt dafür halt die effizienten drei Kilowattstunden Windstrom.

Frau Herrmann erzählt das ähnlich, nur nicht mit Kraftwerken, sondern mit Autos und Heizungen. Sie verweist dann auf die sogenannte »Endenergie«, eine nicht wirklich intuitive Wortschöpfung, denn das ist auch wieder mehr, als wir am Ende wirklich nutzen. Man könnte ja denken, dass »Endenergie« die ist, die wir am ENDE rausbekommen, aber tatsächlich sind da auch das ganze Benzin, das Heizöl und das Erdgas drin, mit denen wir Auto, Bus und Lkw fahren und Heizungen betreiben.[222]

Aber auch die – ihr ahnt es schon – verbrauchen mehr Energie als nötig für das, was wir Menschen am Ende eigentlich davon haben. Ein E-Auto braucht für 100 Kilometer etwa 20 Kilowattstunden Strom, ein Diesel-Auto etwa 70 Kilowattstunden Kraftstoff (weil es dafür Motor, Auto und Abgase stark erwärmt). Frau Herrmann macht jetzt genau den gleichen Trick und tut so, als müssten wir 70 Kilowattstunden Diesel mit 70 Kilowattstunden Strom ersetzen. Wir wollen aber kein warmes Auto, wir wollen von A nach B kommen.

Solange nicht ganz Deutschland einen krassen Hitze-Fetisch entwickelt und im Zuge dessen Hochleistungs-Haartrocker in den E-Autos mitführt, damit auch die ein bisschen die Luft hinter sich erwärmen, kommen wir sehr gut mit deutlich weniger Energie klar, als sie behauptet.

Ich weiß, das ist ein sehr albernes Bild, aber genau so wird hier argumentiert. Und genau so sind wir Menschen über 100 Jahre Auto gefahren: Mit Autos, die gleichzeitig wie riesige Haartrockner die Luft erhitzen und dafür auch die meiste Energie aufbringen. Beim Umweltbundesamt kann man schön nachschlagen: Aktuell liegt der Endenergieverbrauch bei 2.400 Terawattstunden, aber um 2045, wenn der Verkehr und das Heizen überwiegend elektrisch funktionieren, wird das auf 1.400 Terawattstunden zusammengeschrumpft sein.[223] Das ist die Strommenge, die wir mit Wind- und Solarkraft erzeugen müssen, nicht die mit dem ganzen Ballast drin (es wird wahrscheinlich noch etwas weniger, weil wir auch einen Teil davon importieren werden).

FAKT IST:

Wir haben eines der sichersten Stromnetze der Welt und genug Strom. Selbst unsere heutigen Kraftwerke könnten locker noch mal 50 Prozent mehr Strom erzeugen als im letzten Jahr, was ausreichen würde, um gleich zweimal die gesamte Fahrleistung aller deutschen Autos elektrisch zurückzulegen.

Wir haben genug Strom, werden genug Strom haben und in Zukunft irgendwann einen Punkt erreichen, an dem wir auch genug CO_2-armen-Strom haben werden. Stellt euch für diesen Tag eine Flasche Champagner kalt.

Scanne den Code, kopiere den Text zu FAKT IST und schicke ihn Tante Daphne per WhatsApp, wenn sie mal wieder Mumpitz erzählt.

BULLSHIT 22

ABER NACHTS SCHEINT KEINE SONNE – LOL!

Ach, Solarzellen können nachts keinen Strom erzeugen? No Shit, Sherlock. Manchmal weiß ich gar nicht, ob es überhaupt lohnt, für ein derartig unterkomplexes Geraune ein Gegenargument zu entwerfen. Dieses Argument tragen Leute mit vor Stolz geschwellter Brust vor sich her und bemerken nicht, dass es sich um eine selbst unter Höhlenmenschen allgemein bekannte Selbstverständlichkeit handelt.

Hey, glaubt ihr echt, dass weltweit Hunderttausende Menschen in dieser Branche arbeiten und diese Offensichtlichkeit übersehen haben? Träumt ihr von einer Zeitreise, mit der ihr vor 70 Jahren den Siegeszug der Solarenergie stoppt, indem ihr 1954 die führenden Forscher (Gerald Pearson, Calvin Fuller und Daryl Chapin) über die Erdrotation aufklärt?

»Professor Pearson, stimmt es, dass Sie mit Ihren Kollegen Chapin und Fuller eine auf Silizium basierende Solarzelle erfunden haben?«

»Ja, das ist korrekt. Wir konnten mittels Diffusion von Bor in Silizium einen funktionierenden Prototypen mit sechs Prozent Wirkungsgrad entwickeln.«

»Interessant. Aber ist Ihnen klar, dass Ihre Solarzelle nachts keinen Strom erzeugt?«

»Oh! (*erstauntes Schweigen*) Das ... das war uns ja gar nicht bewusst! Teufel auch, so ein Ärger!? Daryl! Komm mal schnell her, Manfred aus Unterknürztal hier hat mir eben was erklärt. Wusstest du, dass die Erde sich dreht und es alle 12 Stunden ein Phänomen namens Nacht ganz ohne Sonneneinstrahlung gibt?«

Ja, lustig, aber das wäre anders gelaufen. Gerald Pearson hätte das Gesicht verzogen, euch gefragt, ob das ein besonders dummer Witz sein soll und die Security gerufen. Es ist nämlich allen klar, dass Solarzellen in der Dunkelheit keinen Strom erzeugen. Allen.

Es wäre ähnlich überflüssig, wenn diese Leute das Internet mit Warnungen vor dem Bau von Skiliften und Freibädern überschütten würden. Ein neues Freibad in Berlin-Steglitz? Haha, ihr Trottel, im Winter ist es dafür aber viel zu kalt! In den Dolomiten soll ein neuer Skilift errichtet werden? Na, da werdet ihr im Sommer schön dumm aus der Wäsche schauen, wenn gar kein Schnee liegt.

Ja, Wetter ändert sich, wissen wir, Captain Obvious. Wissen alle. Wissen auch alle in der Bundesnetzagentur und bei den Netzbetreibern, wo Tausende Leute daran arbeiten, Solar- und Windkraft erfolgreich in unsere Netze zu integrieren. Wissen auch die Menschen in all den anderen Ländern, wo noch viel mehr Solarkraft zugebaut wird als bei uns.

Deutsche Solarzellen erzeugen nachts keinen Strom? Ui, Breaking News: Das ist in Indien, China und den USA ebenfalls so. Wieso müssen wir diesen Unsinn trotzdem unter Artikeln der Tagesschau zum Solarausbau, im Kommentarbereich zu Videos über die neuen Rekorde in der Zellfertigung lesen? Wieso macht dieser bekloppte Trend nicht wenigstens vor den Bildern der Internationalen Raumstation mit ihren charakteristischen Sonnensegeln halt?

Leute, es ist eine Raumstation. Wie sollen wir die sonst mit Strom versorgen? Indem wir einmal pro Woche einen Container Kohlebriketts hochfliegen und da in einem Generator verfeuern oder was? Das wäre nicht nur unfassbar teuer, es würde auch mangels Sauerstoff und der Abwärme nur sehr kurz funktionieren.

Deswegen wird die ISS mit Solarstrom versorgt, und das, obwohl es auch auf der ISS Tag und Nacht gibt, verrückt! Ist das nicht gefährlich? Jemand sollte die Bild-Zeitung informieren wegen der dortigen Blackout-Gefahr. Ruft Jens Spahn an und fragt, ob es sich dadurch um eine Strom-Not-Raumstation handelt und wir dort nicht lieber schnell ein Kernkraftwerk errichten lassen sollten.

Oder wir lassen das einfach, weil all die Aufregung gar nicht nötig ist. Auf der ISS geht innerhalb von 24 Stunden 16-mal die Sonne unter und dann befindet sich die Station für jeweils eine Dreiviertelstunde in der Dunkelheit. In dieser Zeit geht dort nicht etwa überall das Licht aus, sondern die Station wird von Batterien versorgt. Und was im Orbit funktioniert, funktioniert auch auf der Erde: Wir nutzen einfach uralte Erfindungen, um den Strom für die Nacht zu speichern.

Batterien sind eine jahrhundertealte Erfindung, die jetzt gerade in eine neue Entwicklungsphase eintreten und so effektiv und billig werden, wie es noch vor 10 Jahren niemand zu träumen gewagt hätte. In Kalifornien wurden bereits in so vielen alten Gaskraftwerken die Gasbrenner durch gruppierte Batterieblöcke ersetzt, dass sie am 19.05.2024 ab 20 Uhr abends 6 Gigawatt Leistung ins kalifornische Netz gespeist haben.[224] Das ist fast doppelt so viel, wie die letzten drei deutschen Atomkraftwerke im Schnitt erzeugt haben.[225]

Bauzeit neuer Akw in Europa: 20 Jahre. Bauzeit der kalifornischen Batteriespeicher: 5 Jahre, Tendenz fallend.[226] Deswegen werden auch in Deutschland bereits so viele davon zugebaut,[227] dass sie voraussichtlich dieses Jahr erstmals die elektrische Leistung der Pumpspeicherkraftwerke[228] in Deutschland übersteigen werden.

> **Es ist dann ziemlich egal, dass nachts die Sonne nicht scheint, denn Batterien speisen auch bei Dunkelheit Strom ins Netz und reichen vollkommen aus, um den Solarstrom des Tages in die Nacht zu retten, bevor am nächsten Tag wieder die Sonne scheint.**

In Deutschland und anderen Ländern mit langen, dunklen Wintern brauchen wir noch ein paar Speicher, die uns auch über Wochen versorgen können, aber weltweit gesehen ist das die Ausnahme: Die mit weitem Abstand meisten Menschen leben näher am Äquator als wir und feiern deswegen auch nicht St. Martin wie wir – mit Kindern und Laternen durchs Viertel ziehen macht ja keinen Spaß ohne Dunkelheit und steten, deutschen Novemberregen.

In Deutschland werden wir also noch andere Speicher zusätzlich zu den Batterien benötigen, die meisten Profis aus dem Energiesektor tippen hier auf mit EE-Strom erzeugte Speichergase (Wasserstoff, Methan) oder E-Methanol. Kann man alles viel besser lagern als Strom, ist nur leider nicht sonderlich effizient in der Herstellung. Dieser Umstand wird von der »Nachts keine Sonne, lol«-Fraktion gern mit Gelächter quittiert. Weil das nicht ginge, weil es zu teuer sei oder weil wir das ja noch nie so gemacht hätten.

Der Witz ist: Wir brauchen noch viel mehr dieser Gase als direkten Ausgangsstoff für unsere Wirtschaft. Die Chemiebranche braucht davon entsprechend viel, wir brauchen es als Basis für den Treibstoff unserer Schiffe und Flugzeuge und als Reduktionsmittel für Stahlwerke. Dass hierfür in 20 Jahren immer noch im großen Stil Erdöl, Erdgas und Kohle verbraucht wird, kann ja nicht Sinn der Sache sein. In Summe brauchen wir laut einer Szenarienberechnung des Fraunhofer ISI-Instituts etwa 80 Prozent dieser Gase für all diese industriellen Sektoren und 20 Prozent[229] für die Stromerzeugung in den Fällen, wenn es mehrere Tage lang dunkel und windstill ist. Ob diese Leute dann immer noch wirr lachend auf dem auch nachts hell beleuchteten Marktplatz stehen und allen ungefragt erklären, dass nachts aber keine Sonne scheint?

FAKT IST:

Niemand denkt, mit Solarzellen allein ließe sich 24 Stunden konstant Strom erzeugen. Deswegen sind in allen Szenarien und Machbarkeitsstudien Speicher- und Puffersysteme berücksichtigt, die in Kombination mit Solar- und Windkraft eine konstante Stromversorgung gewährleisten werden.

Diese sind heute bereits weltweit im Bau, sowohl in Ländern ganz ohne Atomkraft (Deutschland)[230] als auch in Ländern mit historisch viel Atomkraft (Frankreich)[231] als auch im Land mit dem höchsten Energieverbrauch und dem höchsten Atomkraftzubau (China).[232]

Scanne den Code, kopiere den Text zu FAKT IST und schicke ihn deinen Kumpels vom Stammtisch per WhatsApp, wenn sie mal wieder Mumpitz erzählen.

BULLSHIT 23

OHNE CO_2 GIBT ES DOCH KEINE PFLANZEN!

Dieser Bullshit mag manche von euch überraschen, denn wer dieses Bingo-Feld abhaken möchte, muss im Internet schon etwas tiefer graben. Er ist wie ein seltener Vogel – selten, besonders tollpatschig und ausnehmend vertrottelt – für den ihr euch eine kleine Facebook-Lichtung suchen und dort geduldig ausharren müsst. Dann, zumeist spätnachts, erschallt sein dissonanter Ruf: »ABER PFLANZEN BRAUCHEN CO_2!«

Wer den Kohlenstoffkreislauf der Erde[233] verstanden hat, wird jetzt sagen: Ja, und? Klar brauchen Pflanzen CO_2. Sie atmen ihn ein, schnappen sich den Kohlenstoff zum Wachsen und Gedeihen und atmen dann Sauerstoff aus. Eine prima Sache, besonders auf einem Planeten mit Tieren, die es genau andersrum machen.

Was diese seltene Internetspezies damit wirklich meint, ist: Wir sollten kein CO_2 einsparen, denn ohne CO_2 sterben all unsere Pflanzen! Ein gutes Beispiel dafür, dass wir manchen besorgten Bürgern vielleicht erst mal erklären sollten, wie absurd ihre Sorge ist, bevor wir sie mit der Sorge in Talk Shows einladen. Es ist nämlich so:

> **NIEMAND hat vor, den CO_2-Gehalt der Atmosphäre auf null zu senken. Und selbst wenn, wäre es egal, denn das kann auch niemand. Was wir auf null senken wollen, ist der ZUSÄTZLICHE Ausstoß dieses Gases, sodass der Wert möglichst konstant bleibt.**

Würden wir das heute auf einen Schlag erreichen, also alle Kohlekraftwerke, Ölautos und Gasheizungen abstellen, dann hätten die Pflanzen des Planeten auch auf viele Jahrzehnte hin »wunderbare« 420 PPM CO_2 zum prächtigen Gedeihen in der Atmosphäre.[234]

CO_2-Reduktion ist also viel eher so, als wollten wir eine zugestöpselte Badewanne ohne Überlaufschutz am Überlaufen hindern und deswegen den Wasserhahn zudrehen (tatsächlich ist es noch etwas komplizierter, denn die Natur emittiert und verbraucht jedes Jahr noch mal deutlich mehr CO_2 als wir Menschen). »Aber dann verschwindet ja das ganze Wasser«, rufen uns nun die Besorgten im Internet zu.

Wer in ihrer Logik ein Bad nehmen möchte, muss sich bei voll aufgedrehtem Wasserhahn in die Wanne setzen und sich in aller Ruhe die Haare einshampoonieren, während Katzenklo und Klobürste langsam in den Flur raustreiben, wo der Parkettboden aufweicht. Den Wasserhahn zuzudrehen bedeutet in ihrem Verständnis ja, dass das gesamte Wasser in der Wanne abrupt verschwindet.

Ja, das ist kompletter Unsinn und hält auch sonstigen Beispielen aus unserem Alltag nicht stand. Ich könnte genauso argumentieren, dass wir uns nicht um Hochwasserschutz kümmern sollten, weil Pflanzen ja Wasser brauchen. Ich könnte Menschen raten, sich drei Stunden lang in die pralle Sonne zu legen, weil Menschen auf Sonneneinstrahlung für ihr Vitamin D angewiesen sind.

Auf etwas angewiesen zu sein, heißt ja nicht, dass maximal viel davon immer maximal viel hilft. Bekanntlich macht die Dosis das Gift, nicht nur beim Sonnenbad oder der Wasserzufuhr. Und genauso, wie ihr eure Petunien nicht mit einem voll aufgedrehten Feuerwehrschlauch gießen wollt, weil dann am Ende nur noch Tonscherben und Biomüll davon übrig sind, solltet ihr an einer CO_2-Begrenzung interessiert sein.

Es lässt sich für Pflanzen zwar ein gewisser Düngeeffekt durch höhere CO_2-Konzentrationen beobachten,[235] aber so eine Pflanze braucht zum Wachsen auch Nährstoffe wie Phosphor und Stickstoff[236] und eine möglichst kontante Bodenfeuchte. Was sie nicht mag, sind chaotische Wetterzustände mit viel Dürren, Starkregen, Hagelschlag oder Überflutungen und auch große Hitze kann die CO_2-Aufnahme der Pflanze hemmen.[237] Leider also genau das, was mehr CO_2 in der Atmosphäre verursacht.

FAKT IST:

Das CO_2 verschwindet nicht. Das Ziel von Klimaschutz ist nicht die absolute Kohlendioxidvernichtung in der Atmosphäre (was ohnehin außerhalb unserer Macht steht), sondern dass der CO_2-Anteil nicht weiter steigt. So wie eine Badewanne nicht auf einmal leer ist, wenn wir den Wasserhahn zudrehen, so verschwindet auch das CO_2 in der Atmosphäre nicht spontan, nur weil der zusätzliche Ausstoß der Menschen gestoppt ist.

Wer allen Ernstes denkt, Pflanzen seien darauf angewiesen, dass Menschen Erdöl und Kohle verbrennen, sollte sich fragen, warum es dann vor dem fossilen Zeitalter überhaupt Pflanzen auf der Erde gab.

> **Gerade für die Ernte von Pflanzen, um damit erfolgreich acht bis zehn Milliarden Menschen zu ernähren, ist noch mehr CO_2 eine große Gefahr. Die Pflanze mag dann zwar mehr davon zur Verfügung haben, aber wenn der Acker regelmäßig drei Meter unter Wasser steht, ist das für den Kartoffelbauer nicht wirklich ein Grund zur Freude.**

Scanne den Code, kopiere den Text zu FAKT IST und schicke ihn den anonymen Facebook-Accounts, wenn sie mal wieder Mumpitz erzählen.

BULLSHIT 24

VULKANE, KRIEGE UND DER ERDORBIT ERWÄRMEN AUCH UNSER KLIMA!

Na ja, das kommt wahrscheinlich darauf an, wann Tesla seine ersten Elektro-Flugabwehrgeschütze und Supercharger in Tarnfarben auf den Markt bringt, aber ich gehe mal davon aus, dass das Militär noch eine ganze Weile das Klima belastet, weil Panzer und Tarnkappenbomber mit Produkten aus Erdöl betrieben werden.

Aber was bedeutet das? Ist Klimaschutz Unsinn, weil andere Faktoren viel stärker aufs Klima einwirken als wir kleinen Menschlein in unseren kleinen Autos? So lese ich es zumindest häufig. »Ach, da muss ja nur ein Vulkan ausbrechen und unser ganzer Klimaschutz war vollkommen sinnlos!« oder »Der schwankende Erdorbit ist die wahre Ursache für unsere Klimaveränderungen«.

Ich frage dann immer erst mal zurück, wie viel Erwärmung die Vulkane oder Kriege oder der Erdorbit denn konkret verursachen. Meistens sind diese Behauptungen nämlich nicht das Ergebnis intensiver Beschäftigung mit dem Strahlungshaushalt des Planeten oder mit Vulkanismus, sondern ein irgendwo aufgeschnappter Merksatz, um sich das Problem kleinzureden.

Bei einem Vulkanausbruch werden in der Tat riesige Mengen Gestein und Gase in die Luft geschleudert, darunter oft auch CO_2. Aber selbst alle Vulkanausbrüche weltweit werden von menschlichen Aktivitäten um etwa das Hundertfache übertroffen.[238]

Auch der Erdorbit hat tatsächlich einen Einfluss auf unser Klima. Er läuft nicht jedes Jahr metergenau gleich ab, weil er von den anderen Planeten beeinflusst wird, und so ist unsere Ellipsenbahn um die Sonne wandelbar. Je nach Planetenkonstellation führt sie uns ein paar Millionen Kilometer näher oder weiter entfernt an der Sonne vorbei.[239] Gemein: Diese Veränderungen haben tatsächlich eine große Auswirkung auf unser Klima und erklären zu einem Großteil den Wechsel von Warm- und Kaltzeiten auf der Erde. Da reden wir aber von Zyklen von Zehntausenden von Jahren, innerhalb denen wir uns zudem gerade auf dem ganz, ganz langsamen Weg in eine Kaltzeit befinden. Als Erklärung für zusätzliche 1,5 Grad Celsius in 150 Jahren fällt das also komplett raus.

Das sind jetzt nur zwei Beispiele, im Internet finden sich noch zahlreiche weitere scheinbare Begründungen und vermutlich denken sich Menschen in dieser Sekunde noch weitere aus. Es ist also unmöglich, zu jeder schnell dahergesagten Ablenkung die passende Entgegnung zu formulieren.

Fragt also am besten erst mal konkret zurück: »Wie viel CO_2 emittieren Vulkane denn?«, oder fragt generell nach der Quelle dafür, dass die Erwärmung in Wirklichkeit auf Sonnenintensität, Ozon, Aerosole, zu viele einhornförmige Wolken oder was auch immer zurückzuführen ist. Meistens kommt dann schon gar keine Antwort mehr, denn einen guten Beleg, dass irgendeiner dieser anderen Faktoren den Unterschied macht, gibt es nicht. Bloomberg hat schon 2015 grafisch wunderbar aufbereitet und auf der

Seite »What's really warming the world« gegenübergestellt, wie sich Orbit, Sonneneinstrahlung, Vulkane etc. und eben die Temperatur entwickelt haben.[240]

Während die erstgenannten Faktoren alle leicht nach oben und unten schwanken, steigen nur die Treibhausgase und die Temperatur in deutlichem Ausmaß an, sodass die Ablenkungsfaktoren als Erklärung alle rausfallen. Das ist übrigens eigentlich eine sehr gute Nachricht, denn auf die Treibhausgase haben wir einen Einfluss, auf Vulkane und Sonnenaktivität nicht.

Ein weiterer beliebter Sündenbock sind Kriege. Sie würden für mehr Treibhausgase sorgen als alles andere, lese ich häufig oder werde damit nach Lesungen konfrontiert. Grundsätzlich will ich gar nicht den Eindruck erwecken, hier abwägen zu wollen, denn am liebsten wäre mir naheliegenderweise eine Welt ganz ohne fossile Brennstoffe und ohne Kriege. Aber wenn ich mir die aktuelle Weltlage so ansehe, gehe ich mal davon aus, dass der Weltfrieden noch ein paar Jährchen auf sich warten lässt beziehungsweise selbst die Militärübungen zu Friedenszeiten einigen Klimaschaden verursachen. Aber wie viel denn jetzt genau? Auf Twitter könnte man manchmal den Eindruck bekommen, dass zehn deutsche Kohlekraftwerke allein von der Bundeswehr betrieben werden und die US-Armee nach wie vor Wälder großflächig mit Agent Orange eindeckt.

Tatsächlich sind unsere privaten Armeen von Autos, Heizungen und gasbetriebenen Fabriken die größere Klima-Streitmacht, weil es eben auch viel mehr sind. Ein Leopard-2-Panzer verbraucht auf 100 Kilometern knackige 530 Liter Diesel,[241] aber die Bundeswehr hat auch einfach nur 300 davon. Selbst wenn die alle zum Pendeln zur Arbeit genutzt würden (der Unterschied zu einem BMW X8 fällt gar nicht mehr so groß aus), würde das im Jahr etwa 24 Millionen Liter Diesel verbrauchen. Klingt vielleicht viel, aber unsere Autos und privaten Heizungen verbrauchen locker das 3.000-Fache davon.[242]

Konkrete Kriegseinsätze verursachen einen noch mal höheren Klimaschaden, weil dann auch all die zerstörten Kitas, Krankenhäuser und Wohngebiete zum Beispiel in der Ukraine wieder aufgebaut werden müssen. So wurde geschätzt, dass Russlands völkerrechtswidriger Angriffskrieg auch deswegen etwa so viel Emissionen verursacht wie Belgien pro Jahr.[243]

Krieg ist also doppelt scheiße, aber was sollen wir deswegen jetzt machen? Eine diplomatische Note an Putin schicken, dass er doch bitte wegen des entstehenden Klimaschadens von weiteren Ermordungen absehen soll? Ich könnte mir leider vorstellen, dass es einem für über hunderttausend Tote verantwortlichen Größenwahnsinnigen schnurzegal ist, wie hoch der dabei entstehende Klimaschaden ist.

Oder sollen wir den Abschuss russischer Artilleriegeschütze in der Klimabilanz der Ukraine positiv berücksichtigen, weil dadurch weniger Wiederaufbau nötig ist (immerhin der Posten mit den meisten Emissionen)?

Es gibt auch bereits Forderung nach einem klimaneutralen Militär, was weniger verrückt ist, als es klingt, da militärische Investitionen ohnehin auf Jahrzehnte ausgelegt sind. Damit es aber überhaupt eine technische Lösung gibt, in die das Militär hier investieren kann, müssen wir wohl mit genau den gleichen Klimaschutzmaßnahmen im privaten Sektor weitermachen, die aktuell auch all die anderen wunderbaren CO_2-armen Technologien hervorbringen.

Um das mal ins Verhältnis zu setzen: Selbst der größte Militärapparat der Welt, die US-Armee, stößt im Jahr »nur« etwa 60 Millionen Tonnen CO_2 aus.[244] Angesichts der finanziellen Mittel wäre es durchaus mal eine Nachfrage wert, ob von den 820 Milliarden US-Dollar Jahresbudget[245] (!) nicht ein paar Milliarden in die Produktion klimaneutraler Kraftstoffe fließen könnten. Letztlich tragen die Aktivitäten der US-Armee laut diesen Zahlen zu etwa einem Prozent zum gesamten CO_2-Ausstoß der USA bei. Der

Treibhausgasausstoß von Deutschland liegt damit immer noch etwa beim 11-fachen Wert verglichen mit dem der größten Armee der Welt.

FAKT IST:

Eine Menge Phänomene wie Vulkane oder der leicht schwankende Erdorbit wirken sich aufs Erdklima aus, aber für die problematische Erwärmung der letzten 150 Jahre sind menschengemachte Treibhausgase die Ursache. Es gibt keine wissenschaftliche Publikation, die sie plausibel mit einer anderen Ursache erklärt.

Das ist letztlich auch unser großes Glück, denn an all diesen Phänomenen können wir Menschen wenig ändern, während wir mit dem Ausstoß von CO_2 aufhören können. Armeen sind für einen recht kleinen Teil dieser Emissionen verantwortlich, weil die Privatsektoren unserer Länder viel größer sind und viel mehr Energie verbrauchen.

Scanne den Code, kopiere den Text zu FAKT IST und schicke ihn Onkel Rüdiger per WhatsApp, wenn er mal wieder Mumpitz erzählt.

BULLSHIT 25

WENN ICH DAS FLEISCH NICHT KAUFE, WIRD ES STATTDESSEN EXPORTIERT!

Seit Gründung meines Blogs begehe ich im Februar eine jährliche Tradition: Ich poste die gerade frische erschienene Statistik über die deutsche Fleischproduktion, die seit 2016 erfreulicherweise jedes Jahr sinkt.[246] Dann verbringe ich den Rest des Tages damit, auf vorschnelle Erklärungen im Kommentarbereich einzugehen, laut denen das bestimmt nur an höheren Importen liege und meine Freude verfrüht sei.

Etwa einen Monat später erscheint dann die Konsumstatistik, laut der auch der Fleischkonsum entsprechend gesunken ist.[247] Also doch keine höheren Importe, die Hersteller konnten einfach nicht so viel verkaufen wie die Jahre davor. Beliebteste Reaktion: Ja, aber dann wird das, was wir nicht essen, doch einfach exportiert.

Tja, warum sich über eine gute Nachricht freuen, wenn man stattdessen auch sich gegenseitig widersprechende Erklärungen suchen kann, laut denen alles ganz schlimm ist? Also waren sowohl die Produktion als auch der Konsum gesunken, aber das lag nur daran, dass wir mehr importieren UND mehr exportieren? Puh, da war das Drehbuch zu Star Wars Teil 9 ja schlüssiger, und da galoppieren am Ende immerhin Pferde im Vakuum und in Schwerelosigkeit übers Raumschiff.

Irritierend auch, dass wir uns all diese Mutmaßungen komplett sparen könnten, indem wir einfach in fünf Sekunden die Statistiken des Ernährungsministeriums googeln, laut denen sowohl die Herstellung von Fleischprodukten als auch der Konsum als auch Import und Export gesunken sind.[248]

Aber grundsätzlich ist gerade der Verweis auf Export sehr beliebt, auch wenn es nicht um Fleisch, sondern um Fast Fashion, fossile Riesenautos, Pelzmäntel oder Einweg-E-Zigaretten geht: Ist doch vollkommen egal, ob ich davon was kaufe, denn wenn ich es nicht kaufe, dann exportieren die das.

Exportländer sind aber keine Zaubermärkte, bei denen ich einfach meinen ganzen Schrott abladen kann, den in Deutschland keiner mehr haben will. Meistens gibt es in diesen Ländern ja auch schon Hersteller mit guten Beziehungen zum Handel, sodass dort in der Regel niemand auf 20 Tonnen abgelaufene Schweinebäuche aus deutschen Altbeständen wartet.

Unternehmen versuchen immer, so viel Umsatz und Gewinn wie möglich zu machen. Wenn sie zusätzlich noch exportieren können, dann tun sie das ja ohnehin, anstatt erst darauf zu warten, dass die Nachfrage im Inland einbricht. »Moin, Herr Tönnies, wir haben gerade eine Anfrage über eine Lieferung von 10.000 Tonnen Schweinefleisch an Supermärkte in den Niederlanden erhalten. Wollen wir das machen?« – »Ach nee, damit warten wir erst, bis das Geschäft in Deutschland schlechter läuft«, hat niemand jemals gesagt.

Entscheidend für die Produktion von so ziemlich allem ist immer, ob die Nachfrage stabil bleibt, denn nur dann kauft mir jemand der ganzen Tinnef ja überhaupt ab. Niemand produziert einfach zum Spaß irgendwas beziehungsweise er oder sie tut das nur sehr kurz, denn ohne Nachfrage ist dann sehr schnell das Geld alle. Als Nokia so langsam gemerkt hat, dass die Smartphones ihren Tastentelefonen den Rang ablaufen, konnten sie ihre alten Modelle ja auch nicht einfach irgendwo anders hin exportieren. Niemand wollte sie mehr.

Von diesem Zustand sind wir bei Fleisch noch weit entfernt, immerhin verzehren die Deutschen immer noch etwa 52 Kilogramm pro Jahr, aber das sind eben 10 Kilogramm weniger als noch vor zehn Jahren. Das sind also insgesamt pro Jahr 850.000 Tonnen Fleisch, die nun im Vergleich zu 2014 weniger verzehrt werden. Selbst wenn ein Teil davon nun sehr billig exportiert werden würde, dann würde dieser Teil anderes Fleisch von anderen Herstellern im Ausland verdrängen. In diesem Sinn stimmt die beliebte Metapher vom Einkaufszettel als Stimmzettel.

> **Gerade bei Fleisch ist es übrigens so, dass das allermeiste deutsche Fleisch auch von Deutschen verzehrt wird. Etwa 83 Prozent der Produktion wird auch hierzulande verbraucht, während wir netto 17 Prozent ins Ausland exportieren.[249] Der inländische Verbrauch ist für die Hersteller also der wichtigste Faktor.**

Oft wurde mir noch vorgeworfen, mich darüber zu freuen, dass die Deutschen sich jetzt nicht mehr ausgewogen ernähren würden. Abgesehen davon, dass ausgewogene Ernährung auch ganz ohne Fleisch geht, liegen die Deutschen selbst mit der 2023 erneut gesunkenen Menge immer noch deutlich über der maximalen Verzehrempfehlung der DGE (Deutsche Gesellschaft für Ernährung). Deutsche aßen 2023 im Schnitt 1.000 Gramm pro Woche, die DGE empfiehlt maximal 600 Gramm Fleisch pro Woche.[250]

FAKT IST:

Wenn wir von einem Produkt weniger kaufen, ist das ein Signal an die Hersteller, dass wir es nicht mehr wollen. Wenn das viele Menschen machen, steigt der Druck auf die Unternehmen, etwas anderes herzustellen.

Keine Vertriebsleiterin der Welt reagiert auf sinkende Umsätze damit, dem Vertriebsteam trotzdem einen Bonus auszuzahlen, weil die Verluste ja einfach mit höheren Exporten ausgeglichen werden können. Aus Unternehmenssicht ist das immer ein Problem.

Mit dem Kauf eines Produkts geben wir dem Unternehmen das Signal, bitte mehr davon herzustellen. Die meisten Waren, die wir in einem Geschäft sehen, würden dort nicht im Regal stehen, wenn sie vor ein paar Wochen oder Monaten nicht schon mal gekauft worden wären.

Scanne den Code, kopiere den Text zu FAKT IST und schicke ihn deinen Kollegen aus dem Vertrieb per WhatsApp, wenn sie mal wieder Mumpitz erzählen.

UND JETZT?

Jetzt seid ihr hoffentlich etwas besser gegen den täglichen Klima-Bullshit gerüstet. Meine Hoffnung ist, dass ihr mit diesem Buch gut vorbereitet in die nächste Klimadiskussion einsteigen könnt.

Nachdem ich in Lesungen über die wunderbare Welt der Windkraft referiert habe, gucken mich nämlich oft erschöpft und etwas hoffnungslos dreinblickende Menschen an und sagen: »Ist ja alles schön und gut, aber ich kann nicht mal eben eine Windkraftanlage irgendwo aufstellen. Was kann ich denn jetzt machen?«

Und da ist meine Antwort: »Sich einmischen.«

Windkraftanlagen kann ich auch nicht bauen, genauso wenig wie stationäre Batteriespeicher oder Recycling-Fabriken, das müssen schon Firmen mit entsprechendem Budget machen. Aber wir haben Einfluss darauf, ob es ihnen damit einfach gemacht wird oder ob sie 72 Leitz-Ordner voller Formulare ausfüllen und einreichen müssen.

- **Wir können** Leute wählen, die das verbessern, und wir können bereits gewählten Leuten mit Verantwortung spiegeln, dass wir das gut finden, und sie nicht in einem Haufen destruktiven Wutbürgertums untergehen lassen.

- **Wir können** uns in die Debatte einmischen, wenn sie irgendwo aus dem Ruder läuft, weil etwas ins Klima investiert wurde, obwohl mit dem Geld auch eine zusätzliche Startbahn in den Wald geschnitten hätte werden können.

- **Wir können** aus einem shitstormigen Gepöbel einen vor Liebe überquellenden Candystorm machen.
- **Wir können** den anderen zeigen, dass wir das gut finden, und das nicht etwa, weil wir einer verrückten Klimareligion anhängen, sondern weil wir überzeugende Argumente dafür haben.

Dabei dürfen wir nicht aus den Augen verlieren, dass Rechthaben allein Menschen leider nicht automatisch überzeugt. Wofür wir uns im Zweifel entscheiden, hängt leider nicht nur mit unserem Logikzentrum zusammen, sondern auch mit Sympathie und Gruppendenken.

> **Versteht euch daher auch als Botschafterinnen und Botschafter des Klimaschutzes, um unentschlossenen Menschen zu signalisieren, dass wir zur selben Gruppe gehören.**

Wir mögen in Bezug auf einzelne Maßnahmen unterschiedlicher Meinung sein, aber im Großen und Ganzen wollen die meisten Menschen doch dasselbe. Klar, es gibt auch ein paar irre Faschisten mit Untergangskult, die wollen wieder was ganz anderes, aber eben auch was ganz anderes als die große Mitte der Gesellschaft.

> **Vom links-grün progressiven Kunststudenten bis zur konservativen Landwirtin wollen die meisten Menschen Frieden, Freiheit, Wohlstand, Sicherheit und eine Zukunft für sich und ihre Kinder.**

Alle diese Punkte sind ohne effektiven Klimaschutz in Gefahr, und das ist ja auch der Grund, warum wir in der Klimabubble so einen Bohei drum machen. Beim Klima geht es nicht darum, dass wir nett zu ihm sein müssen, weil sich das eben so gehört. Das Klima, der Planet und auch die Biosphäre überleben auch auf einer um 5 Grad Celsius erwärmten Erde. Aber wir Menschen werden es auf so einer Welt schon schwer haben, genug Trinkwasser und Nahrung für alle ranzuschaffen.

Nun ist dieses Bedrohungspotenzial schon recht stark bespielt und so steht man schnell als andauernd Panik verbreitende Schreckschraube in der Debatte, auch wenn die Warnung nicht übertrieben ist. Viele Menschen verunsichert diese Aussicht einfach nur, besonders, wenn sie keinen Schimmer haben, WIE und DASS es gelöst werden kann.

Was Menschen aber mögen, sind Geschichten. Wie schon im Kapitel »Das bringt doch nichts mehr, wir werden sowieso alle sterben!« angerissen, mögen viele Menschen Geschichten so gern, dass sie am liebsten auch in den Nachrichten Geschichten und Gossip über berühmte Menschen hören. Dann geben wir ihnen mal Geschichten:

Geschichte 1:

Wir sind die erste Generation, die eine für Mensch und Natur gerechte Welt erschaffen kann. Früher war zwar die Natur noch intakt (also ganz früher, so vor 3.000 Jahren oder so. Frankreich war schon im Jahr 1.100 halb entwaldet), aber dafür ging es den Menschen deutlich schlechter als heute.

Egal ob ihr jetzt sanitäre Einrichtungen, Zahnchirurgie, Chancengleichheit, Alphabetisierung oder Lebenserwartung vergleicht, ein Leben im Jahr 2024 ist da schon deutlich komfortabler. Und das nicht nur im reichen Westen, in fast allen Ländern der Welt gehen wichtige Kennzahlen in großartige Richtungen. Geburtenraten, Kindersterblichkeit, Unterernährung und Armut sinken in den meisten Ländern, während Bildung, Frauenrechte, landwirtschaftlicher Output pro Fläche und saubere Energie steigen. Wenn wir jetzt noch unseren Lebensstil an die planetaren Grenzen anpassen, können wir im Einklang mit der Natur leben UND allen Menschen eine Grundversorgung mit den wichtigsten Dingen ermöglichen. So etwas gab es nicht nur noch nie, die Menschheit war nicht mal nahe dran.

Geschichte 2:

Die Welt wäre durch effektiven Klimaschutz nicht nur klimatisch, sondern auch politisch stabiler. Es gäbe dann nicht mehr einzelne Länder mit enorm viel Wohlstand, weil sie zufällig in der planetaren Öl-Lotterie gewonnen haben, sondern viele, viele Länder, die mit selbst erzeugter Energie handeln (physikalisch gesehen kann man Energie nicht erzeugen, aber ihr wisst, was ich meine).

Gerade die Länder im globalen Süden könnten davon profitieren, unser beklopptes, fossiles System komplett überspringen und aufgrund ihrer größeren Nähe zum Äquator auch keine so komplizierte Energiewende vor sich haben, in der man für einen langen deutschen Winter Energie speichern muss.

Das könnte Menschen in bitterarmen Gegenden in Subsahara-Afrika Perspektiven bieten, die viel besser sind, als sich einer beschissenen Terrormiliz anzuschließen. Und nein, da sollen jetzt nicht »die Afrikaner« von Jan dem White Saviour gerettet werden, es gibt schon Firmen wie Africa Green Tec oder den E-Motorradhersteller Ampersand aus Ruanda, die genau das bereits unter afrikanischer Leitung tun.

Geschichte 3:

Deutschland ist eigentlich immer schon ein eher erfinderisches Land gewesen, das aus seiner Ressourcenarmut eine Tugend gemacht hat. Wir waren vor 100 Jahren ein Eisenbahnland, in dem man mit dem Zug in jedes noch so kleine Dorf kam. Hier wurde das Haber-Bosch-Verfahren erfunden, ohne das wir gar nicht genug Nahrung pro Hektar Land gewinnen könnten, um acht Milliarden Menschen zu ernähren. Hier hat Albert Einstein den fotoelektrischen Effekt beschrieben, worauf die Funktion einer Solarzelle beruht.

Es wäre eigentlich typisch deutsche Tradition, wenn wir uns ins globale Mega-Projekt Energiewende mit ähnlichem Ideenreichtum einbrächten. Und das tun wir ja auch schon, aber in manchen Bereichen mit unnötig angezogener Handbremse, weil mancher doch noch auf ein Revival der Verbrennungstechnik hofft.

Unsere Energieversorgung wäre im Jahr 2040 so unabhängig wie noch nie seit der Industrialisierung. Wir würden eine gewaltige Menge Geld für importierte Energie sparen und es stattdessen in clevere, nachhaltige Lösungen stecken, die wir nicht verbrennen, sondern über viele Jahre gebrauchen. Und wer weiß, vielleicht können die anderen Länder die dann vielleicht auch gut gebrauchen? Gerade für Länder ohne Rohstoffe ist das doch eine Riesenchance.

Ich finde, diese Geschichten haben doch alle einen Wert, dem eigentlich die meisten Menschen ganz unabhängig von ihrer politischen Einstellung etwas abgewinnen können müssten. Manchmal liegen einfach nur ein paar Zentner Argumente-Morast zwischen uns, aber die könnt ihr jetzt ja spielend aus dem Weg räumen. In diesem Sinne wünsche ich produktive Diskussionen.

Make Facts great again and live long and prosper!

DANKSAGUNG

Es gibt wohl kaum etwas Unfaireres als Buchcover, denn da steht nur mein Name drauf. So als wäre es kein Werk, an dem direkt oder indirekt eine halbe Armee von Menschen beteiligt war, ohne deren Hilfe es vollkommen anders, unvollständiger und chaotischer geworden wäre.

Viele der Gedanken in diesem Buch habe ich so oder so ähnlich schon mal woanders formuliert, wo sie dann von meiner wohlmeinenden Community genau geprüft und sinnvoll ergänzt wurden. Der hier vorliegende Text ist also bereits das deutlich rundere Ergebnis eines Schwarmwissen-Lektorats.

Überhaupt gilt diesen Menschen mein Dank, weil mir erst ihre Interaktion mit meinen Texten die nötige Reichweite spendiert und sie meine Argumente immer wieder in die letzten Winkel des Internets tragen. Und selbst wenn sie eigentlich nichts zu kommentieren haben, gaukeln sie dem Facebook-Algorithmus großes Interesse vor, indem sie einfach irgendeinen profanen Quatsch wie ihre Klamottenwahl im Kommentarbereich hinterlassen (deswegen liest man dort oft »ich trage heute ein kariertes Hemd« oder so was).

Ohne all diese Menschen wäre der Komplett-Media-Verlag wohl nie auf mich aufmerksam geworden oder hätte zumindest etwas weniger entschlossen auf mein Debüt hingewirkt. Also vielen Dank, liebe Julia Loschelder, und vielen Dank ans ganze Verlagsteam für das Vertrauen und die schöne Zusammenarbeit, das Brainstormen für die Titel (ihr wollt ja nicht wissen, wie ich die Dinger genannt hätte) und das Setzen einer Deadline, ohne die ich immer noch auf Seite 8 festhängen würde.

Ach ja, und dann hat meine wunderbare Lektorin, die liebe Diana Napolitano, meine Hunderte-Seiten-Buchstabenwand mal wieder in eine fluffige, leserliche Geschichte mit hübschen Hervorhebungen verwandelt und euch vor endlos langatmigen Kapiteln ohne erlösendes Ende bewahrt und auch davor, dass jedes Kapitel mit dem Wort »aber« beginnt.

Außerdem gilt mein Dank all den klugen Menschen da draußen, die jeden Tag die Fackel der Vernunft in die Höhe halten und ihr Wissen so sachlich vortragen, dass es an die Stelle meiner falschen Vorurteile tritt. Diese Liste kann nur unvollständig sein, aber gerade für dieses Buch habe ich immer wieder Texte von Hannah Ritchie von OurWorldInData gelesen, die Spiegel-Online-Kolumne von Christian Stöcker, die Artikel von Stefan Hajek in der Wirtschaftswoche und die Twitter-Threads von Stefan Holzheu und Florian Aigner gelesen. Ich habe sehr viel Zeit auf den Seiten der Fraunhofer ISE-Energy-Charts verbracht (und gespart), einer der besten Internetseiten überhaupt, um Fortschritt und Komplexität der Energiewende zu verstehen.

Damit ich mir einen positiven Blick in die Zukunft bewahren kann, ist aber nicht nur Wissen nötig, sondern auch Zuversicht und Hoffnung. Beides bekomme ich von all den vielen Menschen, die ganz konkret anpacken und tatsächlich Veränderung in unsere Welt tragen. Ich lese eure Nachrichten und Briefe oder treffe euch bei meinen Vorträgen und kenne deswegen eure Mut machenden Geschichten: Vom Wärmepumpeneinbau im Altbau, der anfangs von den Nachbarn belächelt wurde, bis er dann erfolgreich Emissionen und Kosten gesenkt hat. Von der Urlaubsfahrt mit drei Kindern und zwei Hunden im E-Auto bis nach Sizilien. Vom Einsatz für einen Radweg zwischen zwei Dörfern, der dann auch wirklich gebaut wurde. Vom positiven Bürgerentscheid für einen Windpark. Ihr seid die Pionierinnen und Pioniere des Wandels und zaubert mir ein Lächeln ins Gesicht und Hoffnung in mein Herz.

Dieses Buch war außerdem nur möglich, weil meine Frau mir besonders kurz vor den Deadlines den Rücken freihielt, indem sie ein Auge darauf hatte, dass ich mich nicht nur von Weißbrot mit Orangensaft ernähre. Sowohl sie als auch meine Kinder haben wirklich sehr geduldig auf die Worte »Heute kein Filmeabend, ich muss noch ein Kapitel fertigschreiben« reagiert. Vielen Dank, ihr Lieben, ich weiß, was für ein Glück ich mit euch habe.

QUELLEN

1 https://www.nature.com/articles/540171a

2 https://www.paulgraham.com/disagree.html

3 https://www.spiegel.de/wissenschaft/natur/klimaskeptiker-ivar-giaever-nobelpreistraeger-auf-abwegen-a-1041706.html

4 https://agupubs.onlinelibrary.wiley.com/doi/epdf/10.1029/2019GL085378

5 https://agupubs.onlinelibrary.wiley.com/doi/epdf/10.1029/2019GL085378

6 https://www.scienceheroes.com/

7 https://www.aerzteblatt.de/nachrichten/131743/Nobelpreistraeger-und-HIV-Entdecker-Luc-Montagnier-gestorben

8 https://www.thelancet.com/pdfs/journals/laninf/PIIS1473-3099(22)00170-0.pdf

9 https://www.ardalpha.de/wissen/geschichte/historische-persoenlichkeiten/linus-carl-pauling-nobelpreistraeger-nobelpreis-100.html

10 https://mpimet.mpg.de/institut/nobelpreis-fuer-physik-2021

11 https://futurezone.at/meinung/wissenschaft-florian-aigner-nobelpreisverleihung-nobelpreis/402164070

12 https://graslutscher.de/hans-werner-sinn-waermt-seine-klimaluegen-von-2022-auf-und-alle-fallen-drauf-rein/

13 https://auto-institut.de/automotiveinnovations/emobility/globale-absatztrends-der-elektromobilitaet-marktbilanz-und-ranking-der-automobilhersteller/

14 https://twitter.com/EnergyHuber/status/1686405104830652417

15 https://www.infratest-dimap.de/umfragen-analysen/bundesweit/umfragen/aktuell/sechs-von-zehn-fuer-tempolimit-auf-autobahnen/

16 https://germany.representation.ec.europa.eu/news/eurobarometer-umfrage-klimawandel-ist-ein-ernstes-problem-und-sollte-schneller-bekampft-werden-2023-07-20_de

17 https://www.quarks.de/gesellschaft/scheinargumente-hier-solltest-du-in-diskussionen-aufpassen/

18 https://www.women.govt.nz/about-us/history-womens-suffrage-aotearoa-new-zealand#:~:text=On%2019%20September%201893%2C%20Governor,to%20vote%20in%20parliamentary%20elections.

19 https://blogs.loc.gov/law/2021/07/on-this-day-in-1984-womens-suffrage-in-liechtenstein/

20 https://www.dwd.de/DE/presse/pressemitteilungen/DE/2023/20231229_deutschlandwetter_jahr2023_news.html

21 https://www.spiegel.de/wirtschaft/unternehmen/spanien-freixenet-will-wegen-duerre-bis-zu-80-prozent-der-belegschaft-freistellen-a-8e6924e4-ea79-4bff-af36-22fcbd68f0bb

22 https://miteco.maps.arcgis.com/apps/dashboards/912dfee767264e3884f7aea8eb1e0673

23 https://www.topagrar.com/acker/news/vereinigte-hagel-rechnet-mit-500-mio-eur-frostschaeden-in-reben-und-obst-20002626.html

24 https://www.klimafakten.de/meldung/planschende-kinder-zu-toedlichen-temperaturen-wie-medien-hitze-verharmlosen-und-wie-es

25 https://www.klimafakten.de/kommunikation/planschende-kinder-zu-toedlichen-temperaturen-wie-medien-hitze-verharmlosen-und-wie

26 https://www.worldweatherattribution.org/heavy-rainfall-which-led-to-severe-flooding-in-western-europe-made-more-likely-by-climate-change/

27 https://uba.co2-rechner.de/de_DE/

28 https://www.umweltbundesamt.de/daten/klima/treibhausgas-emissionen-in-deutschland#entwicklung-der-treibhausgase-kohlendioxid-methan-distickstoffoxid

29 https://www.mcc-berlin.net/forschung/co2-budget.html

30 https://ourworldindata.org/co2-emissions

31 https://journals.sagepub.com/doi/10.1177/095624789200400212

32 Hannah Ritchie (2024): *Not the End of the World*, Seite 186

33 https://elements.visualcapitalist.com/all-the-metals-we-mined-in-one-visualization-2/

34 https://www.visualcapitalist.com/all-the-metals-we-mined-in-one-visualization-2022/

35 https://pubs.usgs.gov/periodicals/mcs2022/mcs2022-bauxite-alumina.pdf

36 https://hdr.undp.org/data-center/country-insights#/ranks

37 https://www.transparency.org/en/cpi/2023

38 https://www.hrw.org/report/2018/10/04/what-do-we-get-out-it/human-rights-impact-bauxite-mining-guinea

39 https://elements.visualcapitalist.com/the-scale-of-fossil-fuel-production/

40 https://de.statista.com/themen/2514/aluminium/#topicOverview

41 https://www.umweltbundesamt.de/daten/verkehr/verkehrsinfrastruktur-fahrzeugbestand#pkw-bestande-und-neuzulassungen-nach-kraftstoffart

42 https://bmdv.bund.de/SharedDocs/DE/Anlage/G/mid-ergebnisbericht.pdf?__blob=publicationFile

43 https://www.zukunft-mobilitaet.net/13615/strassenverkehr/parkraum-abloesebetrag-parkgebuehr-23-stunden/

44 https://www.kba.de/DE/Statistik/Kraftverkehr/VerkehrKilometer/vk_inlaenderfahrleistung/2022/2022_vk_kurzbericht.html

45 https://www.sciencedirect.com/science/article/pii/S1876610214023066

46 https://correctiv.org/faktencheck/2024/03/13/nein-der-globale-wald-bindet-nicht-mehr-co2-als-der-mensch-produziert/

47 https://www.wind-energie.de/fileadmin/redaktion/dokumente/publikationen-oeffentlich/themen/01-mensch-und-umwelt/03-naturschutz/20210831_BWE-Broschuere_Wind_im_Forst.pdf

48 https://www.wind-energie.de/fileadmin/redaktion/dokumente/publikationen-oeffentlich/themen/01-mensch-und-umwelt/03-naturschutz/20210831_BWE-Broschuere_Wind_im_Forst.pdf

49 Hannah Ritchie (2024): *Not the End of the World*, Seite 142

50 https://ourworldindata.org/land-use

51 https://ourworldindata.org/grapher/share-cereal-human-food?tab=chart&country=DEU

52 https://ourworldindata.org/grapher/population-growth-rates

53 https://population.un.org/wpp/Download/Standard/Population/

54 https://population.un.org/wpp/Graphs/Probabilistic/POP/TOT/900

55 https://data.worldbank.org/indicator/EN.POP.DNST?most_recent_value_desc=true

56 https://www.kba.de/DE/Statistik/Fahrzeuge/Bestand/Jahrebilanz_Bestand/fz_b_jahresbilanz_node.html

57 Erich Hahne(2010): *Technische Thermodynamik: Einführung und Anwendung*

58 https://pubs.acs.org/doi/10.1021/acscatal.8b02712

59 https://www.wiwo.de/my/technologie/umwelt/synthetische-kraftstoffe-kann-es-jemals-genuegend-e-fuels-fuer-verbrenner-pkw-geben/29025414-all.html

60 https://www.isi.fraunhofer.de/de/presse/2023/presseinfo-05-efuels-nicht-sinnvoll-fuer-pkw-und-lkw.html

61 https://www.bmuv.de/faq/warum-ist-die-anrechnung-von-zertifiziertem-palmoel-auf-die-treibhausgasminderungs-quote-immer-noch-zugelassen

62 https://www.leopoldina.org/uploads/tx_leopublication/2018_3Akad_Kuenstliche_Photosynthese.pdf

63 https://ourworldindata.org/global-land-for-agriculture

64 https://www.leopoldina.org/uploads/tx_leopublication/2018_3Akad_Kuenstliche_Photosynthese.pdf

65 https://de.statista.com/statistik/daten/studie/190883/umfrage/gewonnene-menge-an-biokraftstoff-aus-einem-hektar-anbauflaeche/

66 https://biokraftstoffe.fnr.de/kraftstoffe/biodiesel

67 https://energy-charts.info/charts/energy_pie/chart.htm?l=de&c=DE&interval=year&year=2023

68 https://www.umweltbundesamt.de/diesel-aus-biogenen-rest-abfallstoffen-fragen#ist-diesel-aus-biogenen-rest-und-abfallstoffen-klimaschonend

69 https://www.imf.org/external/datamapper/NGDPD@WEO/OEMDC/ADVEC/WEOWORLD

70 https://www.eia.gov/todayinenergy/detail.php?id=57180#:~:text=California's%20renewable%20diesel%20consumption%20grew,18%20times%20its%20original%20volume.

71 https://data.ers.usda.gov/reports.aspx?ID=17839#P7ead6eb47e8b41288fa03880f8377472_3_185iT0R0x3

72 https://www.dlg-mitteilungen.de/artikel/biodiesel-hvo-betrug

73 https://ourworldindata.org/grapher/electricity-prod-source-stacked?country=ISL~KEN~NOR

74 https://energy-charts.info/

75 https://energy-charts.info/charts/energy_pie/chart.htm?l=de&c=DE&interval=day&datetimepicker=11.01.2024

76 https://energy-charts.info/charts/power/chart.htm?l=de&c=DE&week=02&timeslider=1&min=352&max=355

77 https://energy-charts.info/charts/energy/chart.htm?l=de&c=DE&interval=day&year=2023&day=m12&legendItems=00110000110010111&timeslider=1&min=28&max=28

78 https://www.diw.de/de/diw_01.c.745660.de/nachrichten/das_erneuerbare-energien-gesetz_muss_erneuert_werden.html

79 https://energy-charts.info/charts/energy_pie/chart.htm?l=de&c=DE&interval=year&year=2023

80 https://www.umweltbundesamt.de/publikationen/entwicklung-der-spezifischen-treibhausgas-9

81 https://twitter.com/jensspahn/status/1737039995846770900

82 https://energy-charts.info/charts/energy/chart.htm?l=de&c=DE&interval=week&year=2023&timeslider=0&week=-1&min=45&max=48

83 https://table.media/climate/news-cli/erster-winter-ohne-akw-bringt-tiefststand-beim-kohlestrom/

84 https://www.energy-charts.info/downloads/Stromerzeugung_2023.pdf#page=26

85 https://energy-charts.info/charts/energy/chart.htm?l=de&c=DE&month=12&year=-1&legendItems=0000010100000000000&source=total

86 https://ourworldindata.org/grapher/energy-consumption-by-source-and-country?stackMode=absolute&country=~FRA

87 https://montelnews.com/news/1505522/french-battery-storage-to-triple-to-15-gw-by-2030--aurora

88 http://www.fundinguniverse.com/company-histories/electricit%C3%A9-de-france-history/

89 https://ourworldindata.org/grapher/coal-consumption-by-country-terawatt-hours-twh?tab=chart&country=FRA~DEU

90 https://www.rnd.de/politik/in-frankreich-darf-veggie-wurst-nicht-mehr-wurst-heissen-KXXCWRPG6RD4ZIW3CHZQ36D2EY.html

91 https://ourworldindata.org/grapher/death-rates-from-energy-production-per-twh

92 https://www.bundestag.de/webarchiv/textarchiv/2012/38640342_kw16_kalender_atomaustieg-208324

93 https://www.europarl.europa.eu/RegData/etudes/BRIE/2023/751456/EPRS_BRI(2023)751456_EN.pdf

94 https://www.un.org/en/about-us/member-states

95 https://www.reuters.com/sustainability/climate-energy/poland-approves-construction-smr-nuclear-units-six-sites-2023-12-07/

96 https://www.faz.net/aktuell/politik/inland/atomkraft-renaissance-erderwaermung-ist-schlimmer-als-ein-endlager-18600301.html

97 https://ember-climate.org/insights/research/new-generation/

98 https://www.worldnuclearreport.org/IMG/pdf/wnisr2023-v5.pdf, Seite 464

99 https://www.worldnuclearreport.org/IMG/pdf/wnisr2023-v5.pdf, Seite 467

100 https://www.worldnuclearreport.org/IMG/pdf/wnisr2023-v5.pdf Seite 206

101 https://ourworldindata.org/grapher/electricity-prod-source-stacked?country=RUS~IRN

102 https://ariadneprojekt.de/news-de/big5-szenarienvergleich/

103 https://www.umweltbundesamt.de/daten/energie/primaerenergiegewinnung-importe

104 https://www.bpb.de/kurz-knapp/hintergrund-aktuell/172918/vor-40-jahren-erster-autofreier-sonntag-in-deutschland/

105 https://energy-charts.info/charts/power/chart.htm?l=de&c=FR&interval=year&source=tcs_saldo&stacking=stacked_absolute&legendItems=0001000

106 https://energy-charts.info/charts/price_average_map/chart.htm?l=de&c=FR&interval=year&year=2024

107 https://miteco.maps.arcgis.com/apps/dashboards/912dfee767264e3884f7aea8eb1e0673

108 https://energy-charts.info/charts/price_average_map/chart.htm?l=de&c=FR&interval=month&month=04

109 https://energy-charts.info/charts/energy/chart.htm?l=de&c=FR&source=tcs_saldo&month=04

110 https://energy-charts.info/charts/power/chart.htm?l=de&c=CH&source=tcs_saldo&stacking=stacked_absolute&interval=month

111 https://www.imf.org/en/Publications/WEO/weo-database/2024/April/select-country-group

112 https://energy-charts.info/charts/energy/chart.htm?l=de&c=IT&interval=year&-year=2023&source=public&legendItems=010000000000000000

113 https://www.ewi.uni-koeln.de/de/aktuelles/energieimporte/

114 https://www.bmwk.de/Redaktion/DE/Publikationen/Aussenwirtschaft/fakten-zum-deutschen-aussenhandel-2022.pdf?__blob=publicationFile&v=1#:~:text=Die%20vier%20wichtigsten%20Warengruppen%20mach,Erzeugnisse%20(8%2C8%20%25).

115 https://www.destatis.de/Europa/DE/Thema/Basistabelle/Aussenhandel.html

116 https://ag-energiebilanzen.de/wp-content/uploads/2021/01/energiebilanz2000_d.xls

117 https://energy-charts.info/charts/energy/chart.htm?l=de&c=DE&interval=year&legendItems=0xbvnu&stacking=stacked_absolute&year=2023

118 Hannah Ritchie (2024): *Not the End of the World*, S. 114

119 https://www.nmbu.no/en/nyheter/coconut-conundrum-not-so-eco-friendly-after-all

120 https://www.tagesschau.de/investigativ/ndr/biodiesel-palmoel-china-deutschland-100.html

121 https://www.bmwk.de/Redaktion/DE/Downloads/E/entwicklung-des-ikt-bedingten-strombedarfs-in-deutschland-abschlussbericht.pdf?__blob=publicationFile&v=1

122 https://www.umweltbundesamt.de/daten/energie/energieverbrauch-nach-energietraegern-sektoren#anteil-erneuerbarer-energien-am-gesamten-bruttoendenergieverbrauch

123 https://www.deutschlandfunkkultur.de/rechenzentrum-abwaerme-nutzung-100.html

124 https://www.oeko.de/uploads/oeko/oekodoc/1179/2011-037-de.pdf

125 https://www.ecta.com/wp-content/uploads/2021/03/ECTA-CEFIC-GUIDELINE-FOR-MEASURING-AND-MANAGING-CO_2-ISSUE-1.pdf

126 https://www.uni-bonn.de/de/universitaet/presse-kommunikation/presseservice/archiv-pressemitteilungen/2011/058-2011

127 https://www.quarks.de/umwelt/muell/darum-sind-papiertueten-gar-nicht-so-nachhaltig-und-oeko/

128 https://www.bfr.bund.de/de/gesundheitliche_bewertung_von_aminosaeuren-54420.html

129 https://ourworldindata.org/grapher/forest-area-as-share-of-land-area?tab=chart&time=earliest..latest&country=England~Scotland~FRA~USA%C2%AEion

130 Hannah Ritchie (2024): *Not the End of the World*

131 https://ourworldindata.org/global-land-for-agriculture

132 https://ourworldindata.org/grapher/cereal-allocation-by-country

133 https://www.lfl.bayern.de/mam/cms07/publikationen/daten/informationen/gruber_tabelle_fuetterung_milchkuehe_zuchtrinder_schafe_ziegen_lfl-information.pdf Seite 27

134 https://ourworldindata.org/deforestation

135 https://ourworldindata.org/environmental-impacts-of-food

136 https://www.nytimes.com/2019/07/16/business/arbys-fake-carrot.html

137 https://www.tagesspiegel.de/gesellschaft/panorama/veggie-imitat-verwirrt-kunden-3651778.html

138 https://www.swr.de/swrkultur/musik-klassik/26061918-konrad-adenauer-erfindet-die-soja-wurst-100.html#:~:text=Am%2026.,er%20war%20Oberb%C3%BCrgermeister%20von%20K%C3%B6ln.

139 https://www.dpma.de/dpma/veroeffentlichungen/meilensteine/besondereerfinderinnen/adenauer/index.html

140 https://www.deutschlandfunk.de/arbeitsbedingungen-bei-toennies-co-fleischarbeiter-trotz-100.html

141 https://www.theguardian.com/sustainable-business/2017/jul/10/100-fossil-fuel-companies-investors-responsible-71-global-emissions-cdp-study-climate-change

142 https://web.archive.org/web/20110706155249/https://www.welt.de/debatte/kommentare/article13466483/Die-CO_2-Theorie-ist-nur-geniale-Propaganda.html

143 https://www.zeit.de/2024/19/energiewende-kosten-finanzierung-strom

144 Andreas Eschbach (2023): *Eine Billion Dollar*

145 https://www.vdek.com/presse/daten/d_ausgaben.html#:~:text=Die%20Ausgaben%20f%C3%BCr%20Gesundheit%20in,12%2C9%20Prozent%20des%20Bruttoinlandsproduktes.

146 https://www.umweltbundesamt.de/daten/umwelt-wirtschaft/gesellschaftliche-kosten-von-umweltbelastungen#klimakosten-von-treibhausgas-emissionen

147 https://www.researchgate.net/figure/Evolution-of-Europes-onshore-wind-turbines-over-the-last-three-decades-Each-panel-shows_fig2_355278644

148 https://www.nrel.gov/pv/assets/pdfs/best-research-cell-efficiencies.pdf

149 https://ourworldindata.org/cheap-renewables-growth

150 https://about.bnef.com/blog/lithium-ion-battery-pack-prices-hit-record-low-of-139-kwh/

151 https://cnevpost.com/2024/01/17/battery-price-war-catl-byd-costs-down/

152 https://www.mdpi.com/2313-0105/5/1/10

153 https://www.gridstatus.io/live/caiso?date=2024-05-07

154 https://eu-mayors.ec.europa.eu/en/vantaa-transforming-district-heating

155 https://www.golem.de/news/fernwaerme-finnland-baut-groessten-warmwasserspeicher-der-welt-2404-184046.html

156 https://www.uni-augsburg.de/de/forschung/einrichtungen/institute/amu/wasserstoff-forschung-h2-unia/h2lab/h2-er/elektrolyse/pem/#:~:text=Das%20Konzept%20der%20Polymerelektrolytmembran%2DElektrolyse%20ist%20seit%201973%20bekannt.

157 https://www.bosch-hydrogen-energy.com/de/elektrolyse/

158 https://solarfoods.com/

159 https://airprotein.com/

160 https://engineering.princeton.edu/news/2024/02/16/flexible-geothermal-power-approach-combines-clean-energy-built-battery

161 https://www.umweltbundesamt.de/daten/umwelt-wirtschaft/gesellschaftliche-kosten-von-umweltbelastungen#klimakosten-von-treibhausgas-emissionen

162 https://www.bpb.de/shop/zeitschriften/apuz/lokale-verkehrswende-2023/543681/urbane-verkehrswende/

163 https://www.automobilwoche.de/bc-online/carsharing-boomt-2022-deutschland

164 https://www.youtube.com/watch?v=CTV-wwszGw8

165 https://www.umweltbundesamt.de/sites/default/files/medien/2546/publikationen/wirkungen_von_tempo_3_an_hauptstrassen.pdf

166 https://www.oeamtc.at/autotouring/club/das-universelle-staugesetz-der-strasse-8745298

167 50.078916021756754, 8.236465859294569

168 https://web.archive.org/web/20201101190425/https://www.hessenschau.de/politik/buergerentscheid-am-super-wahlsonntag-wiesbadener-stimmen-gegen-citybahn,buergerentscheid-citybahn-holzkohlefabrik-100.html

169 https://www.faz.net/aktuell/rhein-main/region-und-hessen/fuer-neun-euro-um-die-welt/umfrage-viele-wiesbadener-unzufrieden-mit-der-verkehrssituation-19063531.html

170 https://en.wikipedia.org/wiki/Gridlock

171 https://www.umweltbundesamt.de/daten/private-haushalte-konsum/mobilitaet-privater-haushalte#hoher-anteil-von-urlaubs-und-freizeitverkehr

172 Vukan R. Vuchic (2007): Urban Transit Systems and Technology

173 https://twitter.com/anderspreben/status/906573943670231040

174 https://www.youtube.com/watch?v=e_oWmY_mkCA

175 https://www.researchgate.net/figure/Amsterdam-trip-modal-share-1986-2014-Jorritsma-2012-City-of-Amsterdam-2014_fig3_317421392

176 https://www.nationalgeographic.de/umwelt/2022/07/hitzeinseleffekt-warum-es-in-unseren-staedte-so-heiss-ist-und-was-dagegen-hilft

177 https://gesund.bund.de/laermbelastung#auf-einen-blick

178 https://www.umwelt.nrw.de/themen/umwelt/umwelt-und-gesundheit/laerm/strassen-und-schienenverkehrslaerm/leise-fahren

179 https://www.welt.de/motor/news/article233312715/Laengst-nicht-nur-Langstrecke-Lkw-Fahrten.html

180 https://www.youtube.com/watch?v=BfTiUqKqNoY

181 https://www.youtube.com/watch?v=eRWzNHojWog

182 https://www.automobil-produktion.de/management/modellrechnung-elektroautos-verringern-hitze-in-der-stadt-115.html

183 https://www.bund-sh.de/meldungen/detail/news/unsere-staedte-haben-fieber/

184 https://www.umweltbundesamt.de/bild/rolle-des-verkehrssektors-bei-den

185 https://www.europarl.europa.eu/topics/de/article/20190313STO31218/co2-emissionen-von-pkw-zahlen-und-fakten-infografik

186 https://qz.com/2113243/forty-percent-of-all-shipping-cargo-consists-of-fossil-fuels

187 https://climate-energy.eea.europa.eu/topics/transport/real-world-emissions/data

188 https://www.auto-motor-und-sport.de/tech-zukunft/alternative-antriebe/catl-mit-neuer-batterie-und-15-jahren-garantie-v1/

189 https://disrupt-now.org/disrupt-tesla/

190 https://group.mercedes-benz.com/innovation/specials/immendingen.html

191 https://www.discoveryuk.com/building-big/the-biggest-factory-in-the-world/

192 https://www.automobilwoche.de/bc-online/stellenabbau-deutschland-geht-bis-2030-jede-vierte-stelle-bei-autozulieferern-verloren

193 https://www.destatis.de/DE/Themen/Branchen-Unternehmen/Landwirtschaft-Forstwirtschaft-Fischerei/Flaechennutzung/Tabellen/bodenflaeche-insgesamt.html

194 https://sbahnkoeln.de/de/blog/wieso-dauern-bahn-bauprojekte-eigentlich-so-lange

195 https://www.acea.auto/pc-registrations/new-car-registrations-12-1-in-january-2024-battery-electric-10-9-market-share/

196 https://about.bnef.com/blog/power-transition-trends-2023/

197 https://assets.bbhub.io/professional/sites/24/Energy-Transition-Investment-Trends-2024.pdf

198 https://about.bnef.com/blog/energy-transition-in-2023-into-a-new-era/

199 https://ember-climate.org/insights/in-brief/2023s-record-solar-surge-explained-in-six-charts/

200 https://www.spglobal.com/commodityinsights/en/ci/research-analysis/over-500-gw-of-solar-pv-installations-globally-in-2024-with.html

201 https://www.pv-magazine.de/2023/12/12/photovoltaik-zubau-2023-deutschland-erreicht-14-gigawatt-europa-56-gigawatt/

202 https://www.caiso.com/todaysoutlook/pages/supply.html

203 https://www.bloomberg.com/news/newsletters/2023-08-29/china-reaches-peak-gasoline-in-milestone-for-electric-vehicles?embedded-checkout=true

204 https://www.carbonbrief.org/analysis-chinas-emissions-set-to-fall-in-2024-after-record-growth-in-clean-energy/

205 https://www.canarymedia.com/articles/clean-energy-manufacturing/the-us-climate-law-is-fueling-a-factory-frenzy-heres-the-latest-tally

206 https://assets.bbhub.io/professional/sites/24/Energy-Transition-Investment-Trends-2024.pdf

207 https://www.bfb-ka.de/media/docs/Loreley_Tunnelportal.pdf

208 https://energy-charts.info/charts/remod_installed_power/chart.htm?legendItems=0xo

209 https://x.com/cvictordus/status/1792169084886376791/photo/1

210 https://mwu.sachsen-anhalt.de/energie/erneuerbare-energien/windenergie/faktencheck#c389703

211 https://www.facebook.com/stadt.muenster/posts/pfbid038Dr8QUR3TfSbKZMb5pJz-keipEa283JkiEZFfVF6o6dwRa6gtyN5TCMU1VLSatsGNl

212 https://www.bundestag.de/resource/blob/817020/27cf214cfbeaac330d3b731cbbd8610b/WD-8-077-20-pdf-data.pdf

213 https://energy-charts.info/charts/installed_power/chart.htm?l=de&c=DE&year=-1&legendItems=dw1

214 https://www.swr.de/swraktuell/rheinland-pfalz/kaiserslautern/windrad-photovoltaik-hilft-gemeinde-haushalt-in-der-pfalz-104.html

215 https://www.erneuerbareenergien.de/technologie/onshore-wind/cash-fuer-die-anwohner-niedersachsen-verabschiedet-neues-windgesetz

216 https://docs.google.com/document/d/1xtJDNa8DFzOoT0BcZVZTYyHwKYzY90da23S4fRlUhcU/edit

217 https://ourworldindata.org/grapher/drivers-forest-loss-brazil-amazon

218 Hannah Ritchie (2024): *Not the End of the World*

219 https://www.greenpeace.de/biodiversitaet/waelder/waelder-deutschland/naturnahe-waelder

220 https://www.kba.de/DE/Statistik/Kraftverkehr/VerkehrKilometer/vk_inlaenderfahrleistung/2022/2022_vk_kurzbericht.html?nn=3517388&fromStatistic=3517388&yearFilter=2022&fromStatistic=3517388&yearFilter=2022

221 https://twitter.com/jensspahn/status/1742540670194106623

222 https://link.springer.com/chapter/10.1007/978-3-642-36514-0_2

223 https://www.umweltbundesamt.de/sites/default/files/medien/384/bilder/2_abb_eev-sektoren_2024-01-19_0.png

224 https://www.caiso.com/TodaysOutlook/Pages/supply.html

225 https://energy-charts.info/charts/power/chart.htm?l=de&c=DE&year=2022&week=-2

226 https://www.canarymedia.com/articles/batteries/chart-the-remarkable-rise-of-californias-grid-battery-capacity

227 https://energy-charts.info/charts/installed_power/chart.htm?l=de&c=DE&legendItems=4w2&interval=month&year=-1

228 https://www.dena.de/themen/energiesysteme/flexibilitaet-und-speicher/pumpspeicher/

229 https://www.langfristszenarien.de/enertile-explorer-wAssets/docs/LFS3_T45_Szenarien_15_11_2022_final.pdf (Seite 41)

230 https://www.swr.de/swrkultur/wissen/in-der-eifel-entsteht-das-groesste-batteriespeicherwerk-deutschlands-100.html

231 https://totalenergies.com/projects/electricity/battery-based-energy-storage-our-projects-and-achievements#:~:text=Dunkirk%3A%20home%20to%20France's%20largest,200%2C000%20homes%20for%20one%20hour.

232 https://www.forbes.com/sites/woodmackenzie/2024/04/17/crises-threaten-chinas-booming-energy-storage-market/?sh=68d4bf6b7cca

233 https://www.mpg.de/21324/kohlenstoffkreislauf-im-erdsystem

234 https://www.umweltbundesamt.de/daten/klima/atmosphaerische-treibhausgas-konzentrationen#kohlendioxid-

235 https://www.rnd.de/wissen/forschende-co2-in-der-luft-kurbelt-das-pflanzenwachstum-an-EHA7HKPGOZCXZGHDFOG2GKUZPI.html

236 https://www.swr.de/wissen/1000-antworten/foerdert-mehr-co2-das-pflanzenwachstum-102.html

237 https://www.pflanzenforschung.de/de/pflanzenwissen/lexikon-a-z/photorespiration-297

238 https://science.nasa.gov/climate-change/faq/what-do-volcanoes-have-to-do-with-climate-change/

239 https://www.mpi-bremen.de/Binaries/Binary5813/2-Milankovic-Zyklen-KlimawandelKurzerklaert-Physik-Astronomie.pdf

240 https://www.bloomberg.com/graphics/2015-whats-warming-the-world/

241 https://www.tagesschau.de/ausland/oelmilitaer-ts-100.html

242 https://www.destatis.de/DE/Themen/Gesellschaft-Umwelt/Umwelt/Materialfluesse-Energiefluesse/Tabellen/fahrleistungen-haushalte.html

243 https://www.zdf.de/nachrichten/panorama/klima-fussabdruck-ukraine-krieg-russland-100.html

244 https://insideclimatenews.org/news/18012022/military-carbon-emissions/

245 https://www.pgpf.org/blog/2024/04/the-united-states-spends-more-on-defense-than-the-next-9-countries-combined#:~:text=By%20contrast%2C%20the%20national%20defense,spending%20relative%20to%20other%20nations.

246 https://www.bmel-statistik.de/ernaehrung/versorgungsbilanzen/fleisch

247 https://www.ami-informiert.de/ami-themen/ami-themen/single-ansicht?tx_aminews_singleview[news]=39407

248 https://www.bmel-statistik.de/ernaehrung/versorgungsbilanzen/fleisch

249 https://www.bmel-statistik.de/ernaehrung/versorgungsbilanzen/fleisch

250 https://www.verbraucherzentrale.de/wissen/lebensmittel/lebensmittelproduktion/wie-viel-fleisch-ist-das-richtige-mass-5535

Für den Fall, dass ihr euch die Quellen näher ansehen wollt, ohne riesige URLs abzutippen: Scannt einfach diesen QR-Code ein, und ihr gelangt zum digitalen Quellenverzeichnis.